中国国情调研丛书·**企业卷**
China's national conditions survey Series · **Vol enterprises**
主 编 陈佳贵
副主编 黄群慧

U0681271

趣游科技集团考察

Gamewave Group Limited Investigation Report

葛 健 郭慧馨 史大展 / 著

经济管理出版社
ECONOMY & MANAGEMENT PUBLISHING HOUSE

图书在版编目（CIP）数据

趣游科技集团考察/葛健，郭慧馨，史大展著. —北京：经济管理出版社，2016.3
ISBN 978-7-5096-4259-7

Ⅰ.①趣… Ⅱ.①葛… ②郭… ③史… Ⅲ.①计算机网络—游戏—高技术企业—企业管理—经验—中国 Ⅳ.①F426.67

中国版本图书馆 CIP 数据核字（2016）第 035614 号

组稿编辑：陈　力
责任编辑：陈　力　许　艳
责任印制：司东翔
责任校对：张　青

出版发行：经济管理出版社
　　　　　（北京市海淀区北蜂窝 8 号中雅大厦 A 座 11 层　100038）
网　　址：www. E-mp. com. cn
电　　话：（010）51915602
印　　刷：三河市延风印装有限公司
经　　销：新华书店
开　　本：720mm×1000mm/16
印　　张：17.25
字　　数：282 千字
版　　次：2016 年 4 月第 1 版　2016 年 4 月第 1 次印刷
书　　号：ISBN 978-7-5096-4259-7
定　　价：56.00 元

《中国国情调研丛书·企业卷·乡镇卷·村庄卷》

序　言

　　为了贯彻党中央的指示，充分发挥中国社会科学院思想库和智囊团的作用，进一步推进理论创新，提高哲学社会科学研究水平，2006 年中国社会科学院开始实施"国情调研"项目。

　　改革开放以来，尤其是经历了近 30 年的改革开放进程，我国已经进入了一个新的历史时期，我国的国情发生了很大变化。从经济国情角度看，伴随着市场化改革的深入和工业化进程的推进，我国经济实现了连续近 30 年的高速增长。我国已经具有庞大的经济总量，整体经济实力显著增强，到 2006 年，我国国内生产总值达到了 209407 亿元，约合 2.67 万亿美元，列世界第四位；我国的经济结构也得到了优化，产业结构不断升级，第一产业产值的比重从 1978 年的 27.9% 下降到 2006 年的 11.8%，第三产业产值的比重从 1978 年的 24.2% 上升到 39.5%；2006 年，我国实际利用外资为 630.21 亿美元，列世界第四位，进出口总额达 1.76 万亿美元，列世界第三位；我国人民生活水平不断改善，城市化水平不断提升。2006年，我国城镇居民家庭人均可支配收入从 1978 年的 343.4 元上升到 11759元，恩格尔系数从 57.5% 下降到 35.8%，农村居民家庭人均纯收入从133.6 元上升到 3587 元，恩格尔系数从 67.7% 下降到 43%，人口城市化率从 1978 年的 17.92% 上升到 2006 年的 43.9% 以上。经济的高速发展，必然引起国情的变化。我们的研究表明，我国的经济国情已经逐渐从一个农业经济大国转变为一个工业经济大国。但是，这只是从总体上对我国经济国情的分析判断，还缺少对我国经济国情变化分析的微观基础。这需要对我国基层单位进行详细的分析研究。实际上，深入基层进行调查研究，坚持理论与实际相结合，由此制定和执行正确的路线方针政策，是我们党领导革命、建设和改革的基本经验和基本工作方法。进行国情调研，也必须深入基层，只有深入基层，才能真正了解我国国情。

为此，中国社会科学院经济学部组织了针对我国企业、乡镇和村庄三类基层单位的国情调研活动。据国家统计局的最近一次普查，到 2005 年底，我国有国营农场 0.19 万家，国有以及规模以上非国有工业企业 27.18 万家，建筑业企业 5.88 万家；乡政府 1.66 万个，镇政府 1.89 万个，村民委员会 64.01 万个。这些基层单位是我国社会经济的细胞，是我国经济运行和社会进步的基础。要真正了解我国国情，必须对这些基层单位的构成要素、体制结构、运行机制以及生存发展状况进行深入的调查研究。

在国情调研的具体组织方面，中国社会科学院经济学部组织的调研由我牵头，第一期安排了三个大的长期的调研项目，分别是"中国企业调研"、"中国乡镇调研"和"中国村庄调研"。"中国乡镇调研"由刘树成同志和吴太昌同志具体负责，"中国村庄调研"由张晓山同志和蔡昉同志具体负责，"中国企业调研"由我和黄群慧同志具体负责。第一期项目时间为三年（2006~2009 年），每个项目至少选择 30 个调研对象。经过一年多的调查研究，这些调研活动已经取得了初步成果，分别形成了《中国国情调研丛书·企业卷》、《中国国情调研丛书·乡镇卷》和《中国国情调研丛书·村庄卷》。今后，这三个国情调研项目的调研成果还会陆续收录到这三卷书中。我们期望，通过《中国国情调研丛书·企业卷》、《中国国情调研丛书·乡镇卷》和《中国国情调研丛书·村庄卷》这三卷书，能够在一定程度上反映和描述在 21 世纪初期工业化、市场化、国际化和信息化的背景下，我国企业、乡镇和村庄的发展变化。

国情调研是一个需要不断进行的过程，以后我们还会在第一期国情调研项目基础上将这三个国情调研项目滚动开展下去，全面持续地反映我国基层单位的发展变化，为国家的科学决策服务，为提高科研水平服务，为社会科学理论创新服务。《中国国情调研丛书·企业卷》、《中国国情调研丛书·乡镇卷》和《中国国情调研丛书·村庄卷》这三卷书也会在此基础上不断丰富和完善。

中国社会科学院副院长、经济学部主任

陈佳贵

2007 年 9 月

《中国国情调研丛书·企业卷》

序　言

　　企业是我国社会主义市场经济的主体，是最为广泛的经济组织。要对我国经济国情进行全面深刻的了解和把握，必须对企业的情况和问题进行科学的调查和分析。深入了解我国企业生存发展的根本状况，全面把握我国企业生产经营的基本情况，仔细观察我国企业的各种行为，分析研究我国企业面临的问题，对于科学制定国家经济发展战略和宏观调控经济政策，提高宏观调控经济政策的科学性、针对性和可操作性，具有重要的意义。另外，通过"解剖麻雀"的典型调查，长期跟踪调查企业的发展，详尽反映企业的生产经营状况、改革与发展情况、各类行为和问题等，也可以为学术研究积累很好的案例研究资料。

　　基于上述两方面的认识，中国社会科学院国情调查选择的企业调研对象，是以中国企业及在中国境内的企业为基本调查对象，具体包括各种类型的企业，既包括不同所有制企业，也包括各个行业的企业，还包括位于不同区域、具有不同规模的各种企业。所选择的企业具有一定的代表性，或者是在这类所有制企业中具有代表性，或者是在这类行业中具有代表性，或者是在这个区域中具有代表性，或者是在这类规模的企业中具有代表性。我们期望，通过长期的调查和积累，中国社会科学院国情调查之企业调查对象，逐步覆盖各类所有制、各类行业、不同区域和规模的代表性企业。

　　中国社会科学院国情调查之企业调查的基本形式是典型调查，针对某个代表性的典型企业长期跟踪调查。具体调查方法除了收集查阅各类报表、管理制度、文件、分析报告、经验总结、宣传介绍等文字资料外，主要是实地调查，实地调查主要包括进行问卷调查、会议座谈或者单独访谈、现场观察写实等方式。调查过程不干扰企业的正常生产经营秩序，调查报告不能对企业正常的生产经营活动产生不良影响，不能泄露企业的商业秘密，"研究无禁区，宣传有纪律"，这是我们进行企业调研活动遵循的基本原则。

中国社会科学院国情调查之企业调查的研究成果主要包括两种形式：一是内部调研报告，主要是针对在调查企业过程中发现的某些具体但具有普遍意义的问题进行分析的报告；二是全面反映调研企业整体情况、生存发展状况的长篇调研报告。这构成了《中国国情调研丛书·企业卷》的核心内容。《中国国情调研丛书·企业卷》的基本设计是，大体上每一家被调研企业的长篇调研报告独立成为《中国国情调研丛书·企业卷》中的一册。每家企业长篇调研报告的内容，或者说《中国国情调研丛书·企业卷》每册书的内容，大致包括以下相互关联的几个方面：一是关于企业的发展历程和总体现状的调查，这是对一个企业基本情况的大体描述，使人们对企业有一个大致的了解，包括名称、历史沿革、所有者、行业或主营业务、领导体制、组织结构、资产、销售收入、效益、产品、人员等；二是有关企业生产经营的各个领域、各项活动的深入调查，包括购销、生产（或服务）、技术、财务与会计、管理等专项领域和企业活动；三是关于企业某个专门问题的调查，例如企业改革问题、安全生产问题、信息化建设问题、企业社会责任问题、技术创新问题、品牌建设问题，等等；四是通过对这些个案企业的调查分析，引申出这类企业生存发展中所反映出的一般性的问题、理论含义或者其他代表性意义。

中国正处于经济高速增长的工业化中期阶段，同时中国的经济发展又是以市场化、全球化和信息化为大背景的，我们期望通过《中国国情调研丛书·企业卷》，对中国若干具有代表性的企业进行一个全景式的描述，给处于市场化、工业化、信息化和全球化背景中的中国企业留下一幅幅具体、生动的"文字照片"。一方面，我们努力提高《中国国情调研丛书·企业卷》的写作质量，使这些"文字照片"清晰准确；另一方面，我们试图选择尽量多的企业进行调查研究，将始于 2006 年的中国社会科学院国情调研之企业调研活动持续下去，不断增加《中国国情调研丛书·企业卷》的数量，通过更多的"文字照片"来全面展示处于 21 世纪初期的中国企业的发展状况。

中国社会科学院经济学部工作室主任

黄群慧

2007 年 9 月

前　言

　　经过 20 多年的培育和建设，我国初步建立起社会主义文化市场体系，形成了包括演出、娱乐、音像、电影、艺术品、动漫、网络文化以及图书报刊、文博市场等在内的门类较为齐全的文化产品和服务体系。我国文化市场已成为人民群众文化娱乐生活的主渠道，并呈现出大发展、大繁荣的局面。当前文化市场在经营主体迅速增长、文化产品和服务极大丰富、文化市场影响力逐渐扩大的同时，也呈现出一些新的发展趋势，尤其是动漫游戏产业的发展极为迅速。

　　趣游集团自 2008 年开始运营网络游戏平台以来，把为用户提供更多、更全的互动游戏作为目标，提供互动娱乐业务、移动互联网增值业务及海外游戏运营业务。通过哥们网、牛 A 网、跟我玩游戏网、我顶网、聚游网等中国领先的网络平台，打造中国最大的网页游戏运营平台集群，满足互联网用户资讯、娱乐、游戏等方面的需求。截至 2010 年 12 月 20 日，趣游旗下互联网游戏注册用户突破 8000 万，运营产品突破 40 款。2009 年 10 月，趣游独家代理的首款仙侠风 2.5D 即时战斗 MMORPG 网页游戏《仙域》正式上线，现在该游戏拥有的服务器数量超过 800 组，缔造了同类产品运营之最；2010 年 8 月 19 日，中国首款真 3D 划时代网页游戏《天纪》正式上线，引领 3D 网页游戏时代，备受业内与众多玩家推崇，拥有的服务器数量已多达 105 组，成为中国网页游戏中的先锋力量；2010 年 12 月 28 日，ARPG 武侠无端网游《傲剑》正式上线，截至 2011 年 4 月已经拥有服务器 517 组，再次掀起国内网页游戏热潮。趣游的发展深刻地影响和改变了数以亿计游戏用户的游戏方式和娱乐习惯，并为中国网页游戏行业开拓了更加广阔的市场。

　　2008 年以来，趣游公司先后获得"金凤凰奖——最佳休闲网络游戏运营平台（网站）奖"、"金凤凰奖——中国游戏产业优秀服务商"、"金凤凰奖——中国民族游戏海外拓展奖"、"和谐杯"中关村石景山园明星企业、

"2010 中国数字娱乐产业最具投资价值品牌"、北京市石景山区精神文明建设委员会颁发的"文明单位"、2010 年第三届 WEBGAME 与 SNS 运营大会颁发的"2010 年度最佳 WEBGAME（网页游戏）游戏开发及运营团队TOP10"、北京市石景山区人民政府颁发的"创意创智 CRD 宜商宜居石景山区 2011 年重点企业"等各类荣誉称号 50 余次，成为北京乃至中国动漫游戏产业增长最为迅速的企业之一。

本书对趣游集团进行了全面的介绍，从集团的概况和发展历程谈起，较为详细地介绍了趣游的发展环境、发展战略以及公司的运营情况。具体包括趣游集团的组织管理、营销管理、研发管理、知识产权管理、人力资源管理和企业文化建设等，同时本书也对趣游集团未来的发展做出了预测。

《趣游科技集团考察》从动漫游戏文化产业视角，对发展迅速的中国动漫游戏企业的发展历程进行了全面、客观的描述，展示了趣游在短短几年间从一个游戏代理公司成长为一个涉及动漫游戏设计、开发、运营和销售的集团公司的全过程，由此展现出中国动漫游戏产业蓬勃发展的巨大潜力。

葛 健

2016 年 1 月

目　录

第一章　趣游科技集团有限公司概况

一、企业简介

趣游科技集团有限公司（以下简称趣游），是中国网页游戏行业的引领者，是互动即时娱乐的专业服务商，也是中国提供网页游戏最多的互联网企业之一。成立以来，趣游一直坚持网页游戏专业研发及运营、锐意创新、为用户提供最高效服务的经营理念；倡导信任、勤奋、创新、成就的核心价值观，始终处于稳健、高速发展的状态。

"让人生更有趣"是趣游人的使命。目前，趣游把为用户提供更多、更全的互动游戏作为目标，提供互动娱乐业务、移动互联网增值业务及海外游戏运营业务。通过哥们网、牛A网、跟我玩游戏网、我顶网、聚游网等中国领先的网络平台，打造中国最大的网页游戏运营平台集群，满足互联网用户资讯、娱乐、游戏等方面的需求。截至 2010 年 12 月 20 日，趣游旗下互联网游戏注册用户突破 8000 万，运营产品突破 40 款。2009 年 10 月，趣游独家代理的首款仙侠风 2.5D 即时战斗 MMORPG 网页游戏《仙域》正式上线，现在该游戏拥有的服务器数量超过 800 组，缔造了同类产品运营之最；2010 年 8 月 19 日，中国首款真 3D 划时代网页游戏《天纪》正式上线，引领 3D 网页游戏时代，备受业内与众多玩家推崇，拥有的服务器数量已多达 105 组，成为中国网页游戏中的先锋力量；2010 年 12 月 28 日，ARPG 武侠无端网游《傲剑》正式上线，截至 2011 年 4 月已经拥有服务器 517 组，再次掀起国内网页游戏热潮。趣游的发展深刻地影响和改变了数以亿计游戏用户的游戏方式和娱乐习惯，并为中国网页游戏行业开拓了更加广阔的市场前景。

全领先的互联网服务企业是趣游的远景目标。面向未来，坚持自主创新，致力于将中国网页游戏运营到全球是趣游的长远发展规划。趣游总部位于北京，分别在厦门、成都、上海、福州、广州设有分/子公司，其他分/子公司正在组建。同时，海外战略也已全面启动，趣游东京、趣游首尔、趣游吉隆坡、趣游曼谷已正式启动运营，北美、欧洲、南美等地分/子公司正在筹建中，未来将会完成趣游全球网页游戏运营的全部实地部署与网络架构，全面实现全球化战略，走上自主创新的全球化发展之路。

二、发展历程

2008 年 9 月，哥们（Game2）网页游戏平台正式上线。

2008 年 12 月，跟我玩（Game5）网页游戏平台正式上线。

2009 年 2 月，代理网页游戏《武林英雄》，趣游注册用户突破 1000 万，趣游注重拓展新领域，开展移动互联网 Wap 无线业务，聚游网手机游戏社区上线。

2009 年 5 月，趣游旗下运营网页游戏超过 30 款。

2009 年 10 月，首款仙侠风 2.5D 即时战斗 MMORPG 网页游戏《仙域》正式上线，拥有的服务器数量超过 800 组，缔造了同类产品运营之最。

2009 年 12 月，哥们（Game2）网页游戏平台被评为"中国十大网页游戏运营平台第一"；跟我玩（Game5）网页游戏平台被评为"中国十大网页游戏运营平台第九"。

2010 年 2 月，我顶网（5Ding）网页游戏平台正式上线。

2010 年 7 月，牛 A 网页游戏平台正式上线，同年收入过千万，并跻身网页游戏运营十大平台。

2010 年 8 月，中国首款真 3D 划时代网页游戏《天纪》正式上线，引领 3D 网页游戏时代。

2010 年 12 月，趣游旗下注册用户突破 8000 万；《傲剑》上线，拥有的服务器数量达到 211 组。

2011 年 3 月，西游网游戏平台正式上线。

2011 年 8 月，《傲剑》服务器数量突破 1000 组，创下了首个国产页游突破千服大关的纪录。

2011 年 11 月，趣游科技技术研发中心正式入驻北京·玉泉大厦，开启自主创新之路。

2011 年 12 月，趣游西部总部——趣游成都正式成立，首度为中国西南部引进成熟的页游运营模式与产业园聚集效应。

2012 年 2 月，趣游厦门作为南方总部正式落成，产业覆盖上海、江浙、福建、广东等南方经济核心区域，基本完成国内战略性产业布局；趣云平台上线，成为国内首个全球化云计算服务平台。

2012 年 4 月，趣游加速布局移动业务领域，同步拓展移动终端平台、软件应用、手机游戏等多条产品线。

2012 年 6 月，趣游作为文化部唯一推荐的网页游戏运营商参加 E3 游戏大展（The Electronic Entertainment Expo）。

2012 年 10 月，趣游以累计收入增长率 6214%，荣登"2012 德勤高科技、高成长中国 50 强"企业榜单第二位。

2013 年 2 月，趣游《天界》正式开启联运，上百家公司合作运营。

2013 年 4 月，"轻游戏，趣时代"趣游发布会召开，公布新游 14 款。

2013 年 5 月，趣游《天界》月营收超过 3000 万。

2013 年 6 月，趣游自主研发的 3D 武侠大作《横扫天下》首次封测。

2013 年 7 月，《横扫天下》盛大公测，杨宗纬首次献唱的网游主题曲《横扫天下之笑天下》发布，趣游中国风参展 2013 年上海 Chinajoy。

2013 年 8 月，《横扫天下》公测满月，流水破 4000 万元。

三、公司荣誉

（一）2008 年所获荣誉

2008 年，趣游荣获杭州乐港科技有限公司颁发的"《热血三国》——最佳联合运营合作伙伴奖"。

（二）2009 年所获荣誉

2009 年，趣游荣获游戏蜗牛颁发的"最佳游戏推广"奖项；

2009 年 2 月，趣游荣获"金凤凰奖——最佳休闲网络游戏运营平台（网站）奖"；

2009 年 2 月，趣游荣获"金凤凰奖——中国游戏产业优秀服务商"；

2009 年 2 月，趣游荣获"金凤凰奖——中国民族游戏海外拓展奖"。

（三）2010 年所获荣誉

2010 年 10 月，趣游荣获"和谐杯"中关村石景山园明星企业称号；

2010 年 11 月，趣游荣获"2010 中国数字娱乐产业最具投资价值品牌"奖项；

2010 年 12 月，趣游荣获北京市石景山区精神文明建设委员会颁发的"文明单位"称号；

2010 年 12 月，趣游荣获 2010 年第三届 WEBGAME 与 SNS 运营大会颁发的"2010 年度最佳 WEBGAME（网页游戏）游戏开发及运营团队 TOP10"奖项；

2010 年 12 月，跟我玩（Game5）游戏平台荣获"2010 多玩网页游戏大盘点——2010 年度十大平台"奖项；

2010 年 12 月，《明珠三国》荣获"2010 金翎奖——玩家最喜爱的十大 Webgame"；

2010 年 12 月，《天纪》荣获"52PK 游戏网 2010 年年度十大角色扮演网页游戏"；

2010 年 12 月，哥们网荣获 2010 年第三届 WEBGAME 与 SNS 运营大会颁发的"2010 年度中国最佳 WEBGAME（网页游戏）联合运营平台 TOP10"奖项；

2010 年 12 月，《仙域》、《天纪》荣获 2010 年第三届 WEBGAME 与 SNS 运营大会颁发的"2010 年度中国最具运营价值 WEBGAME（网页游戏）TOP10"奖项；

2010 年 12 月，《问剑》荣获 2010 年第三届 WEBGAME 与 SNS 运营大会颁发的"2010 年度中国最期待 WEBGAME（网页游戏）TOP10"奖项。

（四）2011 年所获荣誉

2011 年 1 月，《天纪》荣获"中华网——2010 年度最受欢迎军事策略类网页游戏"；

2011 年 4 月，趣游荣获北京市石景山区人民政府颁发的"创意创智 CRD 宜商宜居石景山区 2011 年重点企业"；

2011 年 7 月，趣游"Game5 运营平台"项目荣获"2010 年度石景山区科学技术二等奖"；

2011 年 12 月，趣游 CEO 玉红荣获"2010 年中关村高端领军人才——创业未来之星"称号；

2011 年 12 月，牛 A 网、哥们网、跟我玩荣获 2011 年第四届 WEBGAME 与 SNS 运营大会颁发的"2011 年度中国最佳 WEBGAME（网页游戏）商业运营平台 TOP10"奖项；

2011 年 12 月，3663 页游平台荣获 2011 年第四届 WEBGAME 与 SNS 运营大会颁发的"2012 最期待平台大奖"；

2011 年 12 月，《天纪》、《傲剑》荣获 2011 年第四届 WEBGAME 与 SNS 运营大会颁发的"2011 最佳海外运营 WEBGAME（网页游戏）商业大奖"；

2011 年 12 月，《大秦外传》、《龙曜》荣获 2011 年第四届 WEBGAME 与 SNS 运营大会颁发的"2012 最期待的 WEBGAME 商业大奖"。

（五）2012 年所获荣誉

2012 年 1 月，趣游荣获中国游戏产业年会组委会颁发的"中国十大新锐游戏企业"；

2012 年 1 月，趣游 CEO 玉红荣获中国游戏产业年会组委会颁发的"中国游戏产业十大新锐人物"；

2012 年 3 月，趣游荣获"石景山区创新科普工作室"；

2012 年 4 月，趣游荣获"2011 年度石景山区知识产权工作先进单位"；

2012 年 4 月，趣游荣获北京市总工会颁发"首都劳动奖"；

2012 年 5 月，趣游 CEO 玉红荣获"石景山区优秀创业青年"称号；

2012 年 5 月，趣游荣获"2011 年度石景山区区域经济发展突出贡献单位"、"2011 年度石景山区纳税百强单位"、"2011 年石景山区稳定就业先进单位"等荣誉；

2012 年 9 月，趣游荣获中关村"金种子企业"称号；

2012 年 11 月，《仙纪》荣获"金翎奖——玩家最喜爱的十大网页游戏"；

2012 年 12 月，趣游荣获"创业邦——2012 中国年度创新成长企业100 强"殊荣；

2012 年 12 月，趣游荣获"2012 年德勤高科技、高成长亚太地区 500强企业"第三名；

2012 年 12 月，趣游荣获"国家文化出口重点企业"称誉。

（六）2013 年所获荣誉

2013 年 1 月，趣游荣获"2012 年度石景山区光彩公益之星"称号；

2013 年 1 月，趣游 CEO 玉红荣获"创意中国榜——2012 年中国文化创意产业十大新锐人物"称号；

2013 年 1 月，趣游 CEO 玉红荣获"2012 中关村十大年度人物"称号；

2013 年 1 月，趣游 CEO 玉红荣获"游戏十强"之"2012 年度中国游戏产业最具影响力人物"称号；

2013 年 1 月，《仙纪》荣获"游戏十强"之"2012 年度十大最受欢迎的网页游戏"；

2013 年 1 月，趣游荣获"游戏十强"之"2012 年度中国十大海外拓展游戏企业"称号；

2013 年 1 月，趣游荣获"2012 中关村新锐企业十强"称号；

2013 年 4 月，趣游荣获"第三届北京市红十字人道捐赠贡献奖"；

2013 年 5 月，趣游荣获"中关村国家自主创新示范区创新型孵化器"称号；

2013 年 6 月，趣游荣获"石景山区非公党建十大标兵"称号；

2013 年 6 月，趣游荣获"先进基层党组织"称号；

2013 年 7 月，趣游荣获聘书——聘请趣游 CEO 玉红为北京市石景山区毕业生"创业导师"；

2013 年 7 月，趣游党支部荣获"2012~2013 年度北京市非公文创领域先进基层党组织"称号；

2013 年 9 月，趣游 CEO 玉红荣获"石景山区红十字会七届一次理事会理事"；

2013 年，趣游荣获"2012 年度石景山区纳税百强单位"称号；

2013 年，趣游荣获"2012 年度区域经济发展突出贡献单位"称号；

2013 年，趣游荣获"国内最佳网页游戏市场拓展企业奖"称号；

2013 年，趣游荣获"北京中关村企业信用促进会会员单位"称号；

2013 年，趣游荣获"2013 年度北京市高新技术产业专业孵化基地"称号；

2013 年，趣游荣获"2013 年百度游戏风云十大网页游戏运营平台"称号。

四、趣游文化

（一）核心理念

使命：让人生更有趣。

愿景：全球领先的互联网服务企业。

核心价值观：信任、勤奋、创新、成就。

（二）人才战略

炼就百名 CEO、千名优秀管理者和各种互联网专家。

（三）经营理念

客户的满意是我们的动力。

（四）趣游精神

六为精神：

人才为本，用户为上；

诚信为天，勤奋为径；

创新为魂，成就为荣。

（五）员工意识

团队意识、竞争意识、服务意识；

危机意识、成长意识、创新意识。

（六）文化格言

为社会创造效益，为客户带来利益；
为员工提供舞台，为公司成就未来。

五、公司全球结构

趣游公司下属三个运营总部，分别为南方运营总部——厦门，北方运营总部——北京，西部运营总部——成都。在国内设有福州分公司、上海分公司和台北分公司；在海外设有东京分公司、吉隆坡分公司、首尔分公司和曼谷分公司。

目前趣游的运营中心共有七个，分别设在中国台湾地区、美国、马来西亚、韩国、德国、日本和巴西。公司的游戏输出地覆盖亚洲、拉丁美洲、北美洲及欧洲。亚洲地区包括印度、日本、韩国、中国香港、中国台湾和中国澳门；东南亚地区包括马来西亚、新加坡、越南、印度尼西亚及菲律宾；拉丁美洲地区包括墨西哥、西印度群岛以及中美洲和南美洲的部分国家；北美洲包括美国和加拿大；欧洲包括英国、德国、法国以及东欧和北欧的部分国家（见图1-1）。

六、主营业务

（一）全球运营平台业务

1. 哥们网游平台

哥们网游平台（见图1-2）成立于2008年9月1日，是一家集研发、运营于一体的网页游戏公司。自公司成立以来，公司凭借着过人的实力，

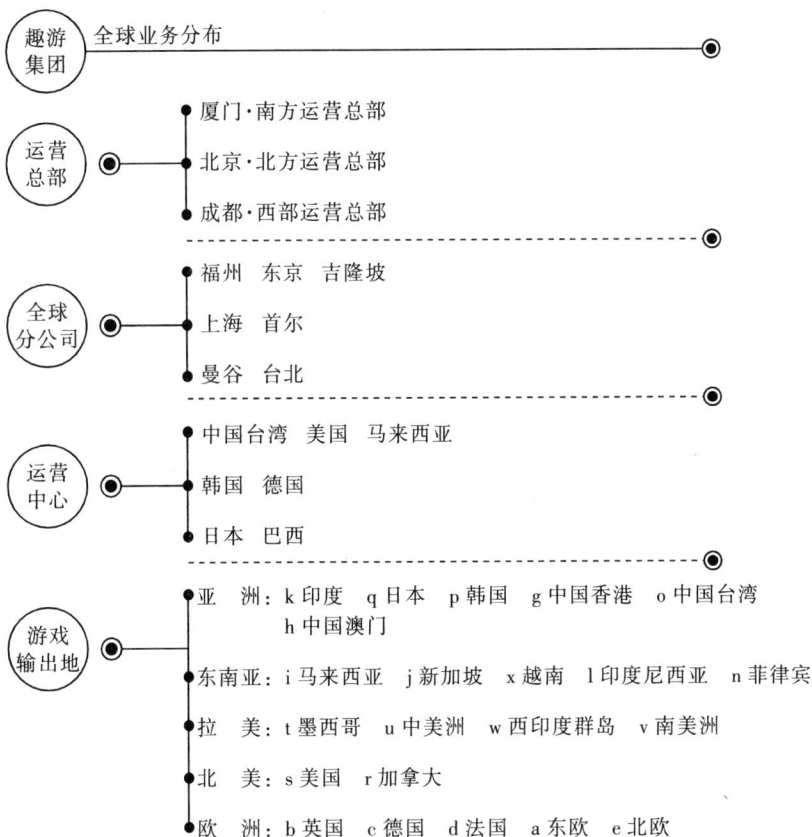

```
趣游          全球业务分布
集团  ●─────────────────────────────────────●

运营          ●厦门·南方运营总部
总部  ●───────●北京·北方运营总部
              ●成都·西部运营总部
      ──────────────────────────────────────●

全球          ●福州  东京  吉隆坡
分公司 ●──────●上海  首尔
              ●曼谷  台北
      ──────────────────────────────────────●

运营          ●中国台湾  美国  马来西亚
中心  ●───────●韩国  德国
              ●日本  巴西
      ──────────────────────────────────────●

游戏          ●亚　洲：k印度  q日本  p韩国  g中国香港  o中国台湾
输出地 ●──────         h中国澳门
              ●东南亚：i马来西亚  j新加坡  x越南  l印度尼西亚  n菲律宾
              ●拉　美：t墨西哥  u中美洲  w西印度群岛  v南美洲
              ●北　美：s美国  r加拿大
              ●欧　洲：b英国  c德国  d法国  a东欧  e北欧
```

图 1-1　趣游公司全球业务分布①

图 1-2　哥们网②

---

①② 资料来源：趣游公司网站 http://www.gamewave.net/。

迅速占据页游市场一席之地。

哥们网游平台旗下拥有网页游戏 30 余款，囊括了网页游戏所有产品类型，并成功打造出如《仙域》、《傲视天地》、《三十六计》、《热血三国》、《武林英雄》、《江湖行》、《商业大亨》等国内知名游戏，受到业内广泛好评。

2009 年底，公司旗下品牌"哥们网游平台"以及旗下产品《仙域》分别获得了 ZDC 权威报告"年度最受关注网页游戏平台"和"最佳网页游戏"的殊荣；2010 年初，公司旗下产品《仙域》还摘得了 766 等众多媒体厂商联合举办大赛的"年度最佳网页游戏"桂冠；自 2010 年初以来，公司更是获得了多项荣誉。如今的"哥们网游平台"已走在网页游戏品牌的前端，位居前列。

目前，公司旗下品牌"哥们网游平台"拥有注册会员 2000 余万，日平均在线近 400 万，并且每天仍以极快的速度递增，这在业内极为罕见，令人称羡。在未来，公司也将会以更开明的方式，更多元化的方法，与各大游戏公司角逐。

2. 牛 A 网页游戏平台

牛 A 网页游戏平台（见图 1-3）是在时下竞争激烈的网页游戏市场中脱颖而出的新秀公司。目前，旗下拥有全球首款 2.5D 武侠 ARPG 网页游

图 1-3　牛 A 网页游戏平台①

---

① 资料来源：趣游公司网站 http://www.gamewave.net/。

戏《傲剑》。牛 A 网页游戏平台以"至诚、专业、品质"为主要经营思路，以"创新、超越、实现"为向导，致力于推动网页游戏发展及打造中国最具代表性的游戏品牌文化。最牛的网页游戏：汇聚全球顶级的网页游戏大作，囊括各类型的网页游戏精品，牛 A 网页游戏平台力求为广大玩家奉献最令人奢望的网页游戏大餐！最牛的运营团队：顶级的业内精英、最有激情的运营团队、最敬业的服务品质，必将给玩家营造一个快乐轻松的游戏环境。

3. 跟我玩网页游戏平台

跟我玩网页游戏平台（Game5）（见图 1-4）是目前国内热门游戏运营平台之一，它成立于 2009 年 1 月，并立志做中国顶尖的网页游戏运营平台。

图 1-4　跟我玩网页游戏平台①

跟我玩网页游戏平台（Game5）以用户为本，提出了"跟我玩游戏，快乐齐分享"的游戏口号，专业服务游戏玩家，是国内最早提倡引导用户快乐体验游戏的平台。

跟我玩网页游戏平台（Game5）以缔造行业标杆企业为理念，专业从事网页游戏领域的游戏研发及游戏运营，在产品内容及功能上锐意创新，不断挖掘、满足用户的潜在需求。凭借先进的技术和优质的服务，获得广

---

① 资料来源：趣游公司网站 http://www.gamewave.net/。

大玩家一致认可。

4. 我顶网

我顶网（见图1-5）致力于为用户提供高质量的基于网页（Web）的游戏娱乐交互服务，并一直努力在改善自身的服务，以达到符合用户期望的快乐。一直以来，为满足互联网用户的基本需求以及潜在的需求，我顶网不断在产品和功能的设计上进行大胆创新，进而追求卓越的用户体验。

图1-5 我顶网[①]

在立足网络游戏运营的同时，趣游公司不断创新，2009年建立全新概念、全新运作的网游运营平台——我顶网，成为2010年网游运营中的黑马。

趣游公司是国内领先的网络游戏运营公司，志在成为互联时代世界一流的网络游戏运营商。自2008年11月成立以来，一直致力于为广大游戏玩家提供方便、高质量、高速的游戏服务。公司首倡"快乐游戏，快乐生活"的理念。"快乐游戏"的内涵是让我们的游戏玩家在趣游的平台上能够更加充实快乐地过好每一天。

公司目前设有网页游戏产品线、手机游戏产品线、网络广告产品线，并设有技术部、技术支持部、运营部、产品部、市场部、人力行政部、客服部、财务部等部门及地方分支机构。管理层由在国内从事多年大型网游

---

① 资料来源：趣游公司网站 http://www.gamewave.net/。

运营、网络营销、互联网技术管理的人员组成。

5. 西游网

西游网（见图1-6）是国内新兴的网页游戏平台，成立于2011年3月，秉承经营精品的原则，以创新和服务为核心，有效的宣传推广使每款网页游戏产品都获得了优异的市场回报，同时也为广大用户提供种类众多、精彩纷呈的娱乐体验和优质的服务。

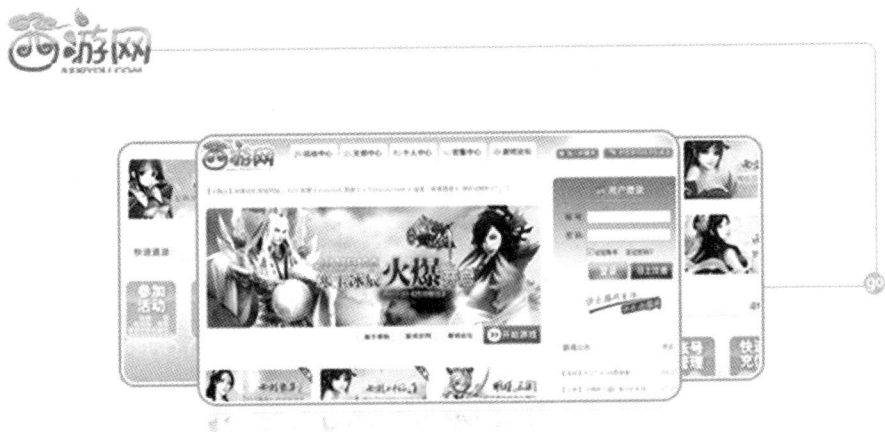

图1-6 西游网①

（二）互动游戏发行业务

1. ARPG大型网页游戏

（1）仙域

《仙域》是2009年哥们网游平台独家代理的首款全即时战斗2.5D东方仙侠题材MMORPG精品网页游戏。四大门派、六大特色玩法，游戏人物及地图采用3D建模，还将带有浓郁中国文化的奇经八脉引入人物角色与宠物中，中国风浓厚。《仙域》获得"玩家票选2009年度最佳网页游戏"、ZDC权威报告"2010年度最受玩家关注网页游戏"，缔造了同类产品运营之最。

---

① 资料来源：趣游公司网站 http://www.gamewave.net/。

《仙域》官方网站：http：//xianyu.game2.cn/。

（2）傲剑

《傲剑》是牛 A 网页游戏平台 2010 年独家代理的国内首款穿越题材网页游戏大作，也是一款完全在国人自主研发的引擎支持下所打造的游戏精品。《傲剑》以中国南宋绍兴年间为时代背景，汲取了中国武侠文化精髓，以注重操作和竞技体验为主，互动交友为辅，让玩家充分感受爱恨情仇、孝义廉耻等中国古代文化精髓。

《傲剑》官方网站：http：//www.aojian.net/。

（3）传承

《传承》是哥们网游平台在 2011 年度推出的写实武侠网页游戏，有着媲美大型有端网游的表现力，却不需要下载庞大的客户端，轻松注册即可体验。首创轻功系统更是实现了玩家飞檐走壁、蜻蜓点水的梦想，而独具特色的连招系统和自定义头像系统更是造就了新时代网页游戏的风向标。

《传承》官方网站：http：//cc.game2.cn/。

（4）诛神

《诛神》是哥们网游平台继《仙域》之后再度全力出击推出的精品仙侠网页游戏，也是哥们网游平台 2010 年岁末贺岁大礼。《诛神》以《封神榜》为背景，以中国古文化再现了经典神话中宏大的世界和曲折的情节，游戏中随处可见杨戬、姜子牙、碧游宫、鹿台、牧野等封神演义里的人物和内容。《诛神》中拥有众多独创的系统、法宝、仙器、修仙、竞技、势力战等内容，这是《诛神》的主要亮点。

《诛神》官方网站：http：//zhushen.game2.cn/。

2. 3D 大型网页游戏

（1）天纪（天兵传奇）

《天纪》是 2010 年跟我玩网页游戏平台独家代理的中国首款真 3D 页游巅峰之作，引领中国网页游戏 3D 潮流。游戏采用 D3D 插件技术，为玩家呈现真实 3D 游戏场景，以金戈铁马的三国时代为背景，游戏系统集角色扮演和战争策略（RPG＋SLG）于一身。以逼真、震撼的打击手感，带给玩家媲美 3D 格斗游戏的视听享受。《天纪》获得"2010 年度中国最具运营价值 WEBGAME（网页游戏）TOP10"大奖。

《天纪》官方网站：http：//tj.game5.com/。

（2）龙枪

《龙枪》是以满足玩家成就感为主要理念，以满足玩家幻想体验和社交情感体验为基础设计的一款大型 MMORPG 游戏。游戏以经典的西方魔幻、剑与魔法给予玩家纯粹的幻想体验。以目标、内容、气氛为游戏的三大核心，以强 PK、强交互为主要设计目的，融入探险、挑战等主题内容。

《龙枪》官方网站：http：//lq.yxduo.com/。

3. Q 版 MMORPG 大型回合制网页游戏

（1）问剑

《问剑》是趣游自主研发的一款以金庸武侠为题材的经典回合制网页游戏，摒弃伪武侠网游的人设和战斗缺陷，以金庸的侠气贯穿始终，旨在让玩家体验金庸笔下的刀光剑影、恩怨情仇。《问剑》所有场景均为手绘方式制作，分层技术也走在业内众多游戏前端。独创技能和心法系统，让玩家乐不思蜀。《问剑》获得 "2010 年度中国最期待 WEBGAME（网页游戏）TOP10" 大奖。

《问剑》官方网站：http：//wj.game5.com/。

（2）梦回西游

《梦回西游》是一款回合制网页游戏，以中国古典名著《西游记》为故事背景，游戏结合了 MMORPG 系统、WEBGAME 系统、SNS 系统，创造出独具一格的特色系统，以 "挖宝系统"、"官府跑环"、"萌宠养成" 等新奇玩法为主要特色，简便的操作和挂机系统让玩家在游戏中能劳逸结合，强大的社区交互性和人性化的任务剧情设置又将带玩家进入一个既真实又别具一番风味的西游世界。

《梦回西游》官方网站：http：//mhxy.game2.cn/。

（3）仙劫

《仙劫》是一款以修仙为题材的 2D 回合制仙侠类网页游戏，其华丽畅爽的战斗画面、强绝华丽的仙术系统、多线交错的丰富剧情、灵活的角色换装系统、强大的神兽系统和飞行坐骑系统助玩家在战斗中秒杀敌人、爽快游戏。

《仙劫》官方网站：http：//xianjie.5ding.com/。

4. SLG 策略型网页游戏

《凡人诛仙传》是一款可代表第三代网页游戏的仙侠题材 Web 巨作，完美融合 SLG 游戏和 RPG 游戏的优点。此款游戏打造出纯中国古风的仙侠 RPG，纯 3D 的战斗画面，可自由转换视角，技能效果绚烂，让玩家体验立体的战斗感觉！风格迥异的力量、身法和内劲三大系职业，玩法多样。强者生存的"生死战"系统，惊险刺激。独创灵力加成系统让用户升级、"打怪"事半功倍。

《凡人诛仙传》官方网站：http：//frzxz.game5.com/。

5. 休闲游戏

《梦幻岛》是一款 Q 版的竞技养成类网页游戏。清新可爱的画面风格，独特的养成系统，丰富多彩的玩法模式，简单的游戏操作让玩家感受一个不一样的梦幻岛，经历另一类世界的人生旅程，构筑一段难忘的经典回忆。

《梦幻岛》官方网站：http：//mhd.game5.com/。

第二章 趣游公司的发展环境

趣游公司（全名趣游科技集团有限公司），作为中国网页游戏行业的引导者，为中国提供了众多的网页游戏。趣游公司通过哥们网、牛A网、跟我玩游戏网、我顶网、聚游网等中国领先的网络平台，打造中国最大的网页游戏运营平台集群，满足互联网用户资讯、娱乐、游戏等方面的需求。截止到2012年底，趣游旗下互联网游戏注册用户突破1亿，运营产品突破80款，全球有21个运营平台。2009年10月，趣游独家代理的首款仙侠风2.5D即时战斗MMORPG网页游戏《仙域》正式上线，现在该游戏拥有的服务器数量超过800组，缔造了同类产品运营之最；2010年8月19日，中国首款真3D划时代网页游戏《天纪》正式上线，引领3D网页游戏时代，备受业内与众多玩家推崇，服务器数量已多达105组，成为中国网页游戏运营商中的先锋力量；2010年12月28日，ARPG武侠无端网游《傲剑》正式上线，截至2011年4月已经拥有服务器517组，再次掀起国内网页游戏热潮。

一、全球和区域的发展环境

随着中国网络游戏在技术和画面上的综合实力不断提高，中国网络游戏海外出口的速度和质量实现双提升。自2008年以来，中国自主研发网络游戏海外出口不断增长。中国版协游戏工委《2013年1~6月中国游戏产业报告》显示，2013年上半年中国自主研发网络游戏海外出口实际销售收入达29.5亿元，较2012年同期增加了18.2亿元，中国自主研发网络游戏海外出口规模进一步扩大（见图2-1）。

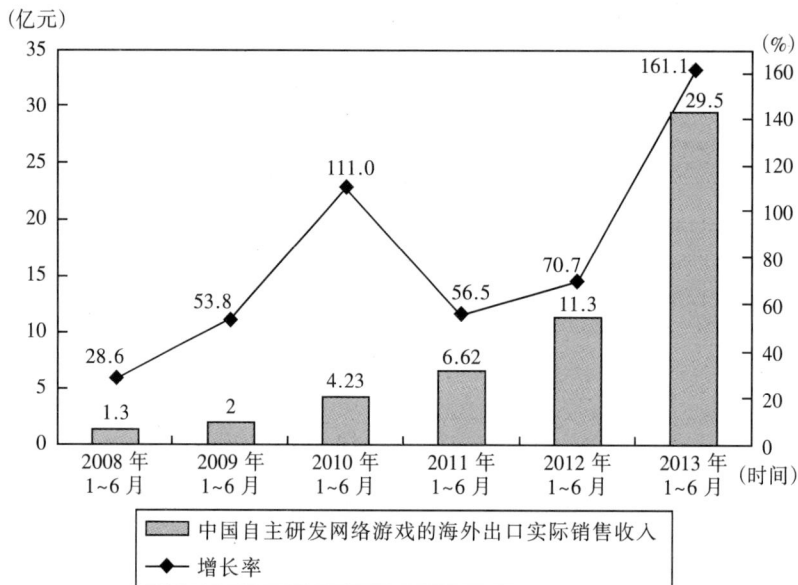

图 2-1　中国自主研发网络游戏海外出口销售情况①

　　与此同时，《2012 中国网络游戏市场年度报告》显示，2012 年，我国网络游戏市场收入规模达 601.2 亿元，同比增长 28.3%（见图 2-2）。其中，互联网游戏市场规模为 536.1 亿元，同比增长 24.7%；移动游戏市场规模为 65.1 亿元，同比增长 68.2%。2013 年网络游戏市场收入规模达到 891.6 亿元，据艾瑞咨询公司预测，到 2015 年末，网络游戏市场规模将达到 1468 亿元②。

　　2012 年传统互联网游戏仍占据主导地位。受到网络视频等娱乐方式的冲击以及网页游戏、移动网游对用户的分流，客户端游戏增速也有所放缓。整体市场特别是一线城市市场趋于饱和，更多的客户端游戏企业正在将精力转移至二、三线城市的市场开拓上。

　　2013 年中国网络游戏市场规模中，客户端游戏、网页游戏、移动游戏的收入占比分别为 65.5%、17.8% 和 16.7%。客户端游戏仍然是网络游戏的重要组成部分，其较为完善的游戏体验和大作化的倾向仍然会吸引大部

---

① 中华人民共和国文化部 2013 年发布的《2012 中国网络游戏市场年度报告》。
② 艾瑞咨询集团 2015 年发布的《2014 中国网络游戏行业报告》。

（亿元）
（%）

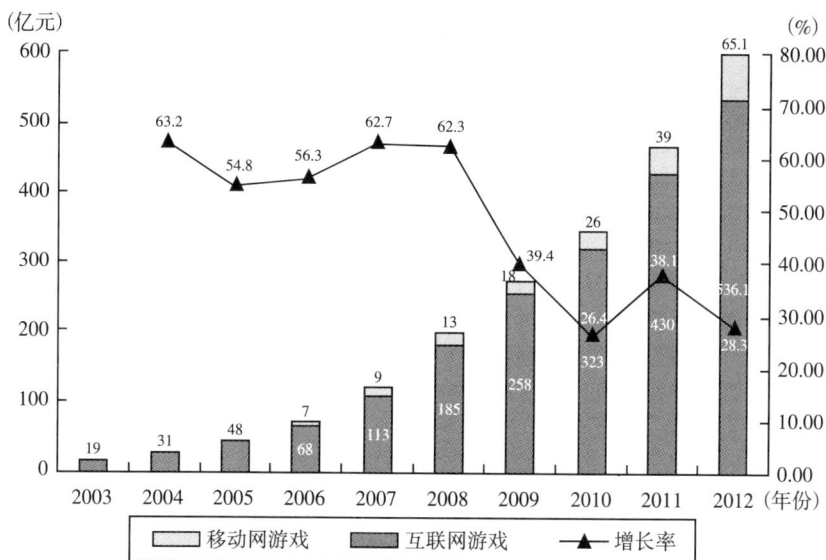

图2-2 2003~2012年中国网络游戏市场规模及增长①

分游戏用户。移动游戏在2013年迎来爆发式增长，为轻度游戏用户提供更多选择并吸引非游戏用户进入网络游戏。网页游戏逐步进入成熟阶段，零和效应显现，产品出现精细化运营趋势②。

国产网游产品出口规模的持续增长以及在海外市场的良好收益，也成为2012年我国网游行业的亮点之一。据不完全统计，2012年我国新增出口游戏66款，累计出口国产网络游戏产品数量突破260款（自2010年起），参与出口的网络游戏企业近100家，2012年自主研发网络游戏的海外收入达5.87亿元。

此外，2012年互联网游戏用户总数突破1.9亿，同比增长18.7%。其中，网页游戏用户持续增长，规模达1.63亿，增长率达12.4%；移动网下载单机游戏用户达8200万，增长率达60.8%；移动网在线游戏用户数量达2670万，增长率达136%（见图2-3）。

① 中华人民共和国文化部2013年发布的《2012中国网络游戏市场年度报告》。
② 艾瑞咨询集团2015年发布的《2014网络游戏行业报告》。

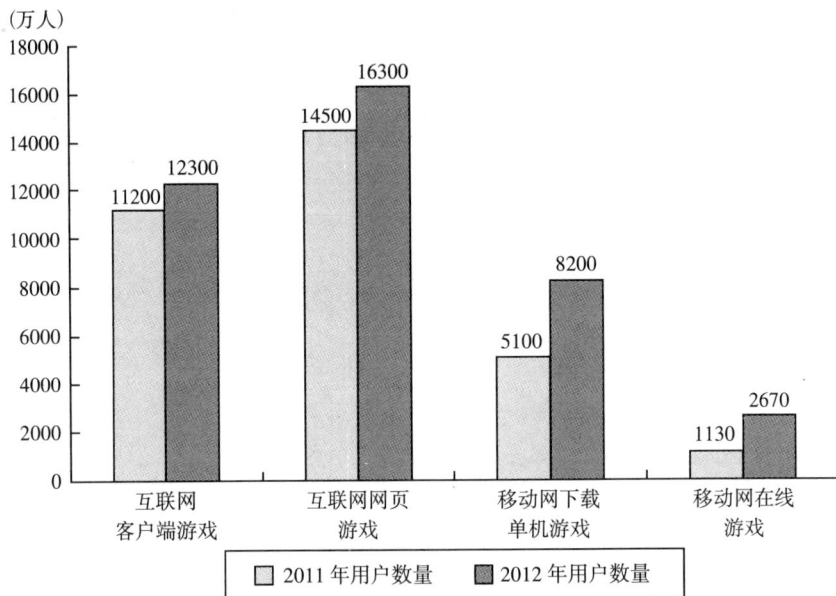

图 2-3　2011~2012 年中国网络游戏用户数量分类增长情况①

　　从用户结构上来看，18~24 周岁和 25~34 周岁的用户仍然是互联网游戏的主要用户群体，分别占 59.6% 和 31.2%。其中 18~24 周岁的用户比重较 2011 年上升了 4 个百分点，主要是由于《英雄联盟》等竞技游戏迅速发展和网页游戏在二、三线城市逐渐普及的带动；25~34 周岁的用户比重也上升了近 2 个百分点，主要原因是网页游戏迅速发展的带动。

　　无收入者和 1501~3000 元收入的群体仍然是中国互联网游戏的主要用户群体。其中无收入者的比重较 2011 年提升了近 2 个百分点，说明 2012 年学生群体更多地参与到了网络游戏中来。4501~6000 元的用户所占比重较 2011 年上升了 1 个百分点，主要是受到网页游戏进一步发展的带动。

　　在新兴的游戏企业中，从事网络游戏经营活动的企业数量不断增多，2012 年全国新增具有网络游戏运营资质的企业 476 家，截至 2012 年底，具备网络游戏运营资质的企业累计达到 1697 家。由此可见新兴企业更易抓住机遇，游戏市场的竞争也开始越来越激烈。

---

　　① 中华人民共和国文化部 2013 年发布的《2012 中国网络游戏市场年度报告》。

　　尤其是像趣游这样营业收入处于第二梯队（2012年营业收入在2亿元至20亿元的企业）的企业还远远比不上第一梯队（2012年营业收入在20亿元以上的企业）的企业，例如深圳腾讯、广州网易、搜狐畅游、盛大游戏、完美世界和巨人网络这样的龙头企业。再加上第三梯队（2012年营业收入在2亿元以下的企业）以及同在第二梯队的企业之间的竞争，尤其是第二梯队中像自己一样主要专注于网页游戏运营的企业的竞争，如昆仑万维、厦门游家、37wan、淘米网、奇虎360等。这对于趣游来说是一个严峻的考验。

　　2012年，中国网页游戏市场突破百亿元，其中，海外出口实际销售额占到3成。趣游、乐港等企业已率先在海外布局，出口覆盖的国家及地区也越来越广。菲音、游戏谷等研发型企业也开始谋求海外发展。数据显示，2012年上半年，不含海外游戏市场，国内网页游戏市场销售收入已达38.2亿元，全年销售收入更是突破百亿元大关。

二、文化创意产业的政策环境

　　文化创意产业的发展应遵循与国家文化产业政策相协调原则。中国任何一个地方政府，都必须执行国家统一的法律、法规和政策，并以此为依据来重构和完善自己相应的创意产业政策。产业的发展应该与本地经济、社会发展相结合。文化创意产业的发展规模、发展水平、发展速度和运作机制只有与当地经济和社会发展相协调，有助于推动当地经济和社会共同发展，才能真正保证创意产业自身持续健康的发展。文化创意产业的发展应遵循创意产业自身发展规律，既要遵循市场经济的规律，又要充分考虑创意产品生产和文化创意服务的特点，既要有助于增强创意产业的"造血"功能，又要充分体现创意本身的核心精髓。

　　文化创意产业有经营性和非经营性之别，产业政策要充分体现区别对待、分类指导的原则。如推广文化创意活动，文化影视等制作产品，创意文化交流、博览等反映社会、传统、历史文化项目的活动和产品，在产业政策上予以重点扶持；对于经营性、市场竞争能力强的，则应鼓励其按市场规律发展。

文化创意产业的发展应与产业基础的发展相结合。文化创意产业具有知识的密集性、产业的无边界性和高度的融合性、渗透性和辐射力等特征，人和文化都具有地方特色，因此创意产业具有个性化特征，不同地区的创意产业必定深深地打上区域的烙印，只有与当地优势资源的产业基础有机整合，寻找适宜的土壤，创意产业才能茁壮成长。

市场是创新和创意的起点和终点，也是创新和创意活动价值实现的载体，同时它还推动着创新思想、创新和创意活动的产生与发展。创新和创意只有转化为市场需求，被消费者购买才能实现最终价值。文化创意产业应与产业链、价值链、品牌链的拓展相结合。创意产业的发展要与行业的上下游企业及相关行业发展形成联动，延长产业链，带动其他产业形成一个群体共同发展，最终形成产业的联动发展模式。如米老鼠、哈利波特、芭比娃娃等产品形成品牌后开发出玩具、文具、服装、食品等一系列衍生产品，大大提高了创意产品的产业链和附加值。

（一）文化创意产业发展的立足点

首先，立足创意成果投入。创意产业处于价值链高端，具有强大的渗透功能，能够与各行各业实现无边界融合，提升传统产业的附加值。因此，将创意产业的立足点转向创意成果的再投入环节，即在重视创意产出的基础上，将更多的资源配置到促进创意成果的再投入之中，把创意产业与传统产业、新兴产业的融合发展作为工作重心，以创意带动更多产业和领域的创新与发展，这样，不仅可以促进传统产业的升级，也能为经济增长开辟新的源泉。以动漫产业为例，动漫的创意、创作和制作是动漫产业立足的基础，但这不是创意产业，只有将动漫形象和品牌等创意成果投入到其他行业，形成众多的动漫衍生产品，才能形成规模并获得巨大的市场效益。

其次，立足创意消费引领。创意产业的发展要突破传统产业的产品生产导向模式，着力于创意产业对消费的引领，通过在产品和产业融入更多的文化元素和观念价值，来拓展新的市场空间。为此，创意产业发展一要善于捕捉消费信息，及时了解和分析市场需求；二要在产品创意化和产业创意化上进行努力；三要在技术和商业模式上不断创新，将市场、创意、产品和技术有机衔接起来，形成创意消费，并以此作为促进经济增长的手段。

再次，立足创意品牌效应。品牌是具有文化意义的符号价值，不仅能够产生巨大的经济效益，而且具有较强的市场竞争力。如米老鼠至今已经到了七十多岁的"古稀"之年，依然被市场和消费者宠爱，生产经济效益。

最后，立足文化创意产业园区—城区联动。世界各国都通过发展创意产业园区来集聚大量优质创意资源，但在此基础上，有必要着力于园区辐射效应的放大，形成园区与园区、园区与居住区、园区与商业区、园区与教育机构、园区与公共设施之间的融合，形成创意社会氛围。结合资金上的奖励，提高园区经营者的积极性。

（二）创意产业基础问题的政策支持

第一，保护知识产权。知识产权保护状况已成为国际创意设计和投资选择场所必须考虑的法律环境。因此，中国要大力发展创意产业，推动原创，就需要加大知识产权保护和惩治力度：一是建立和完善相关的地方性保护条例；二是建立健全知识产权保护体系；三是加大对侵权案件受理和侦办力度，对侵权的行为和行为人给予法律和经济上的严厉制裁；四是加强对创意公司和创意人员关于知识产权保护的宣传和培训力度，减少因自身疏忽带来的不必要的损失。

第二，建立统计和评估指标。建立和运用创意产业统计和评估工具。尽快建立和完善能反映创意产业发展状况和满足各级政府决策及社会各界需要的创意产业统计核算和评估体系极为重要，这是推进创意产业发展的基础资料，能为政府决策提供完整的、科学的信息支持，确保政府产业政策的有效性、连贯性和持续性。

第三，建立创意信息网络。为创意产业提供各种专业服务，如宣传保护知识产权的知识、法规、方法，并在条件成熟的前提下提供在线服务；宣传推进创意产业新商务模式；提供创意产业的教育、培训、就业信息，促进教育与创意产业的商业联系；建立创意设计人员、设计师的信息库，为企业提供设计师信息等创意信息。

第四，建设综合服务平台。构建和完善非盈利的基础服务平台，为中小型创意企业、机构和个人的发展创造条件。创意产业发展初期，比较迫切和重要的平台建设包括：政策支持平台，其构建目的在于让产业园区注册发展的企业享受相关的优惠政策；公共技术平台，其构建目的在于支持共性技术和关键技术研发，为创意产业企业提供公共技术支持；产业发展支撑平台，其构建目的在于为投资者及创意者建立交流平台，使创意设计能够实现产业化；基金支持平台，由政府拿出一定数额的资金用于推动和支持科学、技术和文化、艺术方面的创意。

（三）文化创意产业的经济政策支持

目前，中国的创意产业正进入起步和快速发展阶段，由于创意产业发展初期市场不健全，资源配置不尽合理，为尽快形成有利于创意产业发展的综合优势，需要争取有关经济政策的先行先试，加大财政、金融信贷和税收的支持力度。营造有利于创意产业发展的经济政策环境，确保创意产业持续、快速、协调、健康发展。

第一，财政支持。目前中国创意产业投资主体相对单一，主要靠开发商自筹，银行对创意园区及企业的正常贷款比例不足5%，资金紧缺是中国创意企业普遍的呼声。创意产业企业的特点是规模太小，缺乏固定资产抵押，因此很难得到信贷方面的支持。为推动中国创意产业发展，政府必须加大财政扶持力度，设立创意产业专项资金和产业集聚区基础设施专项资金。每年安排适量的财政资金引导扶持创意产业发展，设立专项资金主要用于与创意产业相关的基础设施、环境治理、公共服务平台及创意产业、创意产品、创意服务和重点创意项目的开发建设等，加大对创意产业的支持力度。

第二，税收优惠支持。一是根据创意产业的项目、创意产品和创意服务的具体作用，实行减征或免征税金的政策；二是实行差别税率政策，对产生不同社会效益的创意产品及创意服务实行不同的税率；三是对创意产品出口进行扶持，如实行创意产品的出口退税或零税奖励政策。

第三，金融信贷支持。目前从全国来看，创意产业通过金融机构获得资金求发展的情况不是很多，政府要加大金融机构对创意项目、创意服务和创意企业的支持力度，推进创意类投资与金融资本的对接，鼓励企业走金融市场筹款之路，同时，政府要制定倾斜的金融信贷政策支持创意企业发展：①把创意产业纳入信贷范围的政策，在银行现有年度信贷计划外，增加创意事业贷款指标；②实行资助性信贷政策，主要包括低息、无息、贴息等优惠政策；③通过债券或股票形式筹措资金，此方法适用于较大型的文化创意企业；④鼓励集资合股政策；⑤尝试"中小企业联保贷款"业务，由三个以上中小企业自愿组成一个贷款担保联合体，为其成员提供连带担保责任。尝试建立一套创意企业无形资产价值评估体系，通过无形资产担保融资等方式来筹集资金。

第四，强化招商引资。招商引资工作是推进创意产业发展、实现创意项目落地的重要环节，就目前来看，创意产业的招商引资工作需从几个方面求突破：①明确招商重点，强化创意产业链招商。通过制定《创意产业投资目录》、《创意产业投资的若干规定》，突出创意产业项目、创意产品、创意服务及相关产业链的优势，重点走招商之路。②大力改革招商体制、机制，建立招商机构，成立招商团队，充实壮大招商队伍。③培育招商平台和招商载体，把公共服务平台、信息网站等公共设施作为招商引资的新主体，发挥招商功能。④采取多种措施，拓宽招商引资方式和力度，多管齐下实现招商引资项目。如政府不定期组织召开创意产业投资项目的新闻发布会和招商会，通过电视、报刊等媒介系统进行招商引资宣传；政府、企业主动参加海内外创意产业博览会、"创意产业周"等相关活动，宣传招商引资项目，培育良性的创意产业融资环境。

（四）文化创意产业的政策环境创新

目前，我国发展创意产业的环境还很不理想。创意市场不成熟、创意需求不稳定、创意政策不完善、创意人才极端匮乏、创意园区缺乏鲜明的特色等。为此，中国发展创意产业需要各级决策层和相关部门在学习和掌握国内外创意产业理论和实践的基础上，结合当地社会和经济现状，为创意产业开拓和营造一个适宜发展的、有效的、可持续的政策环境。

1. 重视规划引领

为有效推动创意产业的发展，规划必定要先行，要有中长期的战略构想，要将创意产业作为一个重要产业单列出来。政府层面要确立创意产业发展的总体规划和政策导向，将创意产业发展的定位、目标、布局放到国际大背景下去对比、审视，以新理念、宽视野规划创意产业，根据国家相关政策制定地方《创意产业发展规划》、《创意产业政策》及相应的《创意产业专项政策》，以明确创意产业发展的指导思想、范围界定、产业和内容取向、路径方法、政策保障等基本要素，为实施创意产业战略布局提供依据。

2. 科学规划重点创意产业集聚区

各地在发展创意产业的进程中，一项重要的工作就是建立创意产业集聚区。为避免创意产业集聚区的类同，使本地创意产业中的一些领域走在当地、全国乃至世界前列，有必要规划重点创意产业集聚区，并依据一定的评判标准进行评审，通过科学的规划、鲜明的产业特色和定位、相当的产业规模、先进的产业形态、合理规范的管理机构和运营机制、较完善的基础设施和公共服务支撑体系、良好的产业发展前景等评审条件，确定"重点创意产业集聚区"，并制定《重点创意产业集聚区的若干规定》。对列入重点的创意产业集聚区，政府要在资金上给予重点扶持，每年安排一定额度的资金用于集聚区基础设施、技术和信息平台及其他公共服务平台建设，对入驻重点创意产业集聚区的产业内容、产业结构、产业规模等问题进行科学规划和引导，力争在国内外做出创意产业集聚区的品牌，如上海的 8 号桥、深圳的"大芬油画村"等创意园区已在国内外有一定知名度，成为当地的创意园区地标。

3. 用灵活的政策打造特色创意产业园区

对创意园区的发展，各地政府必须重视实证研究，要从实际出发，采用灵活的扶持政策。大量的创意产业园区尤其是设计类企业、文化艺术类的创意企业、类似于"大师工作室"的创意企业，其设计都是独一无二的，企业大多小而精，永远做不大，他们只能出思想、出创意，不能出流水线，如上海的田子坊、M50、红坊等创意园区。而这类创意产业园区内的租赁客户又较为固定，是同一个群体，其总体数量在一定时期也是较为稳定的，创意园区的客户数量不会因为园区数量的发展而增加。因此，促进这类创意园区发展的政策要灵活，不拘一格，要真正体现创意无限、创意不分大小、创意不分样式和类别的精神。只要把项目做得扎实、精致、有特色、有个性、有创意，符合政府创意产业政策和市场需求，政府都应对园区的发展给予一定的支持，要从政策、资金、工商、税收、租金等方面给予实实在在的扶持。同时，应更多地在园区周边的人文环境建设和改善上下功夫，使园区内的创意氛围辐射至街区、社区，营造街区和社区的创意大环境，实现创意产业园区与街区、社区的共同发展。

4. 强化创意园区的自身再建设

目前在全国创意园区中出现雷同的现象比较严重，已影响到园区的可持续发展。为此，各级政府要重视这一问题，在政府层面给予一定的扶持，鼓励创意园区的不断创新。

第一，开展评选优秀创意园区活动。在政府层面定期组织园区的评优活动，并对优秀创意园区给予名誉与资金上的奖励，提高园区经营者的积极性。

第二，鼓励园区与城市创办的各种大型活动对接。如鼓励园区与国际旅游节、国际创意产业博览会、创意产业活动周、世博会等大型创意活动实行对接，提高园区自身创新和再建设的能力。

第三，鼓励园区探索国际合作与交流。政府要为园区创造有利条件，规划引进国内外知名创意机构、创意活动并提供创意大师与园区的互动交流机会，并为园区提供有效的服务和资金支持，扩大园区的影响力。

第四，鼓励园区内开展各种形式的"秀"活动，提升园区内企业的凝聚力。如上海老码头创意产业园的"斗秀场"，平均每月举行2~3次的小型走秀活动，如LG、倩碧等化妆品品牌的新品发布、新闻发布会等活动，以及正在设计规划中的集广场、行为艺术和街头表演为一体的"秀"活动，力争成为"上海滩创意集聚区"的时尚新高地，达到提升园区凝聚力的目的。

（五）文化创意产业的市场环境培育

创意市场的完善直接关系到创意产业和创意经济的可持续发展，需要政府和企业共同打造。

第一，政府采购支持创意企业发展。美国政府就有这种政府采购方面的规定，《购买美国货法案》规定，在政府采购项目的报价中，如果本国供应商的报价比外国供应商的报价高出不超过6%的幅度，就必须优先交由本国供应商采购；而对中小企业则更优待，他们可以享受高达12%的报价优惠，这对增加中小企业在美国政府采购市场中的竞争力是十分明显的。因此，建议政府出台相应的政府采购政策，支持创意企业的信息服务、创意产品、创意技术和创意服务进入政府采购目录，规定以一定的比例采购创意企业的产品和服务，以支持创意产业更好的发展。

第二，构建创意产业营销网络体系。可以通过多条途径展开：①积极开展"国际创意产业活动周"，使之成为国际化的创意产业展示和交易平台；②构建创意产业展示交易平台，发挥其在创意产业市场体系中的基础性作用；③依托创意产业网络、电子商务平台等信息设施，为发布和交易创意产品提供优质的创意商务服务；④政府和中介组织要极力通过主流媒体包括电视、广播、报刊等著名媒体，向社会甚至全世界发布创意产业资讯，推介创意产业项目，争取更多的合作；⑤发挥和拓展国际交流平台，支持创意产品和服务出口。上海创意产业中心已与联合国教科文组织、全球创意产业联盟以及英国、美国、德国、法国、意大利、日本、韩国、新加坡等 30 多个国家和地区的创意产业机构建立了合作联系。现在代表团每年来沪考察创意产业多达几百次，创意产业的国内外交流日益频繁，有效推动了创意产品的出口。

我国的"十二五"规划将文化创意产业作为未来的发展重点，也作为中国文化海外出口的一个契机，无论从政府还是企业层面，都对文化创意产业进行大力投入与支持。网络游戏作为文化创意产业的一个重要组成部分，近年来随着互联网的兴起而迅猛发展。

三、中国游戏产业发展环境分析

（一）中国游戏产业发展环境的特征

1. 大部制改革为行业发展提供制度保障与发展空间

大部制改革为我国网络游戏出版产业可持续、健康、快速的发展提供了出版监管的制度保障，也为网络游戏出版与图书出版、影视节目制作等不同业态间的相互融合提供了巨大的发展空间。新组建的国家新闻出版广电总局负责网络游戏出版活动的监管和网络出版物出版的前置审批。同时，国家新闻出版广电总局的管理职能还有助于网络游戏出版与传统图书出版、影视节目制作传播领域之间渗透融合度的不断深化，从而使新的经营模式不断出现。

2. 游戏企业的慈善事业心与社会责任感显著增强

在各类社会慈善公益事业特别是抢险救灾等重大事件中，越来越多的游戏企业第一时间伸出援手，主动承担社会责任，彰显出游戏企业显著增强的社会责任感。

随着经济实力与品牌效益的提升，游戏企业在地震救灾、捐资助学、捐赠中华文明保护基金等公益活动中积极行动，以高科技手段、互联网资源、捐款捐物等形式回报社会。这不仅是游戏企业慈善事业心的具体表现，更体现出其对社会的关怀和义务，从企业利益向社会整体利益迈进。如 2013 年 1~6 月，四川雅安芦山发生 7 级特大地震，两天内，完美世界、巨人、腾讯等国内数百家游戏企业捐款近亿元，并通过互联网搭建各类捐助和通信渠道，方便灾区人民获得救助。

3. 网络游戏用户规模平稳增长

与 2012 年同期相比，2013 年中国网络游戏用户规模的增长速度基本保持平稳。在各细分市场中，客户端网络游戏市场用户数量增长进一步放缓，网页游戏和移动网络游戏用户数量则同时出现上升。

2013 年 1~6 月，中国网络游戏市场用户规模同比增长率从 6.4% 变化至 4.2%。从最近三年的发展状况来看，调整幅度不大，基本保持平稳。

在中国网络游戏各细分市场的用户同比增长率变化中，与 2012 年的放缓速度相比，客户端网络游戏增长速度表现出平稳放缓的特征，同比增长率从 4.6% 调整至 4.1%。

网页游戏和移动网络游戏市场则表现出止跌上扬的特征，同比增长率同时从下降状态转为上升，与 2012 年同期相比，分别增长了 8.8% 和 48.4%。

4. 移动游戏概念拉动企业并购

从游戏产业的投融资状况看，VC/PE 的投融资、并购目标正在从 PC 游戏全面转向新兴的移动游戏市场。同时，用于并购的投入金额总量也超过往年。

2013 年 1~6 月，市场上出现的并购和预期中的并购行为，多数与移动网络游戏概念有关，比如百度收购 91 无线、华谊兄弟拟收购广州银汉等，映射出新兴游戏商业机会背后的资本追捧。

在投入金额方面，包括百度、掌趣科技、博瑞传播、大唐电信、浙报传媒、华谊兄弟等在内的上市公司在 2013 年上半年投入到游戏并购市场的资金数量已经接近 2012 全年全球游戏行业的并购金额。

5. 多平台运营技术与游戏研发技术应用更加广泛

越来越多的网络游戏开始采用多端互通技术和新一代的画面表现技术进行开发，在用户细分定位、控制开发成本等方面取得进展。

2013 年上半年，网络游戏的技术发展方向分为两方面：一方面用户对游戏产品的要求不断升级，需求进一步细分，开发商采用新技术来提升游戏的打击感、交互的流畅体验和游戏画面的视觉冲击力；另一方面，游戏表现形式日益丰富，客户端网络游戏、网页游戏、移动游戏各有优势，开发商积极采用多端互通的开发技术覆盖更多终端。

（二）中国游戏产业发展环境的驱动因素

1. 文化强国决策驱动产业规模继续扩大

2013 年是全面贯彻落实中共十八大各项任务的开局之年，也是实施国家"十二五"规划承前启后的关键一年。作为网络内容建设的重要组成部分，中国网络游戏出版产业在党和政府的高度关注下，在文化强国决策的持续驱动下，继续保持快速增长，营收规模继续扩大。

中共十八大做出了扎实推进社会主义文化强国建设的重大决策，特别提出了加强和改进网络内容建设、唱响网上主旋律的工作要求和机构改革的具体策略。这为网络游戏出版企业充分应用市场、技术、资本等要素，在企业兼并重组、市场资源重新配置过程中不断探索新的经营模式、不断加强拥有自主知识产权的引擎等核心技术的研发和掌握，创新性运用最新科技成果，把中华文化的资源优势、市场优势、特色优势转化为产品的竞争优势提供了保障和发展空间。

2. 游戏产业的社会影响力日渐增强

游戏企业在发展业务的同时，长期饯行文化企业的社会责任，社会影响力日渐增强，品牌效应逐渐凸显。

十余年来，游戏企业不仅通过各种慈善捐助回馈社会，而且在引导玩家健康上网、推广绿色网游、海外弘扬中华文化等方面，做出了积极的贡献。

随着游戏产业规模的持续扩大，游戏出版产业的综合实力不断增强，游戏企业的社会影响力、品牌效应也发挥出越来越大的作用，社会媒体对游戏产业的正面报道迅速增加。以完美世界为例，近年来其不仅多次登上央视《新闻联播》，而且作为唯一一家互联网企业入选中国企业家代表团，随同中国国家主席习近平出访海外。

3.用户需求变化推动两大细分市场规模扩大

中国网络游戏用户需求已经倾向于便捷登录与碎片化时间游戏，这推动了网页游戏与移动网络游戏两大细分市场的用户规模提速增长。

随着新增用户的不断进入，中国网络游戏用户数量逐年增长，用户年龄范围开始向两边延伸，需求随之发生变化。其中，上一代用户由于年龄增长，用于游戏的时间受到工作和生活的双重挤压，需求转向可以便捷登录的网页游戏和移动游戏。

在新增用户中，轻度用户和拥有手机使用习惯的用户占据了较大比例，对网页游戏和移动游戏的使用率较高，也促进了两大细分市场的用户数量增长。

4.游戏消费市场潜力奠定资本市场持续活跃的基础

游戏产业的高速发展，让拥有游戏概念的投融资与并购行为在资本市场上受到热捧：上市公司能够更加容易地获得再融资的机会，被收购的游戏公司也得到了获取现金流的快速通道。

2013年1~6月，已经上市的公司通过并购移动网络游戏公司、代理或开发的新移动网络游戏产品上线等概念，在二级市场以高市盈率高价融资，再到一级市场低价收购企业，获得业绩增长。未上市的游戏公司则通过被收购，快速获取大量现金，双方各取所需。

游戏概念能够受到资本热捧的主要原因有两点：一是相对于其他行业，游戏产业的用户规模迅速扩大、单款产品的收入迅速提升，游戏公司的收入与利润来源有保障，可以补充上市公司的利润；二是目前移动网络游戏领域投入成本不高，风险相对分散，市场尚未形成垄断格局，投资回报率较高。

5. 网络游戏的用户需求多层次发展

不论何种表现形式，用户的需求发展过程都是从低向高、从浅到深发展，开发商采用新技术的目的是迎合用户不断升级的游戏需求。

2013年上半年，在便捷登录的前提条件下，用户需求从简单的回合制升级到动作、格斗、竞速、FPS，游戏开发需要保证在无端、微端等环境下，不断完善交互的实时性、操作的打击感和画面的精美程度，这也推动了技术的不断进步。

技术进步主要表现于如下方面：一是开发引擎的成熟运用；二是弱联网交互技术降低游戏对于实时网络环境的要求，为游戏类型多元化发展提供基础；三是快捷式游戏开发工具节省精力，使开发者专注于对高层次游戏的开发。

（三）中国游戏产业发展环境的阻碍因素

1. 政府部门管理任务艰巨

作为主管网络内容质量的政府部门，新组建的国家新闻出版广电总局在管理创新方面任务艰巨、责任重大。

第一，按照国务院机构改革的要求，本着国家支持民间资本参与出版经营活动的相关政策精神，国家新闻出版广电总局在推动网络出版服务管理规定出台的基础上，须全面总结当前中国网络游戏出版产业出现的新情况及相关规定，制定网络游戏出版管理办法，在企业准入、产品准入、平台建设、内容质量管理、资本合理流动、社会资源有效配置、加快新技术应用等方面做出相应的规定。进一步健全法规制度，为做强、做大中国游戏出版产业奠定法制基础。

第二，根据国务院要求，国家新闻出版广电总局在继续履行好网络游戏出版管理工作职责的基础上还要进一步强化属地管理，优化行政审批程序；积极与相关部门配合，加强对预防网络游戏沉迷实施工作的督导力度。对履行社会责任不力的产品将用社会舆论等多种方式督促改正，确保保护未成年人身心健康的措施落到实处，同时充分应用扫黄打非机制和版权管理执法体系，持续打击网络游戏出版领域的假冒伪劣和侵权盗版活动。

第三，进一步地强化导向管理，引导和推动网络游戏出版企业建立健全自律机制。加强对网络游戏出版企业骨干人员的培训，强化游戏出版企业的自我管理能力。从源头上提升中国网络游戏产品的品质。

2. 低俗推广给游戏产业带来负面社会影响

虽然多数游戏企业主动承担起社会责任，但是，在游戏产业中，仍有小部分从业者意识淡薄，为一己私利抹黑游戏产业社会形象。

近年来，网络游戏低俗推广、低水平竞争的行为仍然时有发生，弹窗广告，国外 AV 女星、国内不雅照女主角代言等营销手段屡禁不止。加上海外游戏的版权纠纷，国内游戏，特别是移动游戏乱收费等问题抹黑了游戏产业整体的社会形象。

上述行为虽然是小部分从业者所为，但社会影响恶劣，对消除人们意识中游戏产品坑害消费者的负面形象起到了消极作用。

3. 用户规模整体增长速度缓慢

中国网络游戏用户规模整体增长速度近三年基本平稳，没有出现快速增长，主要原因是用户对传统游戏的需求升级与多端化分流传统网络游戏新增用户数量。

目前，中国网络游戏用户规模的增长主要来自客户端网络游戏、网页游戏和移动网络游戏等细分市场。其中，前者增长速度处于平稳放缓的状态，后两者刚刚出现止跌上扬。由于此消彼长的原因，2013 年 1~6 月，中国网络游戏用户规模的整体增长速度基本平稳。

从最近十年的发展状况看，中国网络游戏用户规模在增长初期受客户端网络游戏市场的推动。由于用户对传统类型的游戏体验感觉提出了更高的要求，导致传统的 MMORPG 类用户新增数量逐年下降，从而影响客户端网络游戏市场用户的增长速度。

多端化分流传统网络游戏新增用户数量体现在：随着移动互联网的发展，游戏设备也在逐步丰富，除了 PC 以外，平板电脑、智能手机甚至电视等，均可以成为游戏终端，并提供新的玩法和体验，进而形成了与传统网络游戏的竞争。

4. 并购令中小企业自主发展承压

未来一至两年内，移动网络游戏的投入成本将迅速上涨，甚至可能将从数十万元上升至数百万元甚至上千万元。在生存成本与买方盈利需求的双重压力下，越来越多的游戏公司将通过并购形式退出。

随着以逐利为目的的资本大量涌入，移动网络游戏产品的产量快速增长，用户资源水涨船高。市场竞争加剧，成本提高，挤压着开发者的生存空间。开发者如果不与资本结合，那么将面临被洗牌、被淘汰的命运。与资本市场相结合，也将承受买方快速盈利需求的压力。

各种压力将加剧产品的抄袭、换"皮"、换"音乐"等同质化竞争的现象，背离游戏开发者的初衷与游戏产业健康发展的客观规律。有获取大量现金机会的游戏公司为摆脱压力，在比较好的时间窗口获得合理的回报，将通过并购形式退出。或凭并购所得收入重建控制力度更高的公司，或转入投资买方行列。

5. 成本控制成为游戏研发技术创新导向

快速攀升的游戏开发成本导致了降低开发成本技术的出现——一套代码覆盖多个终端的技术解决方案。

随着网络游戏设备从 PC 向移动智能设备扩展，开发商希望为一款产品同时开发出多个终端的版本，覆盖更大的用户范围，提高产品的成功概率。

但是，生活成本的提高、人力成本的上涨、新技术人才的培养、发行渠道的增多等因素直接导致开发成本快速攀升，同时开发多个终端，意味着开发成本还要翻倍增长。

为此，开发商更愿意采用跨平台的技术解决方案，控制日益增长的开发成本。

（四）中国游戏产业的发展趋势

1. 中国游戏出版产业受益于大消费增长

作为创新性的消费概念，中国游戏出版产业将受益于大消费时代新的消费方式升级，主要原因有如下两个方面。

第一，国家把文化产业作为重点建设推进，拉动内需扩大文化消费。中共十八大报告提出要扎实推进社会主义文化强国建设，在文化产业上要坚持社会效益第一，发展文化产业的首要目的是满足人们多样化的文化消费需求。《新闻出版业"十二五"时期发展规划》提出大力发展游戏出版、数字出版等"五大产业"，积极发展民族网络游戏产业，拓展民族网络文化发展的空间。

作为文化产业的重要组成部分，中国网络游戏出版产业不仅是文化消费多样化的重要方法，也是文化产业中拉动内需的重要因素。网络游戏不仅有助于转变观念，改变重生产轻消费的文化生产方式，还有助于优化文化投入与消费结构。通过高科技含量的文化消费，迎合文化消费的国际化趋势。

第二，游戏产业链长，与大消费密切相关。作为与文学作品、电影、电视、动漫、周边产品立体融合发展的文化表现形式，游戏出版产业集文化传媒属性及新一代通信技术于一体，拥有较长的产业链，涉及大消费类产业中的多个重要环节，尤其是以3G、互联网为代表的新一代通信产品和文化传媒、电子信息等创新性消费概念与大消费密切相关。

2. 技术进步拓展游戏产业发展空间

技术进步将推动游戏形式向大众化、多样化及自由程度更高的移动化方向发展，为中国游戏出版产业拓展发展空间。

第一，大部制改革为"三网融合"带来契机。《国务院关于促进信息消费扩大内需的若干意见》明确提出要全面推进"三网融合"，加快电信和广电业务双向进入，在试点基础上于2013年下半年逐步向全国推广。新闻出版总署与广电总局的合并，大部制改革的推进，不仅为网络游戏出版与影视节目制作等不同业态间的相互融合提供了巨大的发展空间，更为"三网融合"的进一步落实带来了样本与契机。

截至目前，中国游戏出版产业依然是网络游戏占据主要市场份额，2013年1~6月，网络游戏实际销售收入占整体收入的比例超过99%。通过对电信网络、有线电视网络和计算机网络的整合，网络游戏的使用范围将从计算机跨越到电视甚至更多领域，且"三网融合"有助于其在电信领域提速发展。同时，"三网融合"所带来的资费下调，为网络游戏向二、三线以下城市及地区拓展创造条件。

第二，4G网络助推网络游戏移动化发展。移动游戏业务的快速发展，打开了游戏产业市场规模增长的新空间。2013年1~6月，中国移动网络游戏实际销售收入25.3亿元，同比增长100.8%，占游戏产业整体收入的比例为7.5%。在中国移动游戏中，网络游戏占据主要市场份额，移动宽带速率决定游戏画面的精细程度与流畅性，对游戏业务造成较大的影响。4G网络理论连接速率可以达到3G网络的十倍以上，成为提高移动网络游戏产品质量与用户体验的重要推动力。

3. 便携性需求将继续拉升网络游戏用户增长

从客户端网络游戏、网页游戏、移动网络游戏的用户数量看，用户规模的扩大与便携性游戏的需求成正比，游戏地点和时间的自由程度越高，用户规模发展得越大，因此便携性将成为未来用户数量增长的突破点。

从用户需求的发展过程来看，用户正在经历从客户端网络游戏固定游戏地点，到网页游戏多地点登录、快速便捷进入游戏，再到便携性移动游戏时代的过程。新增用户现阶段的主要需求是通过智能手机与平板电脑，随时随地享受游戏的乐趣。

便携性游戏为用户提供了随身携带游戏、时刻接续游戏进度的解决方案，已经成为未来重要的发展趋势。除移动游戏外，客户端网络游戏和网页游戏也正在通过游戏移植的方式推出移动版本，或通过跨平台方式解决用户在便携终端设备上访问游戏的问题。

由于能够满足用户对游戏便捷登录与便携性的需求，网页游戏和移动网络游戏先后获得了用户数量的快速增长，在用户规模方面，也先后超越了客户端网络游戏。2013年6月，网页游戏用户数量达到2.79亿，移动网络游戏用户数量为1.71亿，均高于客户端网络游戏用户数量的1.25亿。

4. 网络游戏数量规模的扩大催生名品佳作

中国网络游戏产品数量规模的持续扩大，为市场竞争创造了先决条件，形成了优胜劣汰的生态圈，孕育创建了高质量产品的发展环境。

2013年上半年，中国游戏市场实际销售收入提速增长，同比接近翻倍增长。在市场收入的推动下，网络游戏数量规模进一步扩大，客户端、网页、社交、移动网络游戏四大业务数量均有增长，竞争的激烈程度再度提升，产品优胜劣汰的竞争态势更加明显。

同时，用户标准不断提升，对产品质量的要求越来越高。而高质量的游戏产品获得的口碑传播效果，已经表现出营销成本、用户付费率、用户黏着度的明显优势，成为开发商的研发动力。在可以预见的未来，高质量知名游戏作品的数量将进一步增长。

5. 游戏资本市场活跃增厚本产业资源积累

活跃的资本市场为游戏产业带来了巨额交易与充足的现金流，将持续吸引高水平人才、先进技术与高质量产品进入，集中积累优势资源，储蓄发展的能量。

中国游戏产业的高速发展，吸引资本市场追加资本投入，捕捉新兴市场的发展机会。同时部分依靠游戏产业累积了资金实力的开发商与运营商也开始独立资本运作，形成内外资本并举的资本市场持续活跃的局面。

持续活跃的资本投入为游戏市场注入了充足的现金流，为企业提供了丰厚的薪资待遇，且为企业购买先进引擎技术、全球优质 IP 以及引进高质量的游戏产品提供了资金基础。2012 年，中国游戏产业从业人员月工资水平出现明显增长，尤其是工资水平在 7500~15000 元的人员比例达到历史最高水平。预计今后将保持增长。

此外，游戏企业用于购买游戏引擎的资本投入也在增加，仅 2012 年，某公司购买的千万元级游戏引擎已经超过六款，在新兴的网页游戏与移动游戏市场，购买国外先进引擎技术也将成为常态。除了技术引进外，雄厚的资本实力还有助于更多高质量产品的引进，带动国内市场产品质量的提升。

四、中国网页游戏市场分析

（一）中国网页游戏市场发展的特征

1. 网页游戏市场收入保持高速增长

网页游戏市场实际销售收入保持高速增长，与 2012 年同期相比，2013 年增长速度基本平稳。

从最近六年来的发展状况看，网页游戏市场目前已经进入相对稳定的增长阶段。2013 年 1~6 月，中国网页游戏市场实际销售收入 53.4 亿元，同比增长率 39.8%。与 2011 年和 2012 年历史同期相比，同比增长率保持在正常的调整范围内。

从产品收入的层面来看，与 2012 年相比，市场中月流水收入过亿元的产品数量出现了下降的现象。同时，月流水超过千万元的产品数量出现了增长。

作为游戏业务的一个领域，网页游戏的市场份额保持 2012 年水平，增长幅度为 0.4 个百分点，从最近六年来的变化情况看，网页游戏的市场占有率正在从快速增长逐渐趋于稳定。

2. 网页游戏整体质量水平提高

市场竞争促进产品更新换代，新产品陆续上线，提高了网页游戏的整体质量水平，主要体现在 3D 化网页游戏的产品数量与 2D 产品新类型两个方面。

3D 化网页游戏产品结束孵化期并开始集中上线。2013 年上半年，3D 表现形式的网页游戏产品数量已经超过了 2012 年全年。3D 化不仅是网页游戏发展的必然趋势，而且是质量水平提高的标志，也是用户需求的体现。

为了应对 3D 化潮流的到来，2D 新作开辟横版格斗等新类型，从美术风格、玩法创新、付费点和经济系统设计方面进行升级，贴近用户需求。

3. 网页游戏产品生命周期考验更加严峻

相较于客户端网络游戏而言，网页游戏的生命周期较为短暂，同时网页游戏公司能够盈利的产品数量较少，在成本与用户标准双重提升的状况下考验将更加严峻。

2013 年上半年，网页游戏采用的传统运营手法，如增加社交频率和签到活动等，已经越来越难以达到延长生命周期的目的，多数网页游戏产品在上线 3 个月之后用户数量出现明显下滑。而开发与推广成本上升又是市场竞争的必然趋势，用户受移动游戏等其他娱乐形式吸引造成分流也不可避免，网页游戏的生命周期问题将暴露得更加充分。

4. 网页游戏运营平台影响力进一步提升

用户资源是游戏市场的生命力，运营平台作为用户导入的关键渠道，其影响力也将随着成本上涨而进一步提升。

相比较客户端网络游戏而言，网页游戏产品的精品化程度不够，缺乏足够的用户黏性，对运营平台的依赖程度较高，造成用户成本快速攀升，目前单个用户导入成本已经上升到 10 元以上，拥有自有用户的网页游戏平台的竞争优势日益突出：一方面，自有用户平台掌握用户数据，可以做到从产品到用户的精确推广；另一方面，由于自有业务的存在，用户对运营平台的忠诚度更高，不易流失。

5. 网页游戏市场营销强度持续提升

网页游戏的销售强度持续提升，付费点前置的现象更加明显。

目前，开发商/运营商充分运用快餐式付费的优势，将游戏付费内容、优惠促销活动、游戏用户排行榜等刺激用户游戏支付和攀比排名的设计置于游戏前期，并不断新开服务器，对新用户进行反复清洗，或者引导同一批用户反复冲击新服务器的内置排行榜。

2013 年 1~6 月，网页游戏开服量超过 10 万组，同比增长率达到 247.6%，整体开服量增长幅度超过 2 倍。同时，网页游戏的开服持续时间缩短，部分产品开服不久即快速步入并服、合服的衰退期。

(二) 中国网页游戏市场发展的驱动因素

1. 网页游戏产品精品化受到重视

由于网页游戏产品精品化的程度有所提升，市场上初具收入规模的产品数量出现增长，月流水超过千万元的产品数量开始增多。

目前，网页游戏市场开始从"以量取胜"转向"精品化"的新阶段。市场经过近年来的高速发展，盈利模式出现转变，"以量取胜"策略的优势不再明显，提升游戏品质和用户体验成为新的思路。

同时，部分网页游戏开发商通过近几年的发展，在经验、资金和人才储备方面有了沉淀和积累，能够支撑研发团队精细打磨产品的投入，为精品化奠定了基础、提供了条件。

2. 精细化运营顺应用户付费意愿

与其他细分市场相比，网页游戏用户仍然保持着较高的付费热情，为市场规模的稳定增长做出了贡献。

2013 年 1~6 月，通过分析用户需求和行为，开发商深入挖掘用户的付费意愿，在满足用户便捷登录需求的基础上，网页游戏运营进一步精细化发展，实现销售收入增长 15.2 亿元，超过上一年的水平。

例如，在部分游戏产品中，已经舍弃了超市形式的商城和价格系统设计，优化了游戏过程中的即时付费体验，为不同付费能力的用户设定了不同的付费价格，使得冲动型付费设计的效果最大化，让用户在经历几年的产品洗礼后仍然能够保持付费的热情。

3. 网页游戏注重研究细分用户群体需求

网页游戏的细分用户群体正在逐渐扩大，游戏企业面对细分用户群体推出更加有针对性的游戏产品，维持精品化战略对用户进行精耕细作，是用户规模扩大的主要驱动因素。

2013 年以来，部分网页游戏研发企业深化产品精细化的策略，通过多种渠道收集完整的用户反馈信息和数据，研究用户行为，改进游戏玩法和付费设计，提高服务质量，制定相应的产品策略。制作出如《街机三国》等游戏产品，吸引大量拥有街机情怀的用户参与。

4. 网页游戏企业谋求多元化发展

网页游戏企业开发团队竞争力的提升，带动了市场上产品的多样化发展，在产品类型和表现形式方面，都发生了明显的变化。

第一，以高度模仿现实世界的角色扮演类游戏为例，从 2012 年流行的回合制向动作类、战棋类等其他形式的角色扮演类游戏进化。

第二，在表现形式方面，用户对 2D 类网页游戏逐渐表现出审美疲劳的征兆，开发团队通过近年来的资金与技术积累，开始布局 3D 网页游戏市场，带动产品销售的增长。

（三）中国网页游戏市场发展的阻碍因素

1. 网页游戏部分主力产品的市场地位下降

经过多年的发展，部分主力产品的收入开始下滑，市场进入新老交替阶段，这影响了网页游戏市场规模的发展速度，同比增长率从 2012 年的46.7% 调整为 39.8%。

2013 年初，市场上月流水收入超过亿元的产品数量开始下降，部分老产品因为生命周期和开发商销售强度过高等因素的影响，付费用户数量快速下滑，影响了整体收入，退出了月流水过亿元的产品行列。

同时，新产品在 2013 年 5 月才开始出现月流水超过亿元的状况。而此前的四个月中，网页游戏市场出现空白，缺乏月流水超过亿元的产品带动市场发展。

2. 网页游戏市场的成功率下降

网页游戏市场进入更深层次的洗牌阶段，竞争加剧、产品存活率下降，团队生存压力加大。

2013 年 1~6 月，从开服量反馈的数据来看，开服量不足 10 组的网页游戏产品接近总量的 60%。大量产品无法从运营平台获得足够支撑其生存的市场推广资源，导致存活率下降。

除了市场推广资源有限的因素外，流量联盟的成本也在持续上涨，造成部分资金实力不足的开发商拿不到优质的用户资源，产品成本难以在短期内回收，从而难以支撑开发团队对产品的进一步优化和调整。

3. "模仿"与"换皮"现象成为网页游戏的研发方式

成本低、速度快的特点导致"模仿"与"换皮"现象频繁出现，甚至发展成为一种网页游戏的研发方式。

"模仿"无须创新成本，直接将市场中现有游戏的系统或玩法进行复制；"换皮"则可以缩短开发周期，购买游戏的代码和策划案，更换美术资源后重新组装，它们都成为投机者短期牟利的重要手段。

网页游戏庞大的用户数量、"小白"用户为主的用户构成特征为"模仿"与"换皮"提供了市场生存空间，导致产品玩法、题材同质化现象愈演愈烈，成为用户忠诚度与付费意愿提升的阻碍因素。

4. "过度营销"与"低俗营销"诱发用户疲劳

网页游戏企业在运营中过度依赖营销手段，如促销活动、低俗广告等，忽视产品质量，忽视长期竞争所必需的口碑与品牌影响力建设，诱发用户疲劳，造成现有用户流失、新用户导入困难。

相比较客户端网络游戏基本以节假日为运营活动时间点而言，网页游戏用于刺激用户付费的运营活动几乎每周、每天都存在。过于频繁的付费活动透支了用户的消费能力，打破了非付费用户、小额付费用户和大额付费用户之间的平衡性，游戏中的各类排行基本固化，用户失去了消费的动力。

同时，网页游戏依靠低俗营销"洗用户"的效果快速下降。低俗广告转化率持续走低。长期频繁使用雷同的营销手法，欺骗和诱惑用户进入的手段甚至签约不雅照女主角、AV女优代言的策略已经难以再支撑新用户数量的增长。

（四）中国网页游戏市场的发展趋势

1. 精品战略将推动市场收入持续增长

精品化网页游戏产品的数量及单款产品营收能力的增加，将是市场继续增长的主要推动力。

随着产品同质化程度和用户付费要求越来越高，游戏企业必须在提升游戏品质和用户体验上尝试创新，从功能设计、表现形式等方面探求市场空白点，以获得用户的认可和共鸣，从而在市场上盈利。

同时，网页游戏产品的市场定位也将更加细致和明确，针对不同的目标用户群体分化出不同的细分产品种类。

此外，网页游戏产品的更新换代速度将会放缓，优质的产品会长期维持在高收入状态，带动市场增长。

2. 网页游戏用户规模将在细分基础上继续扩大

网页游戏用户规模还将继续扩大，但增长速度将趋于稳定。网页游戏用户规模扩大的动力将依然来自精品游戏对细分用户群体的准确定位。

随着网页游戏用户的逐渐成熟，大量非游戏用户转化为游戏用户的过程中，用户将对游戏的品质提出更高要求。

为了适应市场变化，网页游戏产品必须提升其可玩性，丰富产品内容和用户体验，并逐步发展到为某一类用户量身定制产品的阶段。

因此，优秀的网页游戏产品将很容易获得一个或几个用户群体的认可，其核心用户群体在规模和游戏黏性上都将更加稳定。

3. 网页游戏市场竞争的激烈程度趋强

随着网页游戏市场竞争格局逐步形成，企业的市场地位将越来越明朗，同级别企业之间的产品竞争将会越来越激烈，产品的研发、运营、推广等成本也将上涨。

目前，网页游戏市场销售收入的增长速度逐渐趋于稳定，市场用户规模接近饱和，新增用户减少，而老用户的付费心理也日趋成熟，对游戏产品本身的品质提出了更高要求。为适应市场变化，网页游戏企业必须增加资金成本，聘请高水平员工，延长产品研发周期，力求使游戏产品本身的画面更加精美、运行更加流畅、玩法更加丰富、数值更加平衡、服务更加完善，从而扩大产品的市场占有率。

此外，网页游戏市场的整体开服量还将进一步上升，企业可以通过竞争开服量排行榜来提高产品知名度，以及通过付费点前置来增加新服务器前期收入，从而拉高产品收入，在激烈的市场竞争中赢得生存机会。

4. 网页游戏企业具有"船小好调头"的优势

网页游戏产品的研发投入较少，研发周期较短，具有"船小好调头"的优势，这有助于网页游戏企业转向移动游戏等其他细分市场。

相比较客户端网络游戏数百人的研发团队、3~5年的研发周期、四五千万元的研发与运营成本而言，网页游戏所需的人员、周期和资金投入只有客户端网络游戏的1/5左右。

较小的投入规模有利于企业改变经营策略、转移细分市场，甚至放弃部分项目，在可以预见的未来，凭借轻资产的优势，越来越多的网页游戏企业将转型至移动游戏的研发或运营环节。

第三章 趣游公司发展战略

一、企业战略

(一) 企业战略的概念

企业战略是指企业根据环境的变化、自身的资源和实力选择合适的经营领域和产品，形成自己的核心竞争力，并通过差异化在竞争中取胜，随着世界经济全球化和一体化进程的加快，国际竞争日益激烈，对企业战略的要求越来越高。

企业战略是对企业各种战略的统称，其中既包括竞争战略，也包括营销战略、发展战略、品牌战略、融资战略、技术开发战略、人才开发战略、资源开发战略，等等。企业战略是层出不穷的，例如信息化就是一个全新的战略。企业战略虽然多种多样，但基本属性是相同的，都是关于企业的谋略，都是对企业整体性、长期性、基本性问题的计谋。例如，企业竞争战略是关于企业竞争的谋略，是对企业竞争整体性、长期性、基本性问题的计谋；企业营销战略是关于企业营销的谋略，是对企业营销整体性、长期性、基本性问题的计谋；企业技术开发战略是关于企业技术开发的谋略，是对企业技术开发整体性、长期性、基本性问题的计谋；企业人才战略是关于企业人才开发的谋略，是对企业人才开发整体性、长期性、基本性问题的计谋。以此类推，不再赘述。各种企业战略有同也有异，相同的是基本属性，不同的是谋划问题的层次与角度。总之，无论哪个方面的计谋，只要涉及的是企业整体性、长期性、基本性的问题，就属于企业战略的范畴。

（二）企业战略的类型

企业的战略类型包括：发展型战略、稳定型战略、收缩型战略、成本领先战略、差异化战略和集中化战略。

发展型战略包括一体化战略、多元化战略、密集型成长战略。一体化战略包括纵向一体化战略和横向一体化战略。在纵向一体化战略中，以面向用户为前向，获得对经销商或者零售商的所有权或对其加强控制，称为前向一体化战略；获得对供应商的所有权或对其加强控制，称为后向一体化战略。横向一体化战略可以通过以下途径实现：购买、合并、联合。多元化战略的类型包括：同心多元化战略和离心多元化战略。同心多元化战略也称为相关多元化战略，是以现有业务为基础进入相关产业的战略。当企业在产业内具有较强的竞争优势，而该产业的成长性或者吸引力逐渐下降时，比较适宜采取同心多元化战略。离心多元化战略也称为不相关多元化战略。采用离心多元化战略的目标是从财务上考虑平衡现金流或者获取新的利润增长点。密集型成长战略，也称为加强型成长战略，包括三种类型：市场渗透战略、市场开发战略和产品开发战略。

稳定型战略，也称为防御型战略、维持型战略，包括四种类型：暂停战略、无变化战略、维持利润战略、谨慎前进战略。

收缩型战略，也称为撤退型战略，包括三种类型：转变战略、放弃战略、清算战略。

成本领先战略的优势包括：可以抵御竞争对手的进攻；具有较强的与供应商议价的能力；形成进入壁垒。成本领先战略的适用条件：市场需求具有较大的价格弹性；所处行业的企业大多生产标准化产品，价格因素决定了企业的市场地位；实现产品差异化的途径很少；多数客户以相同的方式使用产品；用户从一个销售商转换到另外一个销售商时，转换成本很小，因而倾向于购买价格最优惠的产品。

采取差异化战略的风险包括：竞争者可能产生模仿行为从而使得差异消失；保持产品的差异化往往以高成本为代价；产品和服务差异对消费者来说失去了意义；与竞争对手的成本差距过大；企业要想取得产品差异，有时要放弃获得较高市场占有率的目标。

集中化战略可以分为：集中成本领先战略和集中差异化战略。集中化战略的适用条件包括：企业资源和能力有限，难以在整个产业实现成本领先或者差异化，只能选定个别细分市场；目标市场具有较大的需求空间或增长潜力；目标市场的竞争对手尚未采用统一战略。实施集中化战略的风险包括：竞争者可能模仿；目标市场需求由于技术创新、替代品出现等原因而下降；由于目标细分市场与其他细分市场的差异过小，大量竞争者涌入细分市场；新进入者重新细分市场。

（三）企业战略特征

企业战略是设立远景目标并对实现目标的轨迹进行的总体性、指导性谋划，属宏观管理范畴，具有指导性、全局性、长远性、竞争性、系统性、风险性六大主要特征。

第一，指导性。企业战略界定了企业的经营方向、远景目标，明确了企业的经营方针和行动指南，并筹划了实现目标的发展轨迹及指导性的措施、对策，在企业经营管理活动中起着导向的作用。

第二，全局性。企业战略立足于未来，通过对国际、国内的政治、经济、文化及行业等经营环境的深入分析，结合自身资源，站在系统管理高度，对企业的远景发展轨迹进行了全面的规划。

第三，长远性。"今天的努力是为了明天的收获"、"人无远虑，必有近忧"。兼顾短期利益的同时，企业战略着眼于企业的长期生存和长远发展，确立了远景目标，并谋划了实现远景目标的发展轨迹及宏观管理的措施、对策。同时，围绕远景目标，企业战略必须经历一个持续、长远的奋斗过程，除根据市场变化进行必要的调整外，制定的战略通常不能朝夕令改，必须具有长期的稳定性。

第四，竞争性。竞争是市场经济不可回避的现实，也正是因为有了竞争才确立了"战略"在经营管理中的主导地位。面对竞争，企业战略需要进行内外环境分析，明确自身的资源优势，通过设计适体的经营模式，形成特色经营，增强企业的对抗性和战斗力，推动企业长远、健康的发展。

第五，系统性。立足长远发展，企业战略确立了远景目标，并需围绕远景目标设立阶段目标及实现各阶段目标实现的经营策略，以构成一个环环相扣的战略目标体系。同时，根据组织关系，企业战略由决策层战略、事业单位战略、职能部门战略三个层级构成。决策层战略是企业总体的指导性战略，决定企业经营方针、投资规模、经营方向和远景目标等战略要素，是企业战略的核心。本书讲解的企业战略主要属于决策层战略。事业单位战略是企业独立核算的经营单位或相对独立的经营单位，遵照决策层的战略指导思想，通过竞争环境分析，侧重市场与产品，对自身生存和发展轨迹进行的长远谋划；职能部门战略是企业各职能部门，遵照决策层的战略指导思想，结合事业单位战略，侧重分工协作，对本部门的长远目标、资源调配等战略支持保障体系进行的总体性谋划，如策划部战略、采购部战略等。

第六，风险性。企业做出任何一项决策都存在风险，战略决策也不例外。市场研究深入，行业发展趋势预测准确，设立的远景目标客观，各战略阶段人、财、物等资源调配得当，战略形态选择科学，制定的战略就能引导企业健康、快速的发展。反之，仅凭个人主观判断市场，设立目标过于理想或对行业的发展趋势预测偏差，制定的战略就会产生管理误导，甚至给企业带来破产的风险。

除上述六大主要特征外，企业战略还具有其他的一些特性：适应性，企业战略应使企业具有一定的适应环境的能力；稳定性，企业战略一经制定，在一个较长的时期内保持不变（不排除局部调整），以利于上下员工的贯彻执行，除非环境发生重大的变化；现实性，企业战略是在客观的基础上建立的，一切从现有的起点出发；创新性，企业战略的创新性源于企业内外环境的发展变化及市场竞争的需要，守旧、缺乏特色的企业战略是无法适应时代发展和市场竞争的。

二、网络游戏企业发展战略

企业发展战略因时而异、因地而异、因人而异、因事而异，没有固定的内容，也没有固定的模式。一般而言，企业发展战略涉及企业中长期干什么、靠什么和怎么干三大方面的问题。对网络游戏企业而言，要从企业本身的定位以及企业本身拥有的资源角度考虑制定企业发展战略。

（一）定位

对网络游戏企业而言，要谋划企业中长期发展，最直接的方法就是企业定位。市场变幻莫测，消费者的需要也随之不断变化，企业要发展，定位很重要。

定位是为了解决发展的方向和目标问题。网游企业发展要有正确的方向，要灵活地运用规模化、差别化和个性化原则，坚持专、精、特、新。企业发展要有中长期目标，根据企业制定的目标考虑企业需要制定的营销策略方案。没有远见、决心、魄力和毅力就无法成就企业的事业。

网络游戏企业定位要准确。定位错误会直接导致企业资源的浪费，进而导致企业的失败。

企业定位解决的是核心业务问题。企业可以开展多项业务，经营多种产品，对于网络游戏企业来说，可以同时运营多款游戏，也可以研发和运营并举，但问题的关键在于企业的核心业务不能过于繁杂，企业可以进行多元化经营，但不能进行多核心经营。企业可以通过其核心业务带动其他业务，用其他业务促进核心业务的发展。企业不仅要对经营的业务范围进行定位，也要对经营的地区进行定位。在企业发展的不同阶段，企业也应该有不同的定位。

定位无定式。企业定位也好，产品定位也罢，都是比较复杂的过程。网络游戏企业要做好产品的定位工作，不能只考虑企业目前的业务和产品，更要从企业发展的角度、消费者的需要出发，选择企业定位。

（二）资源

企业的资源可以分为外部资源和内部资源。企业的内部资源可分为：人力资源、财力资源、物力资源、信息资源、技术资源、管理资源、可控市场资源、内部环境资源。而企业的外部资源可分为：行业资源、产业资源、市场资源、外部环境资源。

资源对于企业来说至关重要。谋划企业发展，最重要的就是对企业现有的和未来将获得的资源进行分析，要广开资源。广开资源是企业发展战略的重要方面，只有企业有充足的资源，企业的定位才能够有广阔的施展空间，否则企业的定位只能是空谈。网络游戏企业在考虑自身资源之外，还应充分考虑企业之外的资源，如行业、产业、政府政策等相关资源，要树立大资源观，不仅要重视物质资源，也要重视人力资源；不仅要重视体力资源，也要重视智力资源；不仅要重视国内资源，也要重视国外资源；不仅要重视空间资源，也要重视时间资源；不仅要重视现实资源，也要重视潜在资源；不仅要重视直接资源，也要重视间接资源；不仅要重视经济资源，也要重视政治资源；不仅要重视有形资源，也要重视无形资源。广开资源要运用智慧，运用智慧就能够善用资源。

在充分考虑企业所拥有的资源之后，就要以资源为依据，制定企业的发展战略。战略是实现定位的保证，是善用资源的体现，是企业发展战略中关键的部分。网络游戏企业的发展战略关系到企业未来依据什么，发展什么，向何处去的问题，因此要充分考虑企业战略从哪里入手，依据什么样的程序进行，要确定重点，依据重点制定相关的扶持政策，并制定相应的发展策略，确保战略可以得到正确的实施。企业的发展策略要贴近实际、顺应趋势、新颖独特、灵活机动，以定性为主。企业发展策略要具有较强的可操作性，企业人员能够依据策略进行相关的工作。

三、趣游公司发展战略概况

趣游公司的发展战略包括总体发展战略和领域发展战略两个部分。集团的总体发展战略为全球领先的互联网服务企业。此外，公司的其他战略包括泛娱乐战略、国际化发展战略、文化传播战略、合作发展战略、人才培养战略和高新技术发展战略等。

（一）总体发展战略——全球领先的互联网服务企业

趣游公司的首要发展战略是做全球领先的互联网服务企业，这是趣游公司发展战略的总纲。"全球领先的互联网服务企业"这一发展战略意味着，趣游公司将逐步从网络游戏代理和研发企业走向互联网服务企业，企业业务也将从游戏代理逐步走向其他的互联网相关服务。

（二）泛娱乐战略

泛娱乐是指在科技与网络技术不断发展，以及人们对多样性文化产品和服务需求日益强烈的情况下，娱乐产业突破传统的发展领域，产业功能不断进化，实现同一内容的多领域共生，前所未有地扩大了娱乐产业链，其受众群体也因此呈几何倍数扩增。

泛娱乐类似于娱乐产业链的概念，是娱乐产业各个增值环节所构成的有机联系的整体，是一种娱乐产业功能布局合理、产业配套体系完善、产业协作有序开展的发展格局。

从趣游公司的研发产品类型和线上产品类型来看，公司产品基本涵盖了手机游戏、网页游戏以及一些其他互动娱乐产品，如微电影、真人在线秀等，趣游公司已逐步从单纯的网游业务平台，升级为以网页游戏业务为核心，涵盖动漫、影视制作、电视节目制作等多种关联性业务的互动娱乐实体。趣游公司致力于建立全平台的互动娱乐生态链，不断为社会贡献优质的互动娱乐内容和服务，培养文学、动漫、影视等各个领域的优秀人才，并为中国网页游戏领域的发展事业提供资金和资源上的扶持，在这个生态链创造产业和社会的双赢。

（三）国际化发展战略

企业国际化战略是企业产品与服务在本土之外的发展战略。随着趣游公司实力的不断壮大以及国内市场的逐渐饱和，公司开始把目光投向中国本土以外的全球海外市场。企业的国际化战略将在很大程度上影响企业的国际化进程，决定企业国际化的未来发展态势。国际化战略可以分为本国中心战略、多国中心战略和全球中心战略三种。

1. 本国中心战略

本国中心战略是在母公司的利益和价值判断下做出的经营战略，其目的在于以高度一体化的形象和实力在国际竞争中占据主动，获得竞争优势。这一战略的特点是母公司集中进行产品的设计、开发、生产和销售协调，管理模式高度集中，经营决策权由母公司控制。这种战略的优点是集中管理可以节约大量的成本支出，缺点是产品对东道国当地市场需求的适应能力差。

2. 多国中心战略

多国中心战略是在统一的经营原则和目标的指导下，按照各东道国当地的实际情况组织生产和经营的战略。母公司主要承担总体战略的制定和经营目标的分解，对海外子公司实施目标控制和财务监督；海外的子公司拥有较大的经营决策权，可以根据当地的市场变化做出迅速的反应。这种战略的优点是对东道国当地市场需求的适应能力好，市场反应速度快，缺点是增加了子公司和子公司之间的协调难度。

3. 全球中心战略

全球中心战略是将全球视为一个统一的大市场，在全世界的范围内获取最佳的资源并在全世界销售产品。采用全球中心战略的企业通过全球决策系统把各个子公司连接起来，通过全球商务网络实现资源获取和产品销售。这种战略既考虑到东道国的具体需求差异，又可以顾及跨国公司的整体利益，已经成为企业国际化战略的主要发展趋势。但是这种战略也有缺陷，即对企业管理水平的要求高，管理资金投入大。

在国际化经营过程中，为了把公司的成长纳入有序轨道，不断增强企业的竞争实力和环境适应性，趣游公司制定了一系列国际化发展决策。

趣游公司在国际化战略中，以本国为中心，在东京、吉隆坡、首尔、曼谷等地设有分公司，在美国、中国台湾、马来西亚、韩国、德国、日本和巴西设有运营中心，以亚洲的印度、日本、韩国、中国香港、中国台湾、中国澳门、马来西亚、新加坡、越南、印度尼西亚和菲律宾，拉丁美洲的墨西哥、西印度群岛，北美洲的美国和加拿大以及欧洲的英国、德国、法国等国为游戏输出地，实施了全面的国际化战略。在国外的分公司和运营中心中，采取本土化策略，由当地的运营团队负责具体的经营工作，当地员工的比例较高，能够很好地将本土文化与游戏设计和运营相结合，避免了企业在国际化过程中由于对本土文化的吸收和消化不良引起的经营问题，很好地将亚洲、中国文化与当地特有的文化相结合，保证了企业经营效益的持续提高。

（四）文化传播战略

中国文化是全球各种文明中唯一没有出现中断的、万年绵延的伟大文明的集中体现。直至清代中叶以前，中国一直是全球屈指可数的国民经济体和世界经济文化的几大中心之一，中国文化与古美索不达米亚、古埃及、古印度、古希腊、古犹太等文化并称古典文明之最。

正如《诛仙》序章所描述的那样，秦汉时期道家盛行，人类眼见周遭世界诸般奇异之事，遂以为九天之上，有诸般神灵，九幽之下，是阴魂归处。从清代小说《仙侠五花剑》到1932年的《蜀山剑侠传》，从当代电影《蜀山传》再至著名的单机游戏《仙剑奇侠传》，仙侠文化塑造了一个又一个艺术巅峰。与传统武侠相比，仙侠更加虚幻缥缈，仙、神、魔、妖等六界并存，法宝、仙器等层出不穷，各类天马行空的延伸构造了无比庞大的仙侠世界。而在电子游戏出现后，人们对于仙侠的个人幻想可以在虚拟的网络中得以"亲身"体验，这无疑是一种形态的突破。

趣游公司的网页游戏产品的特点就是以中国古代仙侠文化为背景，向游戏玩家灌输侠义之风和古代礼仪、侠义文化，公司将这一思想视为企业对中国文化的一种传承，通过游戏界面的设计以及游戏中对话、场景的安排，将仙侠文化具体化，形成玩家心目中仙侠文化、仙侠游戏的具体形象。时间推动技术进步，目前的科学技术支持了网络游戏如今的展示方式。同时，趣游公司也相信未来科技的发达，可以为玩家提供更为真实的虚幻体验。

（五）合作发展战略

趣游公司注重与供应链上成员之间的合作。针对趣游公司的供应链进行分析可见，公司游戏产业链上的成员大致可以分为供应商、政府部门以及运营代理商三类。

趣游公司的供应商主要是与其有合作关系的中小游戏开发团队，针对这一类供应商，趣游公司采取了支持发展的战略，通过鼓励中小开发团队的发展，为趣游公司提供符合市场发展需要和玩家需求的各类新型游戏，实现供应商与公司的合作双赢与共同发展。

政府部门是趣游公司非常重要的供应链成员。趣游公司的发展与政府部门的支持密切相关。趣游公司发展历程中的一个里程碑就是从北京市朝阳区迁入石景山区，在这一过程中，石景山区政府给予了大力的支持，不管是从办公环境、税收政策还是从财政支持、人才引进等各个方面，都为趣游公司提供了诸多便利。石景山区政府自 2011 年确立文化创意产业发展的方向以来，陆续出台了大量的支持文创产业发展的政策和措施，趣游公司正是受益者之一，在石景山区政府的扶持下，趣游公司取得了长足的发展，也为石景山区的发展做出了贡献。针对目前网络游戏行业相关标准缺失的情况，趣游公司与相关政府部门合作，制定行业标准以及行业自律的相关文件，为网络游戏行业的健康发展贡献智慧。

趣游公司作为网络游戏平台的运营商，同时进行游戏的开发，并将游戏的运营权下放给其他网络游戏平台运营商，这些运营商作为趣游供应链的下游成员，与趣游之间也有密切的合作。趣游公司在游戏技术上给予下游供应商大力的支持，同时在版权金的收取和利润分成等方面也对不同的企业采取不同的政策，帮助和扶持公司下游企业发展，拓宽公司的运营渠道。

（六）人才培养战略

在网络游戏高速发展的今天，人才的短缺早已是游戏公司所面临最棘手的问题。随着网络游戏的迅猛发展，网络游戏人才缺口问题越发凸显。在游戏产业的发展中，网络游戏人才稀缺的原因主要有以下几个方面：

首先，传统观念认为，游戏本身并不是一个产业，难登大雅之堂，很多人对游戏有先入为主的错误观念，认为从事网络游戏行业属于不务正业，这种传统观念极大地限制了网络游戏人才的供给，使得网游行业人人敬而远之。

其次，网络游戏行业对人才的特殊要求较多。网络游戏人才首先应该热爱游戏，喜欢尝试新的游戏，但玩游戏在很多人眼中并不能体现任何能力，反而是不求上进的表现。但是网络游戏人才的特殊需求正是大量游戏经验的积累，这也是成为合格网络游戏人才的必备条件。

最后，网络游戏行业对新人来说入门时间较长。一般而言，大学毕业生从开始入门到成为一名合格的网络游戏人才至少需要经历一款网络游戏从开发到运营再到退出市场的全过程。目前，一款游戏的平均开发时间需要1年以上，大型游戏的开发时间更长。对于一个刚刚毕业的学生来说，要坚持如此长的时间，需要面对的诱惑与挑战也是可想而知的。

针对这一系列的问题，趣游公司在网络游戏人才的培养上主要采取了以下模式：

第一，企业自行培养。趣游公司直接招聘应届毕业大学生，在企业内部对这些网络游戏开发人员进行培训，待其基本掌握游戏开发技能后，进入真实的网络游戏项目进行实际的培训和锻炼。网络游戏的开发讲究经验，而网络游戏企业真实的开发环境是新员工提高网络游戏技能最有效的途径。在至少经历一款游戏项目后，新员工最终成为合格的游戏人才。

第二，学校正规教育。目前社会上的网络游戏培训机构很多，网络游戏培训机构的存在可以大大减轻网络游戏公司人才培养效率低下的问题，为专业网络游戏人才的批量培养提供了条件。趣游公司针对这种情况，注重培训机构人才的招募与二次培训，让这些专业从事游戏产业的人员能够尽快融入企业，并为游戏项目的进行贡献力量。

第三，校企联合培养。由于对网络游戏产业的传统观念的存在，很多大学并没有开设网络游戏专业，仅开设一些专业课程，如游戏策划、游戏营销以及美术等，针对这种情况，趣游公司与北方工业大学、北京邮电大学、北京师范大学以及清华大学美术学院等高等院校开展定向培养合作，学生毕业后直接进入趣游公司实习，合格的学生由企业留用。这种模式既保留了企业中网络游戏项目真实的开发环境，又可以减轻学员的经济负担，实现企业、学校和学员的共赢和共同发展。此外，趣游公司还在清华大学美术学院开设公开课，吸引更多的学生进入网络游戏产业，为游戏产业人才储备打下坚实的基础。

学校和企业联合培养的另一种模式是学员和网络游戏公司各出一部分费用进行人才培养。这种培养模式设计上更趋合理，但是目前很难得到参与培训学员的认可。学生毕业工作后会想当然地认为应该从企业拿工资，而并不认为自己应该继续为自己欠缺的技能支付培训费用。随着就业形势的变化以及人们思维方式的转变，这种模式或许会成为未来网络游戏人才培训的主流。

（七）高新技术发展战略

基于趣游公司"全球领先的互联网服务企业"的总体发展战略，其技术发展战略同样要做到先人一步，引领网络游戏企业技术发展的方向。

在运营中，公司特别注重高新技术的应用。趣游公司顺应云概念的发展，推出了趣云产品，向游戏玩家提供一站式游戏云解决方案。通过标准的 API 规则方便接入，轻松整合各种资源与业务，使原来繁琐复杂的操作 Web 化、一键化、任务化、可视化；随时随地的管理，无忧无虑的运维，轻轻松松的运营。云主机将原来小时级甚至天级的主机资源申请与管理缩短到秒级，仅仅按照使用时间进行付费，而且可以在秒级进行资源的横向与纵向拓展，同时降低运维成本。云引擎支持页游、微端、手游的大型 MMO 引擎，通过合理的开发流程、严谨的制作流程，在提高游戏质量的前提下，缩短研发周期、降低研发成本、提高竞争力与投入产出比。趣游公司运用多年的运维经验、多种游戏的架构经验、多款千万级产品的维护经验，为游戏玩家提供 7×24 小时的全方位支持与服务。

在趣游的科技发展战略中，很重要的一点是利用高技术收集用户的海量数据，分析用户的游戏数据、充值数据、在线时间数据等，为玩家的研究积累丰富的素材，同时，也可以有针对性地推出一些玩家喜爱的新游戏，替换旧有的游戏版本，为公司获得更大的市场份额。

四、趣游公司发展战略的核心要素

1. 文化

文化战略是一个企业、公司或组织传播发展自身文化软实力的基本指导思想、目标、方法和策略。在企业成长过程中，文化对企业产生的许多影响都被置于企业行为动机的原始部位，文化处于行为动机的意识层面之下，以至于其作用往往被人们所忽视。文化战略包括建立全面的、符合发展要求的企业文化、品牌文化、管理文化等，一切竞争的根本是文化的竞争，资源可以枯竭，唯有文化生生不息。

趣游公司发展战略的首要核心要素就是文化。企业通过各种不同形式的文化活动影响公司的员工，将公司积极向上的作风和精神传递给公司的每一位员工。企业文化是一种精神层面的东西，它是企业在长期经营活动中逐步形成的人们共同的价值观以及企业成员的行为准则，企业员工在长期经营活动中形成了自觉遵守的行为规则，且每个成员都能做到自我约束。这种共同的行为准则长期以来与每个成员的个人行为逐渐合拍，并逐步形成企业的作风和精神，这种共同的价值观和共同的行为准则，虽然不具有像"硬件"那样的"不可缩性"，但却有自己柔中带刚的特点。它的柔中带刚只是形式上的，其本身具有一种无形的力量，使人们内心感到一种紧迫感、柔性压力感。尤其是在企业文化初创阶段，企业文化战略更具有强制性和自觉性的两重性以及柔性与刚性的两重性。

2. 人才

趣游公司充分认识到人才的重要性，在人才的获取、开发，人才的评估、激励和人才规划等方面都有企业独到的管理办法。

首先，在人才的获取上，趣游公司与北京师范大学等高校合作，进行人才的联合培养，学生毕业实习期间可以直接到趣游公司工作，作为趣游公司的人才储备。实习期满后，有相当一部分人员可以留在趣游，作为新员工进入其"青檬"计划。同时，公司实行人才内部推荐制度，公司内部员工可以为空缺岗位推荐合适的人员，邀请朋友、同学等加入趣游。如果推荐成功，推荐者和被推荐者都将获得公司的奖励。

其次，在人才的开发方面，趣游公司重视每一个员工的发展，经常组织拓展训练、郊游、培训会以及工作方式、方法和工作制度的培训等活动，让员工之间经常性地进行特长的交流，尽快成长为合格的企业员工。

最后，在人才的激励上，趣游公司为员工提供行业内较高的福利待遇，包括价格低廉、舒适方便的宿舍，免费的班车服务，节日、生日礼品等。此外，在薪酬激励方面，公司采取基本工资加绩效奖金的方式，根据工作职位的不同，从助理、专员、主管到高级主管分别设置不同的奖励办法，鼓励员工积极向上。

另外，公司有着良好的内部提升机制，空缺的职位将首先在内部员工中进行选拔，然后再进行外部招聘工作。内部提升制度让公司员工具有较强的归属感和荣耀感。公司定期评选优秀员工、优秀团队、特殊贡献奖、勤奋奖等，这些评奖活动也成为公司人才激励中的一个重要组成部分。

3. 技术

趣游公司作为高新技术企业，近年来把技术研发作为企业发展的首要任务。互联网游戏持续火爆，新的游戏不断出现，趣游公司要保持企业长久的发展，势必要参与到游戏的研发过程中。如何让玩家在游戏的过程中体验到新的乐趣，这与游戏本身的设计密切相关。趣游公司正是认识到了技术和设计的重要性，逐步建立了自己的研发团队，从技术上保证了游戏的良好体验。同时，针对代理的游戏产品，趣游公司也建立了相关的技术服务部门，帮助自己的玩家解决游戏中出现的问题。

第四章　趣游公司的组织管理

一、企业组织管理

（一）组织管理

企业组织管理，具体地说就是为了有效地配置企业内部的有限资源，为了实现一定的共同目标而按照一定的规则和程序构成的一种责权结构安排和人事安排，其目的在于确保以最高的效率实现组织目标。

一个良好的组织的客观要求（标准）如下：

第一，追求共同目标。因为，一个组织总有它的目标，任何组织管理都要求组织的各个部分、各个成员围绕这个目标奋斗。同时，局部必须服从整体。

第二，自愿效力。任何组织都要有号召能力（组织能力），能调动组织中任何一个人的积极性，使他自愿为组织效力。

第三，意志沟通。一个良好的组织应该是职员之间意志沟通的桥梁，并使职员的行动统一到组织的目标上来。这样组织的指挥才有群众基础，上下级意志沟通的渠道才能畅通。但现实中往往不是这样，许多领导高高在上，上下级意见很难沟通，群众意见很大。

第四，协调工作。良好的组织应是协调工作的枢纽，对执行工作的任何环境变化都能及时发现、调整，并做好预防措施，为实现组织目标服务。另外，一个良好的组织还必须有先进的观念。

（二）组织管理的内容

组织管理的工作内容，概括来讲包括四个方面：

第一，确定实现组织目标所需要的活动，并按专业化分工的原则进行分类，按类别设立相应的工作岗位。

第二，根据组织的特点、外部环境和目标划分工作部门，设计组织机构和结构。

第三，规定组织结构中的各种职务或职位，明确各自的责任，并授予相应的权力。

第四，制订规章制度，建立和健全组织结构中纵向和横向各方面的相互关系。依据制度经济学中的"道"是理想与"器"是体制将企业管理的政策制度化，才能实施可操作的管理。

关于管理的组织职能，如果从比较抽象的概念看，就是把总任务分解成一个个具体任务，然后再把它们合并成单位和部门，同时把权力分别授予每个单位或部门的管理人员。或者说，我们可以从划分任务、使任务部门化和授权三方面来论述。

企业组织管理的具体内容包括以下三个方面：

第一，确定领导体制，设立管理组织机构。什么是体制呢？体制是一种机构设置、职责权限和领导关系、管理方式的结构体系。确定领导体制，设立管理组织机构，其实就是要解决领导权的权力结构问题，它包括权力划分、职责分工以及它们之间的相互关系。当然，在确定领导体制时，形式可以多种多样。

第二，对组织中的全体人员指定职位、明确职责。使组织中的每一个人明白自己在组织中处于什么样的位置，需要干什么工作。

第三，设计有效的工作程序，包括工作流程及要求。因为，一个企业的任何事情都应该按照某种程序来进行。这就要求有明确的责任机制和良好的操作规程。一个混乱无序的企业组织是无法保证完成企业的总目标、总任务的。

（三）组织管理的性质和特点

企业组织管理属于上层建筑的范畴，是一定社会经济发展的产物，并随社会经济发展水平而逐渐发展变化。它一方面是社会生产力发展水平的反映，或者说，一定的组织管理水平反映了一定的社会生产力，体现在组织管理手段、工具和方法的发展；另一方面又是一定生产关系的反映，体现的是人与人的关系，是管理者意志的反映。

任何管理组织都是一定时期、一定条件下为实现预期目标的一种手段，而且是十分重要的手段。因为，对于任何一个组织，管理的成功主要取决于两个方面的因素：一是领导人的能力；二是组织管理的有效性。这两个因素是相互依存、相互补充的。在一定时期、一定条件下，即使组织不先进，如果领导人能力很强，也可以暂时凭借领导人的才能来弥补管理组织中的不足，但一旦领导人更换和调整，管理工作就很可能遭遇挫折和失败，因此任何管理工作要成功，一个健全的组织是必不可少的手段，而且领导人的能力与有效的组织相比，一个良好的管理组织更具长期性和稳定性。

组织结构是一个变量。组织结构是指组织中各部分之间相对稳定关系的一种模式。组织结构不存在一成不变和所谓最好的模式。因为企业发展的目标、环境、内部条件是不断变化的，一个企业较好的组织结构也许拿到另一个企业就不适用了，所以组织结构需要不断的调整、改革和完善。任何组织机构不可能也达不到最优，因为它只是实现目标的一种方案。任何方案有利必有弊，十全十美的方案是不存在的。因此，评价任何组织结构应根据一定的目标、环境和原则，从中挑选一个较好的方案——满意方案。或者说，随着时间、条件的变化，任何组织结果都要不断的改善。

（四）组织管理的一般方法

1. 规制型管理

规制，即规章制度。规制型管理是一种采用严格的规章制度来约束行政组织成员的行为，以高效完成工作任务的管理方法。规制型管理方法是工业革命的产物，它的出现是人类管理思想史上的巨大进步。在此前的传统农业社会，行政组织的管理往往是领导者凭借个人经验进行的，缺乏合理的分工、明确的制度与严格的制约，管理方法的零散杂乱在组织中造成了混乱无序、人心涣散、滥用权力、徇私舞弊、贪污腐败、裙带作风、效率低下等恶果。针对种种缺陷，规制型管理方法强调对行政组织及其成员实行理性化管理，要求在行政组织内部进行专业分工、层级节制和严格规范，并以此作为提高组织绩效、实现组织目标的基本方式。具体而言，规制型方法的主要内容包括以下几个方面。

（1）组织标准化

为了完成繁重复杂的工作任务，规制型管理在组织中推行标准化方法，以此提高工作绩效。它包括三个方面的内容：

第一，分工专业化。这是组织标准化的基础，它要求行政组织内每个职位的工作任务尽可能地简化、单一化，并把组织活动分解为各项比较细致的工序。

第二，工作指标化。即对各个职位的工作要求做出说明，规定其完成工作的数量、质量、时间和程序。

第三，人员统一化。组织中每个职位上的工作人员必须具有相应的能力，每个职位对任职者的素质和能力都有明确的统一标准，并且任职者要经过严格的培训，以使其能按质按量地完成职位任务。

（2）工作秩序化

秩序是一切组织存在和发展的基础。规制型管理方法强调行政组织内部的各要素、环节之间形成有机的联系，使相关组织之间互相协调、密切配合，形成一个无障碍的工作流。它要求理顺组织内外的各种关系，包括命令服从关系、信息沟通关系、意见反映与反馈关系等。与此同时，它要求彻底清除人的随意性和传统组织的杂乱无章，使行政组织成为一架精密的"机器"。

（3）管理规范化

规制型管理严格按规章制度行事，坚决抵制人情关系的干扰。它包括：

第一，组织成员之间的关系完全以理性准则为指导，坚决排斥一切人力的、情感的、偶然的因素，尤其是排斥不良人际关系的影响。

第二，对所有的人都一视同仁，使组织成员具有平等感和公平感。所有的组织成员都必须遵守规则和纪律，不因个人情感的不同而有不同的待遇。

第三，明确规定每一成员的职权范围和成员之间的协作形式，使各个成员正确行使职权，减少摩擦和冲突。

第四，精确计算组织成员的工作成果，以业绩为依据进行奖惩，公正、客观、合理地处理问题。

2. 情感型管理

西方行为科学在现代科学的基础上丰富了情感型管理的内容，提出了一系列的理论观点。他们在相互的争论与融合中推动了情感型管理方法的精细化、科学化。归纳起来，情感型管理中最基本的方法有四个：

（1）激励

组织是人的集合，组织的活动是由人来进行的。只有使参与行政活动的每个人始终保持高昂的士气，行政组织才能实现较好的绩效。激励就是对人进行某种刺激，以诱发其高亢情绪的过程。当人受到某种刺激后，产生了一定的需求，形成了行为动机，然后开始行动。需求是激励中的主要因素，没有需求就不能产生行动。情感型管理方法认为人具有多方面、多层次的需求，行政领导者只有针对人的不同需求，分别用物质、尊重与自我实现等内容作为刺激物，才能最大限度地激发人的工作热情。

（2）沟通

情感型管理方法认为人与人之间由于出身、教育、地位、个性等因素的差异，对组织目标等问题的认识往往存在较大的差距与隔阂。为了消除矛盾、达到相互了解和信任，就需要经常地进行纵向与横向、正式与非正式的相互沟通，使组织成员之间相互了解和信任，从而形成良好的人际关系，由此产生强大的内聚力，以实现组织的目标。沟通是行政组织的血液，正是沟通赋予了行政组织以生命力。如果没有沟通，行政组织的活动就无法进行。

（3）参与

一切管理活动都应该以调动人的积极性、发掘人的潜能为根本。参与管理的方法充分肯定人性的积极面，认为只要让组织成员参与行政组织的管理，他们是乐于工作并寻求全面发展的。参与管理的方法认为组织管理的最佳境界，就是组织成员把组织任务当成自身之事。而要达到这种境界，组织与个人之间就应该建立一种相互开放的关系，即个人努力工作，组织创造条件让个人了解并参与制定与之有关的组织目标、计划与规范。

（4）协调

协调是指消除行政组织内、外部的矛盾，减少管理过程中的功能损耗，建立和谐融洽的工作关系，使组织的整体功能得以实现的一种管理活动。协调的管理方法要求及时发现行政组织运行中的矛盾冲突，具体分析其原因，并采用各种措施加以疏导，保证行政组织内部形成一种良好的合作关系，将组织各部门、各成员的努力统一到组织的总体目标上来，和谐一致、高效地完成工作任务。

在行政组织的自身管理中，既包括内部各部门、各成员、各活动之间的协调活动，又包括该组织与外部其他组织和环境之间的协调活动。

3. 市场化管理

我们知道，社会的客观需要是行政组织产生、存在、变革的前提和基础。因此，随着市场经济的发展、信息时代的到来，社会环境对行政组织的要求发生了很大的变化，除了要求行政组织将部分功能推向社会、推向市场、实行市场化外，还要求行政组织自身管理市场化。其具体内容有：

（1）行政组织内部管理的市场化

行政组织内部管理的市场化，即在行政组织内部引进市场竞争机制，划分责任中心，形成一个个相对独立的自治性单位。这样，传统的规制管理放松了，下级政府和工作人员的自由裁量权大大增加，行政组织内部也从过程导向的控制机制转向结果导向的竞争机制。其特点包括：

第一，权责明确。责任中心较之于整个组织是一个很小的工作单位，它的目标比较具体，可以清楚地衡量出组织成员个人所做努力与组织目标实现程度之间的关系，避免模糊性。

第二，结果导向。在规制型管理中，上级既注重下级的工作结果，又注重其完成工作的过程。在市场化管理中，上级不必过问各个责任中心完成任务的过程，只需注重其工作的结果。责任中心在力求达到自身目标的同时，就会自动促进组织目标的实现。

第三，合同约束。即用合同约束代替部分规章约束。合同只重结果，下级自由活动的余地增加，上级的管理工作量也相对减少。

第四，用户至上。在规制型管理中，组织成员的约束力主要来自上层；在市场化管理中，组织成员的约束力主要来自用户。若用户不满意，责任中心的利益必然会受到损失，用户本身就有了否决权。此时，行政组织成员为用户服务的意识大大强化。

（2）行政组织内部人事制度的市场化

传统的政府公务员制度是在规制型管理时代确立的，它有效地消除了官职恩赐制和政党分赃制的弊端。但随着社会的发展，现在政府面临的问题是如何提高管理效率以适应信息社会需求。在这方面,传统的公务员制度是不够理想的。为此,许多国家仿照私人企业的管理方法,对政府人事制度进行了市场化改革,其核心是建立灵活、高效、富有竞争力的用人机制。具体包括:

第一,实行合同雇佣制。与私人企业一样,政府对未来劳动力的需要也具有不确定性。合同雇佣制有助于政府对不确定的环境做出灵活、快捷的反应,摆脱传统的公务员终身任职原则的束缚,根据工作需要随时增加或裁减人员。

第二,淡化职位分类。职位分类妨碍公务员在政府内部的自由流动,难以达到人力资源的最优配置。市场化管理要求超越职位分类的局限,大幅度地简化职位分类,造就通才,增加灵活性。

第三,简化管理规则。大幅度精减繁琐的人事规章,授予第一线人员足够的自主权,激发其工作的积极性和创造性;将公务员录用、晋升等方面的管理权限逐渐转移到各级业务部门手中。

第四,改革工资制度。大力推行绩效工资制度,使公务员的劳动报酬与工作成绩直接挂钩,尝试将各部门节约的行政经费按一定比例作为奖金发放。

(3)行政组织自我服务功能的市场化

行政组织自我服务功能的市场化,即在行政组织内部的自我服务活动中引进市场机制,将政府与社会力量联结起来,通过多元竞争提高政府自我服务的能力,减少服务费用和成本。在内部的自我服务功能上,政府不一定要自己直接经营,而是可以设立特殊的市场,花钱为自己购买服务,并进行宏观管理。比较有效的做法是政府采用一种竞争性的市场招标形式,公营组织、私营组织和政府机构都可以参加投标竞争,赢得合同。例如西方国家的政府采购制度,一方面用控制总预算开支的方法来大力减少具体审批程序,赋予一线业务部门足够的自主权;另一方面要求凡是超过一定数额的政府采购项目,必须进行公开招标,竞争择优。

二、趣游公司的组织管理

（一）公司组织结构

趣游公司的组织结构比较复杂，既有直线职能制的组织模式，也有矩阵式的组织模式，公司不同的部门，组织管理模式也有所不同。

趣游公司下设运营中心、营销中心、研发中心、商务部、技术部、人事部、法务部、行政部、财务部和政策发展部十个部门，组织结构相对复杂，从目前的管理模式看，基本采用直线职能制的组织管理方式，其中研发中心的组织结构为矩阵式的管理模式。趣游公司的组织架构如图4-1所示。

趣游公司在组织结构上主要采用事业部制来进行管理。董事长下设三名高级副总裁，一名首席技术官及一名首席财务官。高级副总裁A负责行政部和人事部；高级副总裁B负责法务部和商务部；高级副总裁C负责营销中心和政策发展部，营销中心下设市场部和销售部。首席技术官负责研发中心、技术部和运营中心。研发中心采用平行管理的方法，下设若干研发小组，每个小组具体负责一项技术或游戏的研发；运营中心下设运营平台、客服部和渠道部。首席财务官负责财务部的管理。

（二）公司各部门主要职责

1. 运营中心

趣游公司运营中心主要负责游戏运营的相关工作，下设运营平台、客服部和渠道部三个部门。

（1）运营平台

运营平台主要负责游戏运营的全过程控制与相关服务。新的游戏产品上线之后，运营平台负责收集用户的信息反馈，内容包括用户对游戏的感受、对故事脉络安排的满意程度以及游戏本身的一些错误和漏洞的信息收集等。同时，运营平台还负责对游戏的整个管理过程进行控制，如安排节

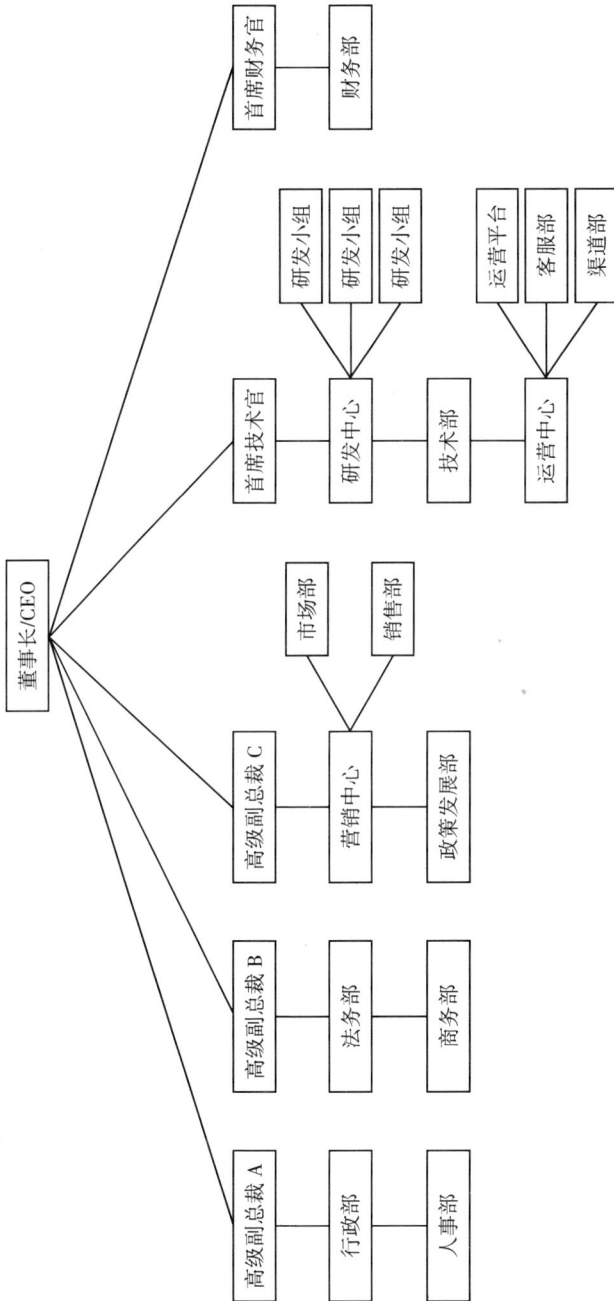

图 4-1　趣游公司组织架构

日活动、发放游戏礼包、根据玩家的进展情况向产品部门提出新的关卡要求等。

在对游戏进行控制的同时，运营平台还要负责数据的统计工作。尤其是针对游戏玩家的游戏行为进行分析。在运营过程中，运营平台分别向上和向下收集手机用户游戏行为的相关数据，包括玩家通过什么渠道看到游戏的相关信息，通过哪些渠道进入游戏，如何完成游戏体验的整个过程。这一系列的数据经过系统收集和分析后，运营平台撰写相关产品分析报告，为产品部门改进产品提供相关的依据。

（2）客服部

客服部的主要工作职责如下：

第一，新手引导。新游戏上线之后，玩家对游戏的情节、人物、相关关卡及游戏任务都不了解，客服人员要对玩家进行引导，针对游戏的情节进行讲解，对任务的过程和关键点进行说明，对游戏任务的特点、人物的技能等进行详细的说明，保证玩家在游戏中能够顺利地进行娱乐活动。新手引导过程除了针对游戏本身的情节之外，对玩家的注册、登录以及充值等都有涉及，以确保玩家能够顺利地进入游戏，融入其中。

第二，回答玩家在线提问。这也是客服人员的主要工作之一。玩家在游戏中遇到问题，需要向客服人员咨询，这其中既有针对游戏环境的问题，也有玩家的游戏体验问题，还可能存在一些针对游戏过程的问题，客服人员需要有针对性地进行回答。对于不能回答的问题，也要确定反馈信息的时间，帮助玩家解决游戏中的困难。

第三，处理玩家投诉。玩家在游戏过程中可能会遇到一些不满，如游戏版本更新后出现无法登录的问题，游戏脚本错误的问题，游戏过程中突然掉线的问题等，这些问题也需要客服人员耐心地解答，用良好的态度平息玩家的怒火，提高游戏玩家的黏性，让游戏在线人数保持在一个较高的水平，延长游戏生命周期。

（3）渠道部

趣游公司的渠道部实际上是资金流转的主要部门，玩家的充值和游戏的运营费用、代理费用等都通过不同的渠道进入公司，渠道部的工作就是负责资金的归集、统计以及相关的渠道服务。渠道部的主要工作职责包括以下几个部分：

第一，渠道费用的确定和资金结算。不同的渠道其费用也有所不同。

目前公司的资金收入通过 20 种以上的渠道进入公司，不同渠道的资金收入不一样，相关的费用也不同。渠道部门需要根据不同渠道的资金进入的数量和便利性以及相关的资金成本，大致确定合理的渠道费用，并以此为依据进行相关的资金结算工作。

第二，数据分析。渠道部主要负责统计每天的资金流量，并定期进行数据的对比分析。资金流量的统计包括针对不同的游戏、不同的游戏人物，不同的时间段，不同的渠道等分别进行统计后，结合游戏的成长周期，对游戏的生命力进行分析，大致判断游戏产品不同的生命周期阶段，为营销部门的相关营销活动提供数据依据。

第三，渠道服务。渠道部提供的相关支持服务包括拓展付款渠道、提供标准的合同以及针对不同渠道的个性化合同服务、针对不同渠道提供相关技术服务、确定合理的结算周期、根据实际情况确定工作流程等。

2. 营销中心（总经理）

营销中心下设市场部和销售部，分别负责趣游公司产品的市场拓展和销售工作。

（1）市场部

市场部是趣游公司的业务拓展部门。趣游公司开发和代理不同类型的网络游戏产品，市场部要根据游戏的类型，确定产品的细分市场，选择合适的目标客户（玩家），并根据产品本身的特性选择合适的市场定位。确定了细分市场、目标客户和市场定位之后，技术部要进行市场测试，市场部根据测试的结果，确定市场营销方案和相关的预算，并负责具体实施和过程的控制。

（2）销售部

销售部负责公司游戏产品和广告产品的销售。游戏产品主要指公司自主研发和代理的网络游戏，广告产品主要指公司提供的广告位和广告时间。

在游戏产品的销售方面，销售部负责产品的宣传，并针对游戏的代理权和运营权进行销售工作。渠道成员本身的资源、能力等各方面的差异，导致不同的渠道成员针对同一款产品的销售能力也有所不同，因此，慎重选择渠道成员、控制销售的过程成为销售部门的主要职责。

3. 研发中心（总经理下设若干研发小组）

研发中心由首席技术官具体负责，下设若干研发小组，进行游戏、技术等的开发和研究工作。研发中心的主要工作职责如下：

第一，游戏产品的研发。这也是研发中心最重要的工作。一般来说，在研发中心内部，按照游戏产品的类型确定项目组，每个项目组针对一个游戏产品进行相关工作，项目组的成员相对稳定，保证整个项目在进行的过程中人员等不会出现大的波动。

第二，游戏产品的测试。游戏产品的测试也是研发中心的工作之一。一款游戏从研发到投放需要经历若干次测试，以获得玩家对游戏的认同感，发现游戏本身的一些问题，也解决消费者对游戏的一些疑惑。一般来说，一款游戏从研发到正式上线需要经历三次以上的测试，其中有内部测试、封闭测试、盲测等方式，目的在于对游戏进行全面的评价。

第三，游戏产品的维护。研发中心不仅负责新游戏的研发，也要负责游戏的更新和维护。随着游戏的正式上线，玩家在游戏中会获得不同的体验和感受，游戏本身要根据玩家的体验修正其定位，同时，也应顺应玩家的需要适时推出新的版本，这就是游戏的更新。游戏更新的过程中和更新后，都可能出现 BUG，需要再次进行维护。

4. 商务部

商务部是趣游公司内部专门负责游戏的联合运营以及独家代理游戏的接入与放出的部门。商务部的主要职责包括对联合运营成员的选择、对代理产品的选择、过程的洽谈、对重要合同条款的确认以及合同的签订和履行。

第一，对联合运营及独家代理合作者的选择。一般来说，对合作伙伴的选择要考虑几个因素。首先，考虑合作伙伴的资源状况，游戏的运营需要的软件、硬件条件比较高，如果合作伙伴不能提供相应的资源，那么其就不能作为渠道成员进入趣游公司的供应链。其次，考虑合作伙伴的文化因素。从企业的背景、文化、工作人员的角度考虑其与趣游公司的匹配度，更为重要的是其价值观是否能够与趣游公司相一致，以确保企业之间的合作不会出现方向性的问题。

第二，合作条款的确认以及合同的签订和履行。商务部的另外一个职责是针对不同的合作伙伴，商讨具体的合作条款，并制作合同。合同制作出来之后，需要法务部进行具体的审核，法务部确认合同没有问题之后，将其返回商务部，商务部负责合同的签订。在合同签订之后，商务部还要具体负责合同的履行工作。

5. 技术部

技术部负责公司网络游戏的相关软件及硬件问题，也包括企业内部相关设施的维护工作。网游上线运营之后，在网络连接、信息传输等方面存在的问题由技术部负责解决。此外，技术部还负责公司内部网络的运营和维护，确保公司在进行网络游戏产品测试的过程中有良好的网络环境和硬件环境。

6. 人事部（部长）

人事部是趣游公司的行政支持部门，具体负责以下工作：

第一，负责公司人力资源工作的规划，建立、执行招聘、培训、考勤、劳动纪律等人事程序或规章制度；负责制定和完善公司岗位编制，协调公司各部门有效地开发和利用人力，满足公司的经营管理需要；做好各岗位的职位说明书，并根据公司职位调整需要进行相应的变更，保证职位说明书与实际相符。

第二，根据现有的编制及业务发展需求，协调、统计各部门的招聘需求，编制年度/月度人员招聘计划，经批准后实施；负责办理入职手续，负责人事档案的管理、保管以及用工合同的签订；建立并及时更新员工档案，做好年度/月度人员异动统计（包括离职、入职、晋升、调动、降职等）。

第三，制定公司及各个部门的培训计划和培训大纲，经批准后实施；对试用期员工进行培训及考核，并根据培训考核结果建议部门录用；制定绩效评价政策，组织实施绩效管理，并对各部门绩效评价过程进行监督和控制，及时解决其中出现的问题，使绩效评价体系能够落到实处，并不断完善绩效管理体系；配合其他部门做好员工思想工作，受理并及时解决员工投诉和劳动争议事宜。

第四，负责拟定部门薪酬制度和方案，建立行之有效的激励和约束机制；负责审核并按职责报批员工定级、升职、加薪、奖励和纪律处分及内部调配、调入、调出、辞退等手续；做好员工考勤统计工作，负责加班的审核和报批工作。

第五，负责公司员工福利、社会保险、劳动年检的办理。

第六，定期主持召开本部门工作例会，布置、检查、总结工作，并组织本部门员工进行业务学习，提高管理水平和业务技能，保证各项工作任务能及时完成；处理其他突发事件和领导交办的工作。

7. 法务部

法务部是趣游公司的支撑部门之一，负责与运营相关的法律事宜，其具体职能如下：

第一，担任公司股东会、股东、总经理、副总经理的法律顾问，为公司重大决策性事务提供咨询和法律意见书。

第二，负责公司各项法律规范的建立，负责公司规章制度的调研和拟定，并使其不断改进和完善；保证公司的经营、管理依法进行，确保公司的合法利益不受损害，以达到公司利益最大化和风险最小化。

第三，负责对公司各部门及其工作人员执行法律法规和公司各项规章制度的监督、检查，将发现的问题及时报告公司相关领导，并有权对相关部门及其工作人员提出整改建议和意见。

第四，列席公司股东会和由公司高管组织、参加的会议，就相关法律事务提供法律咨询和发表法律意见；代表公司处理各类仲裁、诉讼案件。

第五，负责公司合同文本的制定、修改，参与公司重大合同的谈判、签订，对各类合同的履行进行监督；负责公司合同档案的管理。

第六，为各部门及其工作人员提供法律咨询，对公司员工进行法律培训，就公司的经营管理提供相关的法律信息；全面负责公司员工违法、违纪、违反公司管理制度和损害公司利益的案件的调查、处理。

第七，负责公司知识产权的申请、维护。

第八，负责制定并审核公司的各类法律文件。

8. 行政部

行政部也是趣游公司的支撑部门之一，具体的工作职责如下：

第一，负责服务、协调总裁办公室工作，检查落实总裁安排的各项工作，并及时将结果反馈至总裁办公室，保证总裁办公室各项工作的正常运作。

第二，负责安排公司的年度工作会议、每月及每周工作例会等会议，做好记录，编写会议纪要和决议，并督促各部门贯彻执行，及时了解和反馈有关信息；负责公司相关文件的起草、印制和分发，上级和外部来文的签收、登记和领导批示后的传阅、催办、回复；做好公司行政类文件的审核、编号、立卷、存档工作。

第三，负责根据公司物料采购的品种、规格和批量进行市场调查，选择合格的供方并定期进行市场调查及供方资质评审；负责各类物品的采购工作，确保按时完成各项采购任务，并保证所采购的物料质量符合要求。

第四，完善公司行政管理制度，管理公司资产，做好物品的管理工作及各项后勤保障工作；拟定公司组织架构及人员编制，根据公司不同时期的发展状况，对公司的组织架构及人员编制做出调整，报公司领导审批。

第五，负责组织各部门进行内部各类培训教材的编写；负责在年底制定下一年的员工业余活动方案，报公司审批后，组织开展各类员工业余活动，丰富员工业余文化生活。

第六，负责为公司员工提供相关服务，如车辆派遣、图书馆建设、公司内部咖啡厅的运营等。

9. 财务部

财务部具体负责趣游公司的资金归集、使用和相关的财务核算工作，具体的工作职责如下：

第一，负责公司日常财务核算，参与公司的经营管理。根据公司的资金运作情况，合理调配资金，确保公司资金正常运转。

第二，收集公司经营活动情况、资金动态、营业收入和费用开支的资料并进行分析、提出建议，定期向总裁报告。

第三，组织各部门编制收支计划，编制公司的月、季、年度营业计划和财务计划，定期对执行情况进行检查分析。

第四，严格财务管理，加强财务监督，督促财务人员严格执行各项财务制度和财经纪律，参与公司及各部门对外经济合同的签订工作。

第五，负责公司现有资产的管理工作，负责全公司各项财产的登记、核对、抽查和调拨，按规定计算折旧费用，保证资产的资金来源。

第六，编制经营报告资料；协助建立单元成本、标准成本；核算效率奖金、汇总年度预算资料。

第七，负责收入有关单据审核及账务处理，各项费用支付审核及账务处理，应收账款账务处理，总分类账、日记账等账簿处理，财务报表及会计科目明细表等报表工作。

第八，统一发票自动报缴作业。营利事业所得税核算及申报作业。营、印税冲退作业及事务处理。资金预算作业。财务盘点作业。

10. 政策发展部

政策发展部是趣游公司对外宣传和联络的部门，具体的工作职责如下：

第一，负责公司对外形象的建立和维护。趣游公司从事文化产业，通过网络游戏的形式对中国传统文化进行传播。公司近几年的快速发展成为业内的传奇，因此趣游公司专门设立了公司荣誉室，将近期所获得的荣誉等陈列其中，并由政策发展部的员工负责接待来访人员，进行公司的宣传和介绍工作。

第二，负责公司与政府之间的合作事宜与关系维护。趣游公司在搬迁到北京市石景山区之后，一直受到石景山区政府的大力支持，与石景山区政府的相关合作也由政策发展部负责。同时，该部门也负责公司与其他政府机构的联系以及政府相关项目的申报和履行等工作。

第三，负责公司与其他非政府组织之间的合作事宜。趣游公司的成长成为网络游戏业内的传奇，也因此成为一些非政府组织和公司争相学习的对象。政策发展部具体负责与这些非政府组织和企业的合作及其接待工作。

三、趣游公司典型工作流程

（一）网络游戏研发流程

公司市场部首先提出新游戏概念，经过项目评审会确认，针对游戏内容进行策划、安排，对游戏的美术风格等进行确认，审核无误后确定概念可行，即可组建项目组。由项目组提出游戏的研发预算，预算内容包括需要的研发人员、资金以及项目进行的时间计划等。预算被批准后，游戏的情节策划和游戏的美工工作同时进行，在完成整个项目的 20% 左右的时候要进行一次多人同时在线测试，确定网游的视觉效果、娱乐性、操作性等是否符合预期，这需要 1~2 个月的时间。

如果通过了该项测试，以后每完成 10% 要进行一次测试，考察该款游戏是否适合市场的发展，游戏质量是否符合要求，在技术上是否切实可行。在这段时间内，如果认为产品不符合市场发展的趋势和玩家的要求，可以推倒主题，重新进行项目的策划。在项目进行到 40% 左右的时候要进行质量控制测试，研发进行到 50%~60% 的时候要进行用户测试。此后要陆续进行版本的更新、删档测试、不删档测试等 5~6 次，直至最后上线运营。在正式上线运营之前还要进行压力测试，主要测试游戏的承载能力是否足够，游戏本身的世界观是否能被玩家所接受等。

（二）渠道成员选择流程

1. 渠道成员选择的标准

第一，市场范围。市场是选择渠道成员最关键的因素。首先，考虑渠道成员的经营范围所包括的地区与产品的预计销售地区是否一致，比如，趣游公司产品的预计销售地区是东北地区，渠道成员的经营范围就必须包括这个地区。其次，渠道成员的销售对象是不是趣游公司所希望的潜在顾客，这是个最根本的条件。因为趣游公司希望渠道成员能打入自己已确定的目标市场，并最终说服消费者购买自己的游戏产品。

第二，产品政策。渠道成员承销的产品种类及其组合情况是渠道成员产品政策的具体体现。选择渠道成员时一要看渠道成员有多少"产品线"，二要看各种经销产品的组合关系，是竞争产品还是促销产品。一般认为应该避免选用经销竞争产品的渠道成员，即渠道成员经销的游戏产品与趣游公司的产品是同类产品。但是如果本公司产品的竞争优势明显就可以选择出售竞争者产品的渠道成员。因为顾客会在对不同生产企业的游戏产品进行客观比较后，选择更有竞争力的游戏产品。

第三，地理区位优势。区位优势即位置优势。选择的零售渠道成员最理想的区位应该是顾客流量较大的地点。如果该地区网络发达，网游玩家众多，那么这样的地区就有利于游戏产品的宣传和推广，也有利于产品营销策略的实施。

第四，产品知识。许多渠道成员被规模巨大且有名牌产品的网游开发/运营企业选中，往往是因为它们对销售某种游戏产品有专门的经验。选择对游戏产品销售有专门经验的渠道成员就会很快地打开销路。因此趣游公司会根据产品的特征选择有经验的渠道成员。

第五，预期合作程度。如果渠道成员与网游企业合作得好，那么其就会积极主动地推销该企业的游戏产品，对双方都有益处。有些渠道成员希望网游企业也参与促销，扩大市场需求，并相信这样会获得更高的利润。趣游公司根据产品销售的需要确定与渠道成员合作的具体方式，然后再选择最理想渠道成员进行合作。

第六，财务状况及管理水平。渠道成员能否按时结算以及必要时预付货款，取决于其财力的大小。整个企业销售管理是否规范、高效，关系着中间商营销的成败，而这些都与网游企业的发展休戚相关，因此，这两方面的条件也必须考虑。

第七，促销政策和技术。采用何种方式推销商品及运用选定的促销手段的能力直接影响销售规模。有些游戏产品广告促销比较合适，而有些网游则适合通过销售人员推销。这就需要考虑渠道成员是否愿意承担一定的促销费用以及有没有必要的物质、技术基础和相应的人才。选择渠道成员前必须对其完成某种产品销售的市场营销政策和技术的现实可行程度进行全面评价。

第八，综合服务能力。现代商业经营服务项目甚多，选择渠道成员要看其综合服务能力如何，有些网游产品需要渠道成员向顾客提供售后服务，有些需要渠道成员在销售中提供技术指导或财务帮助。合适的中间商所能提供的综合服务项目及其服务能力应与网游企业销售所需要的服务相一致。

2. 渠道成员选择的流程

趣游公司的游戏产品采取联合运营和代理的方式进行，因此对合作伙伴的选择尤为重要。趣游公司渠道成员的选择流程如下：

第一，确定渠道成员选择的标准。渠道成员选择的标准有八个，包括潜在合作伙伴的市场覆盖范围、企业的声誉、企业历史经验、企业与趣游公司合作的意愿、企业现有的游戏产品情况、企业财务状况、企业的区位优势以及促销能力。

　　第二，在潜在合作伙伴中进行选择。根据八个渠道成员选择标准，对每一个潜在合作伙伴的能力进行评分，评分体系中既包含对每一个项目的评分要求，也包含对评价体系的总体评分要求。

　　第三，对潜在合作伙伴的评分进行排序，以此作为合作伙伴选择的依据。

第五章　趣游公司的营销管理

从网络游戏市场目前的目标顾客分析来看，有一部分是年龄为 11~17 岁的未成年玩家，其价值需求与成年人有较大差异，需从技术支持及成本上加以关注；对无收入或低收入的玩家，可以采用薄利多销的策略，使其以同样的费用获得更多的游戏时间，从而在游戏成本上提高满意度，培养更多的痴迷玩家；对于硕士及以上学历的高智商玩家，需关注其适应性、服务、合作需求上的差异；此外，根据玩家的不同行为特性，可以分析他们的价值需求点，从而为游戏开发引进及客户管理提供指导。例如，资深玩家更为关注游戏内容的挑战水平、游戏的竞技性水平与个人能力的契合性、游戏内容的丰富性、游戏系统的安全性、玩游戏的便利性、玩家与游戏商的互动联系性、运营商发现和解决问题的主动性以及完成游戏所需花费的时间和精力；痴迷度较高的玩家更关注游戏文化和方式与玩家习惯的匹配性、游戏内容的丰富性、游戏系统的安全性、游戏系统的正常维持和游戏及时安全的升级。

一、网络游戏公司的一般营销模式

目前我国网络游戏运营企业的营销模式主要有代理运营、自有产权和向上延伸代理等几种。

（一）代理运营型企业

代理运营企业位于产业链的中下游，受制于游戏开发商，所代理的产品有限，游戏产品对运营商的影响比较大。如盛大在运营《传奇 2》时，是一家刚刚涉足网络游戏领域的小企业，受到经营实力的限制，因此在当时的情况下，这也不失为进军网络游戏产业的一条捷径。该种商业模式的最大优点是降低了网络游戏产业的进入门槛，周期短、回报高，不过高回报的同时也存在高风险，特别是现在，众多企业都受到了盛大的启发，纷纷进军网络游戏行业，而精明的韩国商人也大幅提高了游戏的入门费，这种做法的风险就更大了。

除了上述优点以外，如果网络游戏企业只集中精力做代理，无疑会使其将商业运作集中在销售和会员制的运营服务上，这更加有利于其培养较强的市场运作能力，盛大就是一个很典型的例子。盛大能够把一款二流的游戏在中国运营成为一流的游戏，主要是由于公司充分把握了国内市场，建立了国内最成熟的网络游戏直销体系，并且从游戏销售的终端——网吧入手，组建了全国最大的网吧联盟，形成了代理运营企业的第一品牌。而且，一旦代理企业成功运营了一款游戏，它就具备了相当的经验和优势，并且可以利用自身的优势和已经铺设的网络同时运营其他种类的游戏。由于代理运营商非常熟悉顾客的需求，掌握了市场的热点，因此在选择适销对路的产品方面它更有经验，可以有效降低市场风险。

但是这种商业模式的劣势也很突出，最大的缺点就是受游戏开发商的制约严重，在产品维护、升级以及利益关系中，受制于开发商，并很难达成充分协调。目前，开发商授权费和分成要求过高，加重了代理运营商的风险，同时存在如《传奇2》私服等来自开发商或不同区域代理商的风险，代理模式无自主产权，无法开拓由游戏衍生的周边市场，尤其是无法建立完善的社区服务，对客户群的凝聚力低。而且单纯的会员月卡、点数卡收费模式，相对自主开发企业的多种盈利模式而言比较单调，销售渠道、市场宣传、代理费用造成数次截流，这种商业模式的实际利润率不高。

在实际运行中，代理游戏品牌往往大于代理运营企业的公司品牌（盛大是一个例外），企业无形资产价值低，不利于企业形象的树立，这类企业的游戏社区经营也较薄弱，无法形成核心竞争力，用户稳定性差。

（二）自有产权企业

自有产权企业可以有效解决上述代理运营型企业中所存在的问题，它的核心优势在于充分体现网络游戏运营商商业模式的完整性。除了需要电信企业和互联网数据中心（IDC）的带宽和数据支持外，自有产权企业的商业模式包含了网络游戏价值链的各个环节，它们位于产业链的上游，经营方式灵活，既可以自身运营服务，也可以通过技术转让或合作运营、销售等方式，积极开展代理、合作。

作为产业链上游的自主开发型企业，向产业链下游扩张的能力强，较为主动。与代理运营型企业相比较，这种模式使网络游戏企业在产业链中享有充分的主动权，可以摆脱受制于人的局面（如由于开发商泄露服务器端程序而导致玩家流失的情况）。并且由于不需要因为代理网络游戏而支付高额的入门费和提成费（入门费大约在数百万至数千万美元，提成费一般为网络游戏销售收入的3成左右），从而有利于提高其运营利润。同时由于自主产权企业有能力对游戏进行调整和灵活的控制，也有助于其网上经营的运作和服务，如深度挖掘网络游戏，创造增值服务，产生新的价值。

网上经营也有利于互动服务，有助于游戏的推广和会员的巩固。企业可以实现盈利模式的多元化，其收入来源不仅有简单的包月和计时方式的会员收费，而且还包括合作分成、网络广告、产品销售、比赛赞助、技术产品的租赁转让、会员费用、技术平台的代理、周边产品的电子商务开发、网络游戏、一卡通等的收入。目前盛大通过在纳斯达克上市筹集资金，并成功地从"软银亚洲"筹集资金4000万美元。实力在不断壮大的盛大，正在从代理运营模式向自有产权模式过渡，盛大着手自主开发的《传奇世界》以及后来的《新传奇》等都是盛大为成功过渡而推出的鼎力之作。

（三）向上延伸的代理型企业

当然，自有产权商业模式的运作是需要以强大的实力作为坚强后盾的，因为一款优秀的网络游戏从设计、开发到公测，再到最后的市场运作，至少需要一年半的时间，在这个过程中需要投入大量的资金，并且风险也是非常大的。据统计，在韩国，每10款网络游戏，大约只有3款能够真正被成功地推向市场。并且由于网络游戏产业关联性强，如果专注于设计和开发，而不精通运营，也是很难成功的。受到实力与规模的限制，既要擅长游戏产品的生产，又要精通网络游戏的运作，目前除了Sony和微软这样的娱乐及IT行业巨头以外，恐怕很难再找到第二家。因此，在产业链上进行分工与合作，实现各自的比较优势，才是目前网络游戏企业的明智之举。但是诚如盛大与日本Actoz株式会社之间的合作那样，如果只是建立以契约为纽带的协议关系，双方很有可能产生利益上的冲突，从而很难建立稳定的合作关系。盛大私服事件发生以后，玩家的流失给该企业带来了近 4000 万美元的损失，而同时 Actoz 的股价在合同纠纷期间一度下跌了 40%，在和解后的 3 天内，Actoz 的股价又从原来的 13000 元迅速飙升到 18000 元。因此稳定的双方合作关系也是一种"双赢"的策略。

既然以契约为纽带的合作不稳定，那么注资则不失为一个巧妙的策略。如果双方的合作以资本为纽带，可以达到"一荣俱荣，一损俱损"的效果，双方的战略联盟关系将更加默契和稳定。这样的策略也可以真正实现网络游戏价值链上的上游企业和下游企业之间的优势互补、分工合作。正因为如此，盛大与 Actoz 的合作关系几经波折后，盛大终于探索出了最适宜的合作模式，即向上延伸的代理模式。此模式的最大优势是可以使合作双方明确各自在产业链上的定位，扮演合适的角色，培养各自的核心竞争力，并且形成稳定、双赢的合作关系。

目前，我国网络游戏运营企业的商业模式除了上述几种以外，还有综合门户型企业和电信运营企业等。

二、趣游公司的营销战略

STP 理论由市场细分（Market Segmentation）、目标市场（Market Targeting）、市场定位（Market Position）三个部分组成，通过市场细分选择目标客户，进而以此为依据确定目标市场，最后进行市场定位。

（一）网络游戏市场细分（Market Segmentation）

1. 网络游戏市场细分的维度

市场细分是指按照某种特征将客户分类，同类客户存在于同一个细分市场之中。网络游戏市场细分的维度包括以下几种：

（1）地理细分

把市场细分成不同的地理区域，如国家、地区、州、县、城市或者街区，一个公司可能只在一个区域发展，或者在所有的区域发展，同时还要注意需求上的地理差异。由此形成的区域市场，一般采用渠道管理模式，在不同的区域设置管理机构，来负责该区域的市场开拓与管理。例如，在我国可以划分出西南、华北、华东、东北、西北等区域，同时设置相应的办事处、分支机构；国际上，可以划分出欧洲、亚洲、北美等洲际区域。网络游戏玩家在游戏的偏好上因地域不同而呈现出不同的特点，中国南方的游戏玩家更偏爱轻灵飘逸的仙侠游戏以及 Q 版游戏，而北方的游戏玩家则更喜欢武侠题材的游戏，对武功高强、替天行道的大侠这类角色更感兴趣。

（2）人口细分

人口细分是将市场按照人口因素分为多个群体，这些因素包括年龄、性别、家庭人口、家庭生活周期、收入、职业、教育、宗教、种族和国籍等。人口因素是最常用的消费者群体细分的基础，原因在于消费者的需求、愿望和使用率随人口因素的不同而变化。比较常用的人口细分因素有：

第一，年龄和生命周期阶段。游戏玩家的需要和欲望会随着他们年龄的增加而变化。一些网络游戏公司运用年龄和生命周期细分法，为不同年龄和生命周期的消费者群提供不同的产品，或采取不同的营销方法。不同年龄段的消费者，由于生理、性格、爱好、经济状况的不同，对游戏产品的需求往往存在很大的差异。因此，可按年龄将市场划分为许多各具特色的游戏玩家群，如儿童网络游戏市场、青年网络游戏市场、中年网络游戏市场、老年网络游戏市场，等等。

第二，性别。服装、化妆品和杂志行业一向采用性别细分法。其他行业的市场营销人员也开始注意采用性别细分的方法。按性别可将网络游戏市场划分为男性玩家市场和女性玩家市场。在网络游戏及角色道具的购买行为、购买动机等方面，男女之间有很大的差异，男性玩家对游戏的界面要求大气、恢宏，对游戏道具的功能要求更为强烈，而女性玩家则对游戏界面要求浪漫、色彩斑斓，对游戏道具要求外观漂亮，更能体现女性柔美、华丽的一面。

第三，收入细分。收入细分一直被应用于产品和相关服务的市场营销中，例如汽车、船舶、成衣、化妆品、金融业务和旅游等。在网络游戏市场，收入的变化将直接影响游戏玩家的需求欲望和支出模式。根据平均收入水平的高低，可将游戏玩家划分为高收入、次高收入、中等收入、次低收入、低收入五个群体。收入高的游戏玩家会比收入低的游戏玩家购买更多、更高价格的游戏道具，例如在某些游戏中，收入高的游戏玩家可以购买鲜花道具赠送给女性玩家，而收入低的游戏玩家则更倾向于购买武器、服装等道具来提高自己的战斗力。

第四，教育细分。游戏玩家的需要和欲望会随着他们教育程度的不同而有差异。受教育程度不同的游戏玩家，在志趣、生活方式、文化素养、价值观念等方面都会有所不同，而这会影响他们对网络游戏产品的购买种类、购买行为、购买习惯。在网络游戏中，受教育程度高的游戏玩家更喜欢益智类游戏，而受教育程度低的游戏玩家则更喜欢打斗类游戏。但这一分类倾向在网络游戏中并不明显。

第五，民族。世界上大部分国家都拥有多个民族，我国更是一个多民族的大家庭，除汉族外，还有 55 个少数民族。这些民族都有各自的传统习俗、生活方式，从而呈现出各种不同的需求，如我国西北少数民族饮茶很多、回族不吃猪肉等。只有按民族这一细分变量将市场进一步细分，才能满足各族人民的不同需求，并进一步扩大企业的产品市场。在网络游戏市场，民族的分类并不明显，除了一些带有明显种族主义色彩的网络游戏之外，该市场细分维度并不起主要作用。

第六，职业。不同职业的游戏玩家，由于知识水平、工作条件和生活方式等不同，其对网络游戏的消费需求存在很大的差异，如教师比较喜欢益智类游戏，IT 工作者喜欢大型战争类游戏，而一般的公司白领则倾向于不用安装客户端、随时可以玩的网页游戏等。

第七，家庭人口。据此可将家庭划分为单身家庭（1 人）、单亲家庭（2 人）、小家庭（2~3 人）、大家庭（4~6 人，或 6 人以上）。家庭人口数量不同，在住宅大小、家具、家用电器乃至日常消费品的包装大小等方面都会出现需求差异。该细分维度对网络游戏基本不适用。

（3）心理细分

心理细分是根据社会阶层、生活方式或个性特点，将购买者分为不同的群体，在不同群体内的人可能会有不同的心理模式。

第一，生活方式。越来越多的企业，如服装、化妆品、家具、娱乐等行业，重视按人们的生活方式来细分市场。生活方式是人们对工作、消费、娱乐的特定习惯和模式，不同的生活方式会产生不同的需求偏好，如"传统型"、"新潮型"、"节俭型"、"奢侈型"等。这种细分方法能显示出不同群体对同种商品在心理需求方面的差异性，如美国有的服装公司就把妇女划分为"朴素型妇女"、"时髦型妇女"、"男子气质型妇女"三种类型，分别为她们设计不同款式、颜色和质料的服装。

第二，性格。消费者的性格与其对产品的偏好有很大的关系。性格可以用外向与内向、乐观与悲观、自信与顺从、保守与激进、热情与老成等词句来描述。性格外向、容易感情冲动的消费者往往喜欢表现自己，因而他们喜欢购买能表现自己个性的产品；性格内向的消费者则喜欢大众化，往往购买比较平常的产品；富于创造性和冒险心理的消费者，则对新奇、刺激性强的商品特别感兴趣。

第三，购买动机。即按消费者追求的利益来进行市场细分。消费者对所购产品追求的利益主要有求实、求廉、求新、求美、求名、求安等，这些都可作为细分的变量。例如，有人购买服装是为了遮体保暖，有人是为了美的追求，有人则是为了体现自身的经济实力等。因此，企业可按利益变量对市场进行细分，确定目标市场。

（4）行为细分

行为细分是根据人们对产品的了解、态度、反应和使用情况，将购买者分为不同的群体，具体的维度包括购买时机、寻求的利益、使用者情况、使用率、忠诚度、购买准备阶段以及对产品的态度等。

第一，购买时间。许多产品的消费具有时间性，烟花爆竹的消费主要在春节期间，月饼的消费主要在中秋节以前，旅游点在旅游旺季生意最兴隆。因此，企业可以根据消费者产生需要、购买或使用产品的时间进行市场细分，如航空公司、旅行社在寒、暑假期间大做广告，实行优惠票价，以吸引师生乘坐飞机外出旅游；商家在酷热的夏季大做空调广告，以有效增加销量；双休日商店的营业额大增，而在元旦、春节期间，商店的销售额则更大；等等。因此，企业可根据购买时间进行市场细分，在适当的时候加大促销力度，采取优惠价格，以促进产品的销售。

第二，购买数量。据此可将消费者划分为大量用户、中量用户和少量用户。大量用户人数不一定多，但消费量大，许多企业以此为目标，反其道而行之也可取得成功。如文化用品的大量用户是知识分子和学生，化妆品的大量使用者是青年妇女等。

第三，购买频率。据此可将消费者划分为经常购买者、一般购买者、不常购买者（潜在购买者）。以铅笔为例，小学生经常购买，高年级学生按正常方式购买，而工人、农民则不常买。

第四，购买习惯（对品牌忠诚度）。据此可将消费者划分为坚定品牌忠诚者、多品牌忠诚者、转移的忠诚者、无品牌忠诚者等。例如，有的消费者忠诚于某些产品，如柯达胶卷、海尔电器、中华牙膏等；有的消费者忠诚于某些服务，如东方航空公司、某酒店或饭店等；还有些消费者忠诚于某一个机构、某一项事业等。为此，企业必须辨别它的忠诚顾客及特征，以便更好地满足他们的需求，必要时给忠诚顾客以某种形式的回报或鼓励，如给予一定的折扣。

2. 趣游公司的市场细分

网络游戏作为一种虚拟产品，其特点与实体产品有所不同，但是与实体产品的营销一样，都需要进行市场细分，以便更好地定位客户和服务客户。趣游公司的市场细分维度如下：

（1）人口细分

第一，性别细分。在网络游戏玩家中，男性和女性均有一定的数量，且男性玩家和女性玩家在游戏中关注的内容有所不同。男性玩家更多地关注角色的战斗力、装备的特性、角色本身的实力，因而男性玩家停留在游戏中的时间更长，更容易成为付费玩家。而女性玩家则较为关注角色的外形、服装道具的华丽性、武功效果等。与男性玩家相比，女性玩家在网络游戏中数量较少，这也与女性对计算机的操作能力相对较弱以及兴趣爱好等有关系。

第二，年龄细分。网络游戏玩家的年龄分布相对集中，年龄较大的和年龄较小的玩家数量不多，大部分玩家为青年和中年。因此，趣游针对年龄进行市场细分可以有效地区分玩家的游戏时间、购买力以及角色喜好等因素，从而更好地进行市场定位。

（2）行为细分

第一，付费与非付费玩家。针对消费者在游戏中是否付费，可以将游戏玩家分为付费玩家和非付费玩家。付费玩家一般通过购买游戏充值卡来获取游戏点数，然后通过点数兑换来获得相应的游戏道具。非付费玩家一般通过在游戏中击杀 BOSS 捡拾掉落的物品来获得游戏道具，或者通过与其他玩家的交换、捡拾物品的销售来获取需要的游戏道具。此外，玩家还可以通过游戏优惠活动等免费获得一定数量的道具。

第二，重度游戏玩家与中度、轻度游戏玩家。按照对游戏投入的精力、时间和资金，可以将游戏玩家分为重度游戏玩家和中度、轻度游戏玩家。重度游戏玩家在线时间长、游戏参与程度高，投入的精力和资金都较多，这类玩家为了让自己的角色在打斗中获胜，可以付出更多的时间与资金，购买更多、更强的道具，甚至有些玩家为了获得游戏中的领导地位不惜花费巨额资金。中度、轻度游戏玩家在线游戏时间不长，投入精力较少，且不愿意投入太多资金在游戏中，但是这类玩家在游戏中往往大量存在，原因在于这类玩家的投入少，因而退出成本较低，这类玩家的游戏黏性也较低。

（3）心理细分

依据消费者对游戏题材的不同喜好进行细分，可以分为仙侠题材、穿越题材、武侠题材等，不同的题材可以满足消费者不同的心理需要。在仙侠题材的网络游戏中，消费者可以拥有强大的法力，体验成仙的感觉，仙的级别越高，拥有的法力越强。穿越题材的网络游戏迎合当前消费者对穿越电视剧的喜爱，游戏玩家从现实情境穿越到古代的某个特定场景，然后开始游戏的历程。武侠题材的网络游戏一般设置的情境是普通人通过技能的学习和武功秘籍的获得，逐渐成为武艺高强的侠客，整个过程充满冒险精神。

（二）网络游戏目标市场选择（Market Targeting）

1. 网络游戏目标市场选择的条件

目标市场选择就是评估不同细分市场的吸引力，并据此选择为之服务的目标客户。在对不同的细分市场进行评估时，必须注意三个因素，分别为细分市场的规模和增长特性、细分市场的结构优势以及细分市场与公司目标和资源的匹配性。

目前网络游戏玩家基本集中在 18~26 岁的男性群体中，女性玩家的市场还未得到进一步开拓，是巨大的市场空白点。从调查分析可知，男性玩家和女性玩家对网络游的价值感知存在差异点。女性玩家更注重产品内容的可玩性、游戏内涵的知识性水平和对个人能力的培育、玩家与游戏商互动合作关系的建立等；而男性玩家更注重游戏本身所带来的竞争性和成就感上的竞争性，因此对女性玩家来说，提供其内心感性需求的游戏内容和加强与玩家个人的关系就更为重要。

（1）网络游戏细分市场的规模和发展潜力

网络游戏企业进入某一市场是期望能够有利可图，如果市场规模狭小或者趋于萎缩，企业进入后难以获得发展，此时，企业应审慎考虑，不宜轻易进入。当然，企业也不宜以市场吸引力作为唯一取舍，特别是应力求避免"多数谬误"，即与竞争企业遵循同一思维逻辑，将规模最大、吸引力最大的市场作为目标市场。大家共同争夺同一个玩家群体的结果是造成过度竞争和社会资源的无端浪费，同时使网络游戏玩家一些本应得到满足的需求遭受冷落和忽视。现在国内很多网络游戏企业动辄开发大型客户端游戏，而对于网页游戏和小游戏不屑一顾，这就很可能步入误区，如果转换一下思维角度，一些目前经营尚不理想的企业说不定会出现"柳暗花明"的局面。

（2）网络游戏细分市场结构的吸引力

细分市场可能具备理想的规模和发展特征，然而从盈利的观点来看，它未必有吸引力。波特认为有五种力量决定整个市场或其中任何一个细分市场的长期的内在吸引力。这五种力量是：同行业竞争者、潜在的新参加的竞争者、替代产品、购买者和供应商。他们具有如下五种威胁：

第一，网络游戏细分市场内激烈竞争的威胁。如果某个网络游戏细分市场已经有了众多的、强大的或者竞争意识强烈的竞争者，那么该细分市场就会失去吸引力。如果该细分市场处于稳定或者衰退状态，新的网络游戏不断出现，客户获取成本不断提高，撤出市场的壁垒过高，竞争者投资很大，那么情况就会更糟。这些情况常常会导致激烈的客户争夺、广告争夺，新的网络游戏产品不断推出，公司要参与竞争就必须付出高昂的代价。

第二，网络游戏竞争者的威胁。如果某个网络游戏细分市场可能吸引新的网络游戏企业进入，这些企业倾向于增加新的网络游戏产品，投入大量资源并争夺游戏市场份额，则该细分市场就会失去吸引力。问题的关键是新的网络游戏企业竞争者能否轻易地进入这个细分市场。如果新的竞争者进入这个细分市场时遇到森严的壁垒，并且遭受细分市场内原有公司的强烈排斥，他们便很难进入。保护细分市场的壁垒越低，原来占领细分市场的网络游戏公司的排斥心理越弱，这个细分市场就越缺乏吸引力。某个细分市场的吸引力随其进退的难易程度而有所区别。根据行业利润的观点，最有吸引力的细分市场应该是进入的壁垒高、退出的壁垒低。在这样的细分市场里，新的网络游戏公司很难打入，但经营不善的公司可以安然撤退。如果细分市场进入和退出的壁垒都高，那么该细分市场的利润潜量就大，但也往往伴随较大的风险，因为经营不善的公司难以撤退，必须坚持到底。如果细分市场进入和退出的壁垒都较低，公司便可以进退自如，获得的报酬虽然稳定，但不高。最坏的情况是细分市场进入的壁垒较低，而退出的壁垒却很高。于是在经济良好时，大家蜂拥而入，但在经济萧条时，却很难退出。

第三，替代游戏产品的威胁。如果某个网络游戏细分市场存在着替代游戏产品或者潜在替代游戏产品，那么该细分市场就会失去吸引力。替代游戏产品会限制细分市场内价格和利润的增长，如果存在替代游戏产品，那么一款游戏的进入成本过高时，游戏玩家就会倾向于进入其他替代游戏产品。公司应密切注意替代游戏产品的价格趋向，如果这些替代游戏产品的价格有所变动，或者竞争日趋激烈，那么这个细分市场的价格和利润就可能会下降。

第四，网络游戏玩家讨价还价能力加强的威胁。如果某个网络游戏细分市场中玩家的讨价还价能力很强或正在加强，那么该细分市场就没有吸引力。购买者会设法压低价格，对产品质量和服务提出更高的要求，并且使竞争者互相斗争，所有这些都会使销售商的利润受到损失。如果购买者比较集中或有组织，或者该产品在购买者的成本中占较大比重，或者产品无法实行差别化，或者购买者的转换成本较低，或者购买者由于利益较低而对价格敏感，或者购买者能够向后实行联合，购买者的讨价还价能力就会加强。销售商为了保护自己，应选择议价能力最弱或者转换销售商能力最弱的购买者。较好的防卫方法是提供顾客无法拒绝的优质产品供应市场。

第五，网络游戏企业外部供应商讨价还价能力加强的威胁。如果网络游戏公司的供应商（如网络游戏设计和开发公司、公用事业、银行、公会等）能够提价或者降低游戏产品和相关服务的质量，或减少游戏供应的数量，那么该游戏公司所在的细分市场就会没有吸引力。如果网络游戏产品供应商集中或有组织，或者替代游戏产品少，或者供应商供应的网络游戏产品比较重要，或者转换成本高等，那么供应商的讨价还价能力就会较强大。因此，与供应商建立良好的关系和开拓多种供应渠道才是防御上策。

（3）细分市场与网络游戏企业的目标和能力相符合

某些细分市场虽然有较大的吸引力，但不能推动企业实现发展目标，甚至会分散企业的精力，使之无法完成其主要目标，这样的市场应考虑放弃。另外，还应考虑企业的资源条件是否适合在某一细分市场经营。只有选择那些企业有条件进入、能充分发挥其资源优势的市场作为目标市场，企业才会立于不败之地。

2. 网络游戏目标市场营销策略

把精力集中在最能有效服务、最有利可图的细分市场上，这样明智的目标市场选择使得网络游戏公司可以更为高效、更有成果地服务于玩家。企业针对选定的目标市场可以采取的营销策略包括无差异营销策略、差异化营销策略、集中营销策略和微市场营销策略等。

第一，无差异营销策略。无差异营销策略也称为大众营销策略，网络游戏企业可以忽略细分市场中的差异，向整个网络游戏市场提供一个游戏产品。这种策略专注于网络游戏玩家的共有需求，而不是他们的需求差异。网络游戏公司的产品设计和营销策略，都以吸引绝大多数玩家为目的。

第二，差异化营销策略。差异化营销策略是指网络游戏公司决定面向几个细分市场，并为每个细分市场分别提供游戏产品和服务。通过推出各种游戏产品并使用多种营销策略，公司能够提高销售额，并在细分市场中占据强势地位，这意味着更大的总销售额。同时，差异化营销策略会带来高额的成本，为不同的市场设计不同的营销计划，需要额外的市场研究、市场预测、销售分析、促销计划以及渠道管理等工作，使用不同的广告去影响不同的细分市场，也会增加成本。

第三，集中营销策略。集中营销策略也称为补缺营销策略，网络游戏公司规模较小或资源有限时，特别适合使用这种策略。在这种策略下，网络游戏公司致力于在一个或几个细分市场占有较大的市场份额，而不是在大市场中占据较小的份额。公司了解细分市场的需求，并在这些市场上有很好的声誉。由于网络游戏产品开发生产、促销和分销的专门化，公司的经营很经济，细分市场选得正确，公司就很可能获得很高的投资回报率。

第四，微市场营销策略。微市场营销策略根据特定个人和特定地区的特点调整产品和营销策略，它不是探寻每一个个体能否成为顾客，而是探寻每一个顾客身上的个性。微市场营销包括当地营销和个人营销。从网络游戏公司的角度看，微市场营销并不适合网络游戏产品。

3. 趣游公司的目标市场选择

趣游公司网络游戏的目标市场为 20~40 岁的男性玩家，在线时间较长的重度游戏者，平均每月每款游戏花费为 600~700 元，游戏题材以仙侠为主。

首先，男性游戏玩家本身就是网络游戏消费者的主流，不仅网页游戏如此，整个网络游戏市场都是如此，女性玩家仅占整体市场的 20%~30%。

其次，从年龄阶段上看，20~40 岁的人群处于刚开始工作到工作一段时间的中青年阶段。这一阶段属于工作比较繁忙、压力较大的时期，通过游戏来舒缓压力是一种很好的方式，且这一阶段的男性家庭压力不大，能够自由支配业余时间。

再次，在线游戏时间在某种程度上反映了消费者对游戏的黏性，只有喜欢玩游戏，并且愿意将时间投入游戏中的消费者才能够成为企业的目标客户。

最后，消费者喜欢游戏是前提，愿意为网络游戏投入时间和资金对于企业来说才是特别重要的。因此，能够投入游戏的资金成为企业特别重视的一个目标市场的选择标准。不同的游戏黏性决定了消费者每个月花费在游戏中的资金有所不同。每个月花费在 600~700 元的消费者，基本属于游戏玩家的中坚力量，这部分人的数量相对较多，且有足够的收入支撑其在网络游戏中的花费，因此成为企业重要的目标市场。

（三）网络游戏市场定位（Market Position）

1. 市场定位的原则

不同网络游戏企业运营的游戏产品不同，面对的目标玩家也不同，所处的竞争环境自然也有所不同，因而其产品的市场定位所依据的原则也不同。总的来讲，市场定位所依据的原则有以下四点：

（1）根据具体游戏产品的特点定位

构成网络游戏产品内在特色的许多因素都可以作为市场定位所依据的原则。比如网络游戏的题材、游戏的难易程度、界面的华丽与简约、角色的类型等。"七喜"汽水的定位是"非可乐"，强调它是不含咖啡因的饮料，与可乐类饮料不同。"泰诺"止痛药的定位是"非阿司匹林的止痛药"，显示药物成分与以往的止痛药有本质的差异。网络游戏产品强调游戏本身的特点，如永久免费、体现传统文化的题材等都是游戏本身的特点。

（2）根据特定的游戏场合及游戏体验定位

网络游戏根据特定的游戏场合可以分为家庭游戏和办公室游戏，家庭游戏一般以客户端游戏为主，用户期待大型的游戏场景、流畅的游戏体验、众多的游戏角色。办公室游戏由于游戏时间有限，且经常会受到打扰，不适合大型的客户端游戏，小型网页游戏就比较适合这类玩家的游戏需求。

（3）根据网络游戏玩家得到的利益定位

网络游戏产品提供给玩家的利益是玩家最能切实体验到的，也可以用作定位的依据。1975年，美国米勒（Miller）推出了一种低热量的"Lite"牌啤酒，将其定位为喝了不会发胖的啤酒，迎合了那些经常饮用啤酒而又担心发胖的人的需要。仙侠风格的网络游戏可以让玩家通过游戏获得成仙的体验，而Q版游戏又能让玩家体验到孩童般的动漫乐趣，这都是玩家通过网络游戏所获得的利益。当然，国外有些网络游戏也可以让玩家通过玩游戏、做任务，获得一定的游戏币，并可以将游戏币兑换成现实的货币，这也是玩家获得利益的一种表现方式。

（4）根据玩家类型定位

网络游戏企业常常试图将其游戏产品指向某一类特定玩家，以便根据这些玩家的看法塑造恰当的游戏形象。在设计一款游戏产品时，可以根据以前某款游戏产品的运营经验，将新的游戏产品直接设计为游戏玩家喜爱的某种特定风格，以迎合玩家的需求。

事实上，许多网络游戏企业进行市场定位时依据的原则往往不止一个，而是多个原则同时使用。因为要体现企业及其游戏产品的形象，市场定位必须是多维度的、多方面的。

2. 网络游戏市场定位的方法

（1）避强定位

这种方法是网络游戏企业为避免与强有力的竞争对手发生直接竞争，而将自己的游戏产品定位于另一市场的区域内，使自己的产品在某些特征或属性方面与强势对手有明显的区别。这种策略可使自己迅速在市场上站稳脚跟，并在玩家心中树立起一定的形象。这种做法由于风险较小、成功率较高，常为多数网络游戏企业所采用。

（2）迎头定位

这种方法是网络游戏企业根据自身的实力，为占据较佳的市场位置，不惜与市场上占支配地位、实力最强或较强的竞争对手发生正面竞争，从而使自己的网络游戏产品进入与对手相同的市场位置。由于竞争对手强大，这一竞争过程往往相当引人注目，网络游戏企业及其游戏产品能较快地为玩家所了解，达到树立市场形象的目的。这种定位方法可能引发激烈的市场竞争，具有较大的风险。因此，企业必须知己知彼，了解市场容量，正确判定凭自己的资源和能力是不是能比竞争者做得更好，或者能不能平分秋色。

（3）重新定位

这种方法是网络游戏企业对获利能力差、市场反应不够好的游戏产品进行二次定位。初次定位后，如果由于玩家的需求偏好发生转移，市场对本企业游戏的需求减少，或者新的游戏进入市场，选择与本企业游戏相近的市场位置，这时，企业就需要对其游戏进行重新定位。一般来说，重新定位是企业寻求新的活力的有效途径。此外，企业如果发现新的游戏市场，也可以进行重新定位。

3. 趣游公司的市场定位

趣游公司的整体定位为中国最好的网页游戏运营商。面对目前市场上众多的网页游戏运营商，这一定位方式属于迎头定位。趣游公司凭借强大的实力，高速发展的网页游戏运营业务，连年高速增长的公司营业额，在整个网页游戏市场中确实非常引人注目。

趣游公司旗下运营的游戏产品众多，针对不同的游戏产品也有不同的定位。以目前公司正在主推的一款游戏《横扫天下》为例，该游戏是趣游公司自主开发的大型暗黑风格 3D 武侠游戏，游戏以中国南宋为历史背景，充分展现中国古代的诗词文化。该游戏以 20~40 岁的男性玩家为目标市场，体现中国古代武侠文化的意境和情怀，操作感强、视觉冲击力大，游戏玩家能够充分体验古代侠客的豪情、成就，有着良好的游戏体验。

三、趣游公司的营销策略

（一）网络游戏公司的营销策略现状

1. 生命周期策略

（1）延长游戏处于成熟期的时间

如果一款网络游戏生命周期过短，企业不仅不能获利，而且研发和运营成本都不能收回，企业会处于亏本的状态。因此，如何延长产品的生命周期，在产品进入衰退期或即将被市场淘汰时，采取何种策略保持效益，几大游戏厂商都做了尝试。其中，产品的系列化是一个很好的途径。如盛大的《传奇》系列。盛大先后几年不仅开发了《传奇》的 3D 版，还开发了休闲的 Q 版。系列化产品的优势在于：一方面扩展了产品线，提供了更多的选择，避免了玩家的流失；另一方面利用已成功作品巨大的号召力和稳定的玩家规模，提高后作成功的概率。

（2）不同的生命周期采取不同的营销策略

第一，引入期。在游戏的引入期，网络游戏厂商可采取"免费试玩"的营销噱头，玩家可无偿体验游戏。因为在这一阶段，网络游戏厂商为了找到并清除游戏产品的程序和策划漏洞，需要大量玩家测试并收集改进建议。这样，厂商可以把游戏所有有限制的功能开放给玩家体验。另外，在游戏刚投放市场时，如何扩大产品的知名度和美誉度，才是运营商最需要考虑的问题。要实现测试期到成长期的良好过渡，需要前期成本的投入，从而获得后续市场规模和玩家数量。在此基础上，才能考虑盈利。

第二，成长期。过了引入期，游戏运营就进入了成长期，网络游戏经过修改和调试，开启了所有功能，成为正式版。在这个时期，网络游戏厂商的营销重点是扩大用户群，并提高用户体验。通过开设新的服务区来承载大量新玩家，并在在线人数很多的情况下，保证服务器的稳定。

在网络游戏的玩家规模扩大后，网络游戏厂商可采用两部收费制，部分收回前期研发费用和运营成本。因为玩家在这个时期在金钱、时间、精力上对游戏的投入并不大，其转移成本较低。且游戏也需要进一步完善，提高用户体验。在这两个因素的作用下，网络游戏厂商需要权衡定价模式，在消费者可承受的价格上限和自身研发成本的底线间获得平衡。

第三，成熟期。进入成熟期后，厂商可通过不停地投放新的升级补丁、提供新的内容与玩法来留住玩家。因为这一时期，玩家与游戏区的数量相对稳定。按波士顿矩阵的划分，此时的网络游戏充当现金流的角色，投入少，营业收入多且稳定。网络游戏厂商已过了盈亏平衡点，前期研发费用和代理成本已收回，所以这一时期它们考虑的主要问题就是如何延长游戏的生命周期，降低玩家的流失率，而不是吸引新用户。

而且在成熟期，定价策略上适宜采用"免费"模式。从实践来看，《征途》《传奇》等游戏都是进入成熟期后盈利模式从计时模式转变为"免费"模式，扩大了营收和利润。另外，在成熟期，网络游戏的玩家数量最大，忠诚度最高，这也是网络游戏内嵌式广告收入的顶峰时期，广告主乐于投放广告，利用网络游戏的玩家规模和巨大的影响力。

第四，衰退期。经历了成熟期之后游戏就步入了衰退期。但由于网络游戏本身的特性与玩家高额的转换成本，网络游戏的衰退期较为缓慢。此阶段的营销重点是延缓玩家的流失率，并不着力于获得新的玩家。这一时期还会有新的游戏区出现，不过与成长期新开的游戏区不同，此时的服务区更多的是发挥补丁的作用，提供老的游戏区所不具有的特殊功能。此时，盈利模式仍以"免费"模式为主。另外，厂商可以挖掘游戏周边市场的潜力，如玩偶、服饰、生活用品等使游戏价值兑现；或者网络游戏公司通过有意的部署，将游戏慢慢退出市场，将维系运营这款游戏的力量和成本转移出来。

2. 差异化策略

我国网络游戏企业竞争激烈，研发团队不计其数，大的公司具备品牌优势和雄厚的实力，小的公司比拼创意和低成本，各显神通，而产品的同质化导致国内网络游戏市场呈现一片红海。如何在激烈的竞争中吸引玩家、扩大市场占有率？根据网络游戏产业的特性与相关数据的分析，我国网络游戏厂商一般通过游戏类型、游戏题材、收费模式、企业品牌等进行突破。

（1）游戏类型差异化

按不同的标准，可对网络游戏进行不同的划分。网络游戏，按题材可分为以下九大类：角色扮演、音乐、格斗游戏、竞速休闲、设计游戏、对战游戏、体育、策略模拟、益智休闲。角色扮演是网络游戏的主流类型，从《仙剑奇侠传》到《大话西游》都是角色扮演类网络游戏，且中国玩家大都长期受到武侠文化和传统文化的影响，金庸、古龙、梁羽生等作品民间的影响巨大，特别是对男性，所以快意恩仇、行侠仗义、英雄不问出处的武侠类 MMORPG（Massive Multiplayer Online Role-Playing Game）一直备受推崇。音乐、体育类网络游戏也有一定的用户群体，《劲舞团》也创造了其厂商久游网的成功，并引领了研发热潮。射击类网络游戏受玩家喜爱的程度一直在提高。其他类型网络游戏的用户偏好则比较低。

网络游戏还可按使用引擎的不同划分为 2D、2.5D 和 3D。2D 网络游戏是指二维交互式动画，以平面图形为展现形式；2.5D 网络游戏更多的是厂商的一种宣传噱头，市场上研发数量并不多，它与 2D 网络游戏的差别主要是游戏角色采用三维立体图形；3D 网络游戏则是游戏场景和人物皆采用三维立体图形，游戏体验更加身临其境，所以 3D 网络游戏用户数量相对也最大。

（2）企业品牌差异化

在网络游戏的研发力量中，欧美老牌厂商往往意味着游戏品质高，它们拥有很强的市场号召力，具有品牌优势，这也是国内众多厂商所希望获得的。例如国外著名游戏制作公司"Blizzard"，它成立于 1991 年，其产品在业界享誉极高，开发了魔兽争霸系列、星际争霸系列以及暗黑破坏神系列，魔兽争霸及星际争霸均被多项知名电子竞技比赛列为主要比赛项目。其在 2004 年公布要制作《魔兽世界》后，这一游戏就一直排在许多玩家"最令人期待游戏排行榜"的首位。同样，国内的游戏厂商，如网易、金山、腾讯等公司，其研发的游戏还未公测，就已经吸引了很多玩家打算试玩。与之形成鲜明对比的是，很多小型公司的产品制作精良、创意十足，但由于缺乏名气，很少能被市场追捧。可见，品牌效应对一款游戏的成功起到非常重要的作用。所以游戏厂商在日常运作中，要保证持续推出精品，提高用户体验，同时提高品牌的美誉度；并且在运营环节避免低俗营销，提高品牌形象。

3. 创新盈利模式

商业形态不断变化，盈利模式也要随之变化，因此没有一种特定的盈利模式能长期作为主流模式，盈利模式需要不断修改甚至是变革。盈利模式的创新，从根本上讲是商业模式的创新，是商业行为最本质的地方。它对网络游戏企业的研发、运营、组织架构等都会产生影响。

随着我国网络游戏产业的不断发展，盛行的"免费"模式已经在实际中显示出很多问题，我国网络游戏厂商正在调整盈利模式，转变网络游戏产业的颓势，扩大营收、引导潮流。以下几种盈利模式是目前网络游戏企业运用较多的。

（1）内嵌式广告模式

即网络游戏厂商在网络游戏中展示商业广告，为广告主的产品进行宣传，以此获得收入的一种商业行为。

广告主选择网络游戏作为其产品的广告途径，原因在于其认为网络游戏拥有以下优势：相较于传统媒体，网络游戏能将内嵌式广告体现得更加隐蔽和友好，玩家的反感程度会更低。另外，网络游戏玩家是具有潜在高消费能力及付费意愿的一族，而且，通过网络游戏广告可以快速、广泛传播，让数以万计的玩家关注。再者，网络游戏内嵌式广告有利于广告的精准投放和成本控制。广告主可以凭网站点击率获悉广告的效果，将广告投放前后销售数量的变化进行比对，分析广告是否值得投放从而做出调整。

对于网络游戏厂商，企业拥有很多投放内嵌式广告的资源，比如游戏人物的穿衣打扮、游戏场景的布置、虚拟物品的名词等，网络游戏作为一个虚拟世界，所涉及的物品也包括方方面面。这些资源都可以充分利用。为了保证游戏的质量和游戏玩家良好的体验，内嵌式广告的设计和投放必须和网络游戏和谐。一个比较好的例子是《跑跑卡丁车》这款网络游戏中的一个内嵌式广告，开发商将赛道周围的广告牌设计成类似于现实赛道周围的广告牌，供广告主投放广告，广告与游戏十分统一。

（2）售卖游戏周边产品模式

游戏周边产品市场，是随着游戏进入成熟期，市场份额与营业收入都非常丰富的市场。在该阶段中，如果网络游戏厂商拥有游戏的版权，可授权一些制造型企业或自己独立开发与网络游戏相关的产品，如以游戏人物为原型的玩具、服装、小说、生活用品等多系列商品，获得销售收入。

网络游戏厂商利用这种模式，一方面，可以兑现游戏产品的潜在价值，带来丰厚的利润。相关数据显示，在欧美、日本等网络游戏游戏产业比较成熟的市场，一款成功网络游戏的周边市场的销售收入和运营收入的比例为1：8。另一方面，周边产品可以扩大游戏的知名度，吸引新玩家进入游戏；也可以提高老玩家对游戏体验的认同感和归属感，降低流失率。

国外游戏周边市场的销售额一般是网络游戏产业产值的8~9倍。在日本，游戏与周边产品销售额的比率为3：7，欧美这个比率达到1：9。国内的游戏周边产品还处于起步阶段。造成这种局面的主要原因是：第一，网络游戏发展迅速，但未出现新老作品的有序交替，几大巨作大多为运营超过5年以上的游戏，处于成熟期的时间过长，新作没有足够的市场号召力；第二，占玩家较大比例的青少年无经济收入，支付能力差；第三，目前国内没有出现成功运营周边产品的厂商，缺乏开发、推广经验；第四，渠道不畅，国内没有专门的连锁店或电子商务网站进行游戏周边产品的铺货与销售，并且设计与制造出的可供选择的产品不是很多，消费者购买范围有限。

目前，在我国网络游戏厂商中，周边产品做得比较好的是腾讯游戏。腾讯利用其即时通信软件打造的平台优势和大规模的用户数量，让憨态可掬的企鹅形象深入人心，腾讯也顺势在动漫、文具、鞋帽、衣服等领域制造周边产品。在周边产品被购买的过程中，不仅带来了收益，也加深了市场对腾讯的接受度与腾讯产品的美誉度，产生了良好的相互促进作用。

（3）异业合作模式

该模式是指不同行业的公司进行合作，实现优势互补，在各自擅长的领域内为对方打开销路。这一模式需要双方商业理念先进，能够看到对方的比较优势及其与自身领域的交集，进而达到共赢的目的。

例如，完美世界投资3300万元人民币拍摄电影《非常完美》，并在影片中植入网络游戏《热舞派对》，事后公布的数据显示，《热舞派对》的在线玩家数量在电影放映后同比增长了10%。网络游戏作为一种娱乐方式越来越主流，有"第九艺术"之称。且一款成功运作的网络游戏，具有稳定的用户群体与市场影响力。如果网络游戏厂商能够顺应趋势，尝试与电影、电视、动漫等不同产业进行合作，实现双方的比较优势，通过优势互补来提高游戏的附加值，这对双方都是大有裨益的。

4. 渠道策略

（1）运营商与网吧联盟

网吧一直被运营商视作产品的推广平台，原因在于其具有汇聚终端用户资源的特性。在网络游戏产业链中，运营商与网吧的合作是双赢的典范。从运营商的角度来看：网吧的顾客是优质玩家的概率很大，一般游戏意愿强，且闲暇时间较多；通过与网吧形成联盟，加大推广力度，可加强用户基础。从网吧的角度来看：受追捧的网络游戏也给网吧带来了人气，且作为游戏点卡销售渠道所获得的收入，也是其重要的利润来源。

（2）建立在线销售系统

网络游戏刚刚出现的时期，宽带尚未普及，多数玩家大都选择在网吧玩网络游戏，客户端软件少则几十兆多则几百兆，下载耗时较长，游戏点卡也多以实物卡的形式存在。因此，最初的游戏渠道以线下为主，研发与运营厂商依据一定的比例进行分成。但随着网络技术的发展和宽带的普及，厂商可直接接触消费者。通过搭建在线销售平台，以电商的形式进行分销，可大幅度地降低成本，提高利润。从玩家的角度来看，消费更加便利，且中间环节的减少也降低了游戏的成本。

5. 整合营销策略

整合营销是这样一种营销理念与方法：在一个统一的营销目标的前提下，分析各种营销工具和手段的优势与劣势，根据市场环境进行选择性的采用和综合，加强各方在交互中的优势，降低劣势，产生 $1+1>2$ 的协同作用。这些独立的营销工具和手段包括广告、平台、公关事件、销售促进等。

采用整合营销的理念，是因为在竞争日益激烈的行业环境下，如何发挥和整合各种手段，提高推广效果并降低成本，是每一个游戏厂商面临的挑战。

（1）广告投入

广告与其他营销手段相比，虽然成本较高，但是受众面广，能在短时期内就引起玩家的注意。网络游戏本质上也是体验经济，如果玩家受到广告吸引而体验游戏，且游戏体验符合其需求，玩家就会选择继续游戏；如果游戏体验与广告宣传存在一定的距离，玩家则会离开游戏。这样留下的玩家就对游戏产品拥有了一定的忠诚度，并有较高的付费转化率。这也是广告希望达到的目的，如果没有广告的投入，玩家规模扩展的可能性就比较低。目前随着游戏产业竞争的日益激烈，各大厂商纷纷依据实际情况加大广告投入。

（2）渠道拉动

网吧、网络运营商和高校是网络游戏营销典型的渠道。网吧和高校都具备上网条件，其成员转换为玩家的可能性大。网吧渠道是一个精准且成本较低的渠道。对于高校渠道来说，本身高校学生在网络游戏玩家的职业分布中所占比重就比较大，通过活动的方式，能将产品以最快的速度介绍给学生，有利于在短期内吸引休闲时间多且支付力度强的群体。

（3）平台营销模式

平台营销对厂商各方面的要求比较高，在平台建立的过程中，其自身的用户规模、品牌的建设力度和建设时机都影响着平台的影响力和市场占有率。目前国内平台营销做得最成功的是腾讯，因为其即时通信工具有海量的用户，以此为出发点，拓展产品线，开发一系列应用和平台，满足用户多种需求，也防止了用户的流失。其他厂商如果联合运营业务规模比重大，也可加大自身平台建设的投入；或者与市场上占比高的平台进行合作，即使前期签署的合同在利润分成上条件较为苛刻，但与其高额的市场回报相比也是值得的。

6. 社会形象策略

自网络游戏开始成功运营以来，公众对于网络游戏的评价就褒贬不一。公众对网络游戏的评价不高的原因在于认为玩网络游戏会玩物丧志、浪费时间，甚至会引发社会问题，而这样的认知对网络游戏并不公平。其实，游戏是人类长期发展的过程中出现的一种放松方式。网络游戏，是基于一定的电脑技术创造一个虚拟环境让玩家体验。网络游戏本身是中性的，关键是商家如何引导，消费者如何利用。而且应该挖掘网络游戏的教育潜质，特别是随着科技的发展，人们的生活越来越离不开网络。

首先，加大网络游戏知识载体的作用。例如《春秋争霸 OL》等一些以历史题材为背景的游戏，玩家在体验游戏、拥有强烈的代入感的时候，会无意识地学习到各种知识，学到领兵作战的策略，学到各种武器装备的作用，学到在虚拟城市中生活的各种知识，学到如何与队友合作突击。对于这些知识，无须教师和家长的耳提面命、反复教授，玩家会在游戏中自发去观察、研究、比较、尝试和总结，这无疑是个学习的过程，而且是全方位的、自发性的学习。

其次，情节与关卡设计上侧重锻炼玩家思维方式、提高智力、陶冶情操。例如玩家在传统的棋牌类休闲游戏中相互切磋，提高了自己的技艺与迎战水平。而且从游戏中的射击、舞蹈类运动到 MMORPG 游戏中的生存和发展体验，都能够提高玩家对节奏的把控、对危机的迅速反应、对团队协作的适应等能力。

最后，网络游戏在现代网络教育中的作用不可低估。目前，美、日、韩等国的游戏开发商都已经看到了网络游戏的这一特质，并进行了相应的研发与运营方向的转变。专注于儿童游戏市场的淘米公司，其有针对性的产品不仅赢得了儿童和家长的信任，也使企业获得了巨大的成功。对于国内的游戏厂商而言，这是非常值得学习和借鉴的。

7. 海外策略

在网络游戏产业链中，在利润的划分中，运营商通过营销等增值服务能获得利润的 30%，可见营销的重要性。而有实力的运营商，为了扩展产品线，往往同时代理数款产品。营销资源的合理投放要与市场走向相一致，这样代理商必然根据产品的优劣来决定资源投入的力度。而游戏产品的市场接受度和盈利状况如何，未经市场检验都处于未知阶段。在网络游戏行业激烈的竞争环境下，如果不加大对游戏的营销力度，就不能吸引足够多的玩家，扩大游戏的知名度，进而无法使运营产生良性循环。所以如何选择合适的游戏以及如何控制营销力度，都是具有风险的。

而在网络游戏出口方面，2010 年以前，可以说完美世界多年来一枝独秀，其海外的运营收入和授权收入可占网络游戏出口整体收入的 25% 和 30%；2011 年开始，网络游戏出口呈现集团式崛起的趋势。例如 2011 年第一季度，盛大游戏海外总营收达 1020 万美元，同期增长率为 46%；第二季度，达 1130 万美元。其营业额虽然只有完美的 1/3，但增长迅猛。还有蓝港在线的《佣兵天下》，上海锐战的《傲视天地》等。美、日、韩、新加坡以及东南亚等海外市场，都纷纷出现了中国自主研发游戏的身影。

随着国内游戏产品供大于求的加剧，同质化与竞争不断升级，完美世界等游戏厂商在国外获得良好的收益。加之中国政府机构对"走出去"战略的支持，国内网络游戏厂商国际化的步伐会越来越大。但中国网络游戏厂商在此进程中也会面临如何在不同的产业环境下打造新的运营模式、把握玩家心态、实现游戏本土化、与当地其他环节厂商进行合作的挑战。

实行网络游戏出口策略，要从产品的研发入手，根据当地消费者的消费行为和心理进行设计，并留下足够的空间进行后期调整和本土化。企业应依据海外市场规模、市场成熟度、消费者的消费水平对市场进行细分，并采取不同的研发运营策略和组织架构的设计。第一类如北美市场，市场规模增幅大，这样可在当地建立子公司负责游戏的独立运营；第二类为日韩和中国的台湾地区，可采取合资或自主运营的经营方式；第三类为东南亚和欧洲的一些国家，这类市场可采用授权或合资的方式进入。

出口海外的游戏版本，需要学习当地的法律法规，尊重当地的风俗，做好本土化，不仅在人物形象的设计上要参照当地文化推崇的美的标准，在世界观、游戏准则的设计上更要尊重当地主流的价值观。

（二）趣游公司的营销策略

1. 产品策略

（1）企业整体产品分析

第一，核心产品。趣游公司的核心产品是丰富多彩的游戏体验，通过游戏传播中国文化，让更多的人了解和热爱中国文化。

第二，实体产品。趣游公司的游戏分为两类，分别是 B2B 研发游戏和 B2C 平台运营游戏。B2B 产品主要指趣游公司自主研发的游戏产品，如《横扫天下》；B2C 产品主要指趣游公司代理运营的游戏产品。这两类产品严格说来均属于服务产品，消费者通过线上支付购买游戏道具来获得相关的游戏体验，因此游戏本身并不收费，但进入游戏后购买游戏道具需要付费，因此公司的实体产品是游戏中的各类道具。

第三，延伸产品。趣游公司为网络游戏玩家提供的延伸产品包括游戏在线支持服务、游戏版本的持续升级与 BUG 修正、网络游戏道具的升级服务、游戏外围软件相关支持服务以及道具购买的支付工具等。

（2）产品组合

趣游公司拥有四大主营业务，分别为全球运营平台业务、互动游戏发行业务、移动互联网业务以及品牌合作（见图 5-1）。目前主要运营的是全球运营平台业务和互动游戏发行业务。

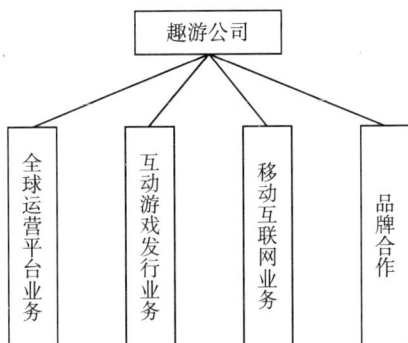

图5-1 趣游公司主营业务①

第一，全球运营平台业务包括五个网站，分别为：哥们网、牛A网页游戏平台、我顶网、跟我玩网和西游网。它们运营的网络游戏分别如表5-1、表5-2、表5-3、表5-4、表5-5所示。

表5-1 哥们网运营游戏列表

哥们网	天书世界
	神魔三国
	格斗江湖
	黑暗之光
	天书
	傲剑2
	万世
	天罡北斗

资料来源：趣游公司网站 www.gamewave.net。

表5-2 牛A网页游戏平台运营游戏列表

牛A网页游戏平台	傲剑
	傲剑绿色版
	仙域
	傲视天地
	九龙朝
	诛神
	凡人修真

资料来源：趣游公司网站 www.gamewave.net。

---

① 资料来源：趣游公司网站 www.gamewave.net。

表 5-3　跟我玩网运营游戏列表

跟我玩网	仙域
	傲剑
	武林英雄
	凡人修真 2
	九龙朝
	大闹天宫
	傲剑 2
	三国魂

资料来源：趣游公司网站 www.gamewave.net。

表 5-4　我顶网运营游戏列表

我顶网	桃园结义	大唐真龙贰
	赤月传说	仙纪
	傲剑 2	盛世三国
	横扫天下	明朝传奇
	七杀	明珠三国
	天界	植物大战僵尸
	九龙朝	小小忍者
	傲剑	神仙道
	大将军	凡人修真
	新梦幻之城	斗破苍穹
	仙落凡尘	梦幻飞仙
	大侠传	

资料来源：趣游公司网站 www.gamewave.net。

表 5-5　西游网运营游戏列表

西游网	天书	秦美人
	龙城铁骑	诛神
	无上神兵	神仙道
	三国武神	洛神
	九星天辰诀	九州
	黑暗之光	神魔三国
	百战	求魔
	封天战神	奇迹归来
	傲剑	乔峰传
	横扫天下	龙破九天

西游网	傲剑 2	真三国乱舞
	风云无双	风色轨迹
	九龙朝	魔龙诀

资料来源：趣游公司网站 www.gamewave.net。

第二，互动游戏发行业务包括 ARPG 大型网页游戏、3D 大型网页游戏、Q 版 MMORPG 大型回合制网页游戏、SLG 策略型网页游戏以及休闲游戏。

ARPG 大型网页游戏包括《仙域》、《傲剑》、《传承》和《诛神》；3D 大型网页游戏包括《天兵传奇》和《龙枪》；Q 版 MMORPG 大型回合制网页游戏包括《问剑》、《梦回西游》和《仙劫》；SLG 策略型网页游戏为《凡人诛仙》，休闲游戏为《梦幻岛》。

（3）网络游戏产品生命周期分析

网络游戏的生命周期一般可以划分为测试期、成长期、成熟期和衰退期四个阶段。通过对市场上主要游戏搜索指数变化的研究，可以发现在不同阶段，游戏都会受营销活动的强度、季节性因素、政策变化、玩家口碑、外挂、新游戏等因素影响。

第一阶段，测试期——搜索为玩家获取信息的主要方式之一。一般来说，无论是收费游戏的"Come-Pay-Stay"模式，还是免费游戏的"Come-Stay-Pay"模式，在测试期吸引足够多的玩家"Come"都会对后期的运营产生重要影响。如何让更多的玩家知道这个游戏并能有实际操作或者观看的机会是这一时期的重点，因而运营商会选择各种方式对游戏进行宣传，以吸引用户的主动关注。在公测之前，大部分玩家只能通过厂家披露的消息、内测玩家的意见等了解一款游戏，搜索成了最便捷有效获取相关信息的主要方式。从搜索指数看，一般在公测日期附近会出现搜索指数的第一个峰值，之后，部分玩家由于对游戏的认知度、操作感、美术、音效等的不满意而离开，造成搜索指数有短期的下降。由于这一阶段的玩家以资深游戏玩家为主，且玩家数量相对较少，还未形成足够的人气，因而部分玩家的离开短期内对搜索量影响较大。

另外，由于游戏相关的信息还较少，玩家关注的信息也没有明确的指向，因而大多通过游戏名称进行模糊的检索，以获取游戏官方、非官方的各类信息。

从测试器指数走势看，其存在两种变化形态：左偏型，即游戏未到公测期，检索量就开始"跳水"，多见于测试期游戏 BUG 太多或前期过度宣传；右偏型，指前期宣传不足或在内测期间获得好评，得到部分资深玩家推荐，玩家的口碑传播或者营销力度较大，使越来越多的玩家开始关注、加入游戏。

第二阶段，成长期——营销推广带来波浪式上升。一般来说，经过测试期的筛选，游戏的各种玩点是玩家关注和持续游戏的主要驱动力。经历测试末期、运营初期关注度持续下降并至谷底后，由于部分核心玩家的认可和口碑传播，以及在版本更新、副本开放、营销宣传力度加大、系统维护等因素影响下，网络游戏指数呈波浪式上升。

在这一阶段，玩家仍然主要通过游戏名称进行检索，但比例开始下降。非官方软件、游戏攻略等信息的搜索量开始上升，还可能有部分新玩家开始关注。

此外，在这个阶段，整个游戏系统的细节性才渐渐凸显出来。部分在测试期就表现一般的游戏在此时显现出各种弊端，同时，外挂开始大量出现，导致这类游戏的可玩性迅速下降。部分资深玩家的离去更加速了其他玩家的离去。这种情况下，游戏搜索指数会持续下降。

第三阶段，成熟期——搜索关键词多元化。在游戏的成熟期，核心玩家群体已经形成并逐渐发展壮大，新玩家也会不断加入。在游戏副本开放、版本升级等因素的影响下，这一时期的搜索量会达到多个阶段性峰值，然后开始衰退。根据游戏品质、运营方式的不同，游戏成熟期的时间长短也不同。

这一阶段的检索关键词中，游戏名称所占比例进一步下滑，账号、非官方软件、游戏攻略等信息的检索量快速上升。此外，新游戏的出现一般会导致官网玩家的离开，但游戏检索量则仍会上升。

第四阶段，衰退期——玩家分流，指数下跌。在游戏的衰退期，不仅运营收入下降、游戏推广力度减弱，游戏的检索量也逐渐下降。除少量忠实玩家外，大部分玩家会被新游戏和其他游戏分流。

这一阶段的检索关键词中，新游戏的比例进一步加大，外挂和攻略仍有一定的搜索量。从延长游戏生命周期的角度考虑，运营模式改革、产品版本创新和产品系列化是延长游戏生命周期的有效手段。

（4）品牌策略

品牌策略有四种类型，分别为：产品线扩展策略、多品牌策略、新品牌策略、合作品牌策略。

第一，产品线扩展策略。产品线扩展指企业现有的产品线使用同一品牌，当增加该产品线的产品时，仍沿用原有的品牌。这种新产品往往都是现有产品的局部改进，如增加新的功能、包装、式样和风格等。通常厂家会在这些商品的包装上标明不同的规格、不同的功能特色或不同的使用者。

产品线扩展的原因是多方面的，如充分利用过剩的生产能力；满足新的消费者的需要；率先成为产品线全满的公司以填补市场的空隙，与竞争者推出的新产品竞争或得到更多的货架位置。产品线扩展的利益有：扩展产品的存活率高于新产品，而通常新产品的失败率在80%~90%；满足不同细分市场的需求；完整的产品线可以防御竞争者的袭击。产品线扩展的不利影响有：它可能使品牌名称丧失其特定的意义。产品线的不断加长，会淡化品牌原有的个性和形象，增加消费者认识和选择的难度；有时原来的品牌过于强大，会导致产品线扩展造成混乱，加上销售数量不足，难以冲抵它们的开发和促销成本；如果消费者未能在心目中区别出各种产品时，会造成同一种产品线中新老产品自相残杀的局面。

第二，多品牌策略。在相同产品类别中引进多个品牌的策略称为多品牌策略。证券投资者往往同时投资多种股票，一个投资者持有的所有股票的集合就是所谓的证券组合（Portfolio），为了减少风险、增加盈利机会，投资者必须不断优化股票组合。同样，一个企业建立品牌组合，实施多品牌策略，往往也是基于同样的考虑，并且这种品牌组合的各个品牌形象之间是既有差别又有联系的，不是"大杂烩"，组合的概念蕴含着整体大于个别的意义。

首先，培植市场的需要。没有哪一个品牌可以单独培植一个市场。尽管某一品牌起初一枝独秀，但一旦等它辛辛苦苦开垦出一片肥沃的市场，其他人就会蜂拥而至。众多市场竞争者共同开垦一个市场，有助于该市场的快速发育与成熟。当市场分化开始出现时，众多市场贡献者的广告战往往不可避免，其效果却进一步强化了该产品门类的共同优势。有的市场开始时生气勃勃，最终却没有形成气候，其原因之一在于参与者寥寥。一个批发市场如果只有两三间小店，冷冷清清，该市场就不是什么市场了。多个品牌一同出现是支持一个整体性市场所必需的。以个人计算机（简称

PC）市场为例，如果只有苹果一家企业唱"独角戏"，没有其他电脑厂家跟进，绝对不可能形成今天这样火爆的 PC 市场。

多个品牌使企业有机会最大限度地覆盖市场，没有哪一个品牌能单枪匹马地占领一个市场。随着市场的成熟，消费者的需要逐渐细分，一个品牌不可能保持其基本意义不变而同时满足几个目标。这就是有的企业要创造数个品牌以对应不同的市场细分的初衷。另外，西方零售商自我品牌的崛起向制造商发出了有力的挑战，动摇着制造商在树立和保持品牌优势上的主动性和统治地位。多品牌战略有助于制造商遏制中间商和零售商控制某个品牌进而左右自己的能力。

多品牌提供了一种灵活性，有助于限制竞争者的扩展机会，使竞争者感到每一个细分市场的现有品牌都是进入的障碍。在价格大战中捍卫主要品牌时，多品牌是不可或缺的。把那些次要品牌作为小股部队，给发动价格战的竞争者以迅速的侧翼打击，有助于使挑衅者首尾难顾。与此同时，核心品牌的领导地位则毫发无损。领先品牌肩负着保证整个产品门类的盈利能力的重任，其地位必须得到捍卫；否则，一旦它的魅力下降，产品的单位利润就难以复升，最终该品牌将遭到零售商的拒绝。

其次，突出和保护核心品牌。在保护核心品牌形象的时候，多品牌的存在更显得意义重大，核心品牌在没有把握的革新中不能盲目冒风险。例如，为了捍卫品牌资产，迪斯尼企业在其电影制作中使用多个品牌，使得迪斯尼企业可以产生各种类型的电影，从而避免了损伤声望卓著的迪斯尼的形象。在西方，零售系统对品牌多样化的兴趣浓厚，制造商运用多品牌策略提高整体市场份额，以此增加自己与零售商较量的砝码。所以，多品牌策略有助于企业培植、覆盖市场，降低营销成本，限制竞争对手和有力地回应零售商的挑战。

最后，多品牌策略的优劣性。多品牌策略虽然有着很多优越性，但同时也存在诸多局限性。

一方面，随着新品牌的引入，其净市场贡献率将呈现一种边际递减的趋势。经济学中的边际效用理论告诉我们，随着消费者对一种商品消费的增加，该商品的边际效用呈递减的趋势。同样，对于一个企业来说，随着品牌的增加，新品牌对企业的边际市场贡献率也将呈递减的趋势。这是由于企业的内部资源有限，支持一个新的品牌有时需要缩减原有品牌的预算费用；同时，企业在市场上创立新品牌会因为竞争者的反抗而达不到理想的效果，竞争者会针对企业的新品牌推出类似的竞争品牌，或加大对现有品牌的营销力度。此外，另一个重要的原因是，随着企业在同一产品线上品牌的增多，各品牌之间不可避免地会侵蚀对方的市场。在总市场难以骤然扩张时，很难想象新品牌所吸引的消费者全部都是竞争对手的顾客，或是从未使用过该产品的人，特别是当产品差异化较小或是同一产品线上不同品牌定位差别不甚显著时，这种品牌间相互蚕食的现象尤为显著。

另一方面，品牌推广成本较大。企业实施多品牌策略，就意味着不能将有限的资源分配给获利能力强的少数品牌，各个品牌都需要一个长期、巨额的宣传预算。对有些企业来说，这是可望而不可即的。

第三，新品牌策略。为新产品设计新品牌的策略称为新品牌策略。当企业在新产品类别中推出一个产品时，它可能发现原有的品牌名不适合于新产品，或是对新产品来说有更好、更合适的品牌名称，企业需要设计新品牌。例如，春兰集团以生产空调而著名，当它决定开发摩托车时，发现使用春兰这个女性化的名称就不太合适，于是采用了新的品牌"春兰豹"。又如，原来生产保健品的养生堂开发饮用水时，使用了更好的品牌名称"农夫山泉"。

第四，合作品牌策略。合作品牌（也称为双重品牌）是两个或更多的品牌在一个产品上联合起来。每个品牌都期望另一个品牌能强化整体的形象或购买意愿。

合作品牌的形式有多种。一种是中间产品合作品牌，如富豪汽车公司的广告说，它使用米其林轮胎；另一种形式是同一企业合作品牌，如摩托罗拉公司的一款手机使用的是"摩托罗拉掌中宝"，掌中宝也是公司注册的一个商标；还有一种形式是合资合作品牌，如日立的一种灯泡使用"日立"和"GE"联合品牌。

趣游公司采用多品牌策略。

（5）服务策略

网络游戏产品的本质是服务，服务价值是玩家客户价值要素中的支持性价值要素，也就是说，虽然它并不是目前最为重要和关键的要素，但却是接触游戏后的玩家对服务的价值感知。作为一种纯服务性和体验性的商品，从本质上讲，服务是促使网络游戏与玩家产生联系的直接因素，它可以决定游戏是否有机会得到玩家的关注，因此对新游戏的市场推广来说，服务的完善是极为重要的。

趣游公司向游戏玩家提供多种服务，通过高质量的、完善的服务吸引和留住玩家。

第一，趣游公司通过强大的研发团队，向游戏玩家提供众多题材的网络游戏，且根据玩家的游戏体验，不断完善游戏，提供新的关卡、新的游戏场景以及新的游戏道具等，不断更新客户的游戏感知，增强游戏玩家的黏性，鼓励玩家留在游戏中并成为持续的消费客户。

第二，通过游戏支持人员提供新手引导服务。对于新进入游戏的玩家来说，对游戏的背景、进程、游戏中的情节等都不了解，此时若不对游戏玩家进行引导，则极有可能导致玩家的流失。因此，趣游公司组建了强大的游戏支持团队，对新进入的玩家进行引导服务，玩家可以通过键入关键词呼出服务人员，并进行相关的咨询互动。

第三，针对活跃的游戏玩家进行信息推送。每逢节日，网络游戏都会进行相关的活动来烘托气氛、鼓励消费，吸引更多的游戏玩家进入。在吸引新玩家的同时，趣游公司也会针对既有的游戏玩家进行游戏促销，通过发送短信和邮件的方式通知玩家及时参与活动，获得相应的优惠等。同时，针对老玩家趣游公司还会推出各种与新手不同的活动，以体现游戏对老玩家的支持。

2. 价格策略

价格策略是指企业通过对顾客需求的估量和成本分析，选择一种能吸引顾客、实现市场营销组合的策略。价格通常是影响交易成败的重要因素，同时又是市场营销组合中最难以确定的因素。企业定价的目标是促进销售、获取利润。这要求企业既要考虑成本的补偿，又要考虑消费者对价格的接受能力，从而使定价策略具有买卖双方双向决策的特征。此外，价格还是市场营销组合中最灵活的因素，它可以对市场做出灵敏的反应。

（1）定价策略

趣游公司采用的定价策略包括折扣定价策略和心理定价策略，心理定价策略的主要表现形式是组合定价策略。

第一，折扣定价策略。折扣定价是指对基本价格做出一定的让步，直接或间接降低价格，以争取顾客、扩大销量。其中，直接折扣的形式有数量折扣、现金折扣、功能折扣、季节折扣，间接折扣的形式有回扣和津贴。

趣游公司针对折扣定价策略，主要采用了数量折扣和间接折扣的形式。

数量折扣指按购买数量的多少，分别给予不同的折扣，购买数量越多，折扣越大。其目的是鼓励大量购买，或集中向本企业购买。数量折扣包括累计数量折扣和一次性数量折扣两种形式。一次性数量折扣规定一次购买某种产品达到一定数量或购买多种产品达到一定金额，则给予折扣优惠，其目的是鼓励顾客大批量购买，促进产品多销、快销。趣游公司采用一次性数量折扣的形式，游戏玩家一次性购买游戏道具达到一定的数量，就可以享受相应的数量折扣。

间接折扣包括回扣、津贴以及其他变相的补贴形式。趣游公司在游戏运营中采用消费积分制度，游戏玩家在游戏中购买的装备等消费都会有积分记录，积分达到一定的数额就可以换取实物礼品，这也是间接折扣的一种形式。

第二，组合定价策略。组合定价策略是指对相互关联、相互补充的产品采取不同的定价策略，以迎合消费者的某些心理，属于心理定价策略之一。对于一些既可单独购买，又可成套购买的商品，实行成套优惠价格，称组合定价。

趣游公司针对网络游戏的特点，对网络游戏中的服装、武器等道具进行组合定价，即道具既可以单独购买，也可以成套购买，成套购买的价格要低于单独购买的价格，鼓励游戏玩家在购买道具的时候按照游戏提供的组合进行购买，以达到最佳的游戏体验。

（2）价格调整策略

第一，降价策略。针对处于产品生命周期成熟期和衰退期的游戏，对其游戏道具适当降价，可以增加道具的销售额，吸引和留住更多的玩家，减缓游戏衰退的过程。

第二，提价策略。针对处于成长期的游戏，可以适当提高价格。这一阶段游戏玩家的游戏黏性较高，一般不会轻易离开游戏，因此这一阶段是较好的撇脂期，在这个阶段提价可以提高运营商的整体利润水平。

3. 分销策略

分销就是使产品和服务以适当的数量和地域分布来适时地满足目标市场的顾客需要。分销策略是市场营销组合策略之一。它同产品策略、促销策略、定价策略一样，是企业能否成功地将产品打入市场、扩大销售，实现企业经营目标的重要手段。分销渠道策略主要涉及分销渠道及其结构；

分销渠道策略的选择与管理；批发商与零售商及实体分配等内容。

趣游公司的游戏分销主要通过两个渠道：一个是通过公司的游戏平台进行分销；另一个是放出运营权给其他游戏公司。

针对不同的游戏产品类型，趣游公司采用不同的分销渠道。

第一，自主研发的游戏，如横扫天下。针对这类游戏，公司主要采用的渠道是旗下所属的游戏运营平台，如跟我玩、我顶网等，以及百度、360等第三方游戏平台。

第二，独家代理的游戏。针对这类游戏，趣游公司主要在自己的游戏平台上进行运营。

4. 促销策略

促销策略是市场营销组合的基本策略之一。促销是指企业通过人员推销、广告、公共关系和营业推广等各种促销方式，向消费者或用户传递产品信息，引起他们的注意和兴趣，激发他们的购买欲望和购买行为，以达到扩大销售的目的。

趣游公司的促销策略主要包括道具打折、游戏内部活动、连续签到送道具等。

在特定的节假日，针对某些游戏道具进行打折促销，不仅可以烘托节日氛围，增添节日气氛，还可以吸引更多的游戏玩家进入，让原有的老玩家得到更多的实惠。

除此之外，游戏内部还定期组织活动，如每周末组织特定的通关活动，给游戏玩家以丰厚的回报，鼓励玩家在周末长时间进行连续游戏。有些游戏还定期组织玩家见面活动，鼓励玩家的线下交流，借此增加游戏的黏性，提高玩家对游戏的信赖感。

针对玩家持续流失的问题，趣游公司设计了连续签到送道具的促销活动，玩家只要每天进入游戏签到，达到一定的天数，就可以获赠相应的游戏道具。这类活动不仅可以鼓励玩家持续上线，提高游戏的同时在线人数，更可以吸引其他游戏的玩家进入游戏，是一举多得的促销策略。

四、趣游公司的盈利模式

(一) 网络游戏公司的一般盈利模式

1. 收费模式

网络游戏公司的收费模式如图 5-2 所示。

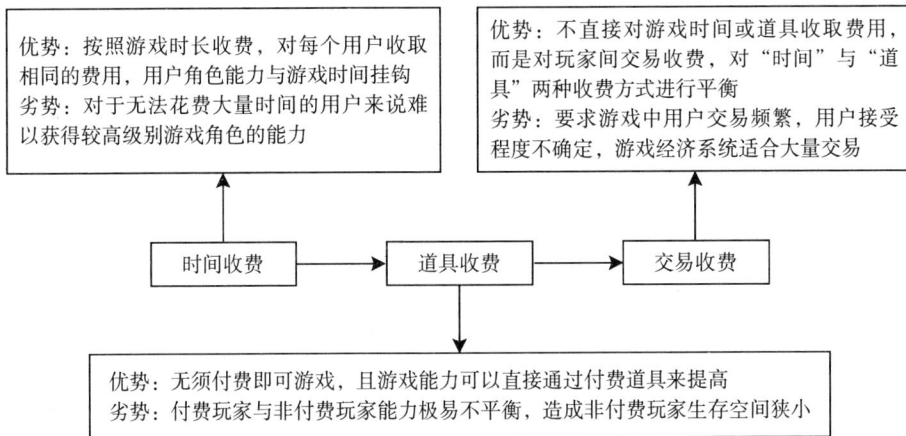

图 5-2　网络游戏公司的收费模式①

(1) 时间收费模式

时间收费模式又叫"计时收费"模式，即按照游戏时间进行收费，每个用户支付相同的费用，用户角色的生存和发展与游戏时间成正比。这对于无法花费大量时间的用户来说，就难以获得较高级别游戏角色的能力。时间收费模式是华义公司于 2001 年推出的，伴随着网络游戏的兴起而产生。2005 年之前计时收费模式一直都是网络游戏厂商普遍采用并行之有

① 庹祖海. 中国网络游戏商业模式的发展和变革 [J]. 华中师范大学学报（人文社会科学版），2010（4）：111-116.

效的一种盈利模式。玩家对这种收费方式接受度也较高，游戏环境相对公平。在我国一直风靡的《魔兽世界》，现在仍然采用这种收费模式，业绩也一直非常可观。

虽然计时收费这种盈利模式在促进我国网络游戏发展方面发挥了积极的作用，但市场反应显示道具收费模式更有生命力。"永远免费"的噱头也受到了更多玩家的追捧。另外，随着游戏防沉迷系统的正式实施，客观上也缩短了玩家的在线游戏时间。在这些因素的综合影响下，时间收费模式已经无法再成为网络游戏产业的主流收费模式。

（2）道具收费模式

道具收费模式又叫"免费"模式，是 2005 年在我国出现的，成为我国网络游戏产业发展的一个里程碑，而这一里程碑的奠基者，正是我国具有重大网络游戏市场份额的盛大公司。盛大公司在运营《传奇》时盈利方式的大胆创新，也引领了增值服务成为主流的网络游戏收费模式。

在此模式下，玩家的游戏时间是免费的，这也成为众多网络游戏厂商吸引玩家的一个最主要的卖点。网络游戏厂商通过售卖游戏中特殊的虚拟物品获得收入。打着"免费"标语的网络游戏并不免费，玩家碰到需求，小到让自身角色更加漂亮，大到要打造某种装备从而完成高等级任务，都需要付费购买这些游戏增值品。游戏厂商在设计增值道具时，一般不仅仅从盈利出发设计增值物品，因为这样会破坏游戏的平衡性，让玩家感觉厂商只是为了圈钱，无公平性而言，从而退出该款游戏。

（3）交易费用

此模式下，网络游戏中在线时长和增值物品全部免费，厂商只对用户之间进行的交易收取一定比例的费用，以此作为盈利点。这样，"时间"与"道具"两种收费模式在这里就得到了平衡。但采用这种交易模式的前提是游戏中用户交易量大且频繁，网络游戏玩家对这种模式的接受程度一般。因此这种模式实际实施时间不长，风险较大。

巨人在《征途 2》中大力推行"公平模式"，实践了网络游戏新的商业模式，这一模式是收取网络游戏中虚拟物品交易所产生的"交易税"。蓝港在线运营的《佣兵天下》也采取了这种收费方式。不过相比巨人《征途 2》"一刀切"的 5%的税率，《佣兵天下》的交易税区间划分得更为细致，并且增加了"打工模式"——付费玩家可雇佣非付费玩家，这样经济体系更加发达，也促进了货币的流通。这两种新收费模式的使用是否能挽回网络游戏市场份额逐年萎缩的趋势尚不得而知，但对网络游戏盈利模式的创新是非常有益的尝试。

2. 中国网络游戏玩家对收费模式的偏好

《2011~2012年网络游戏用户行为研究报告》提供的数据表明：用户偏爱道具付费，反馈比例自2009年的46.4%下降至2010年的37.1%，再降至2011年的38.05%，下降态势明显。从这一趋势可以看出，目前用户对于道具付费的模式已经有较大程度的不满，用户的消费意愿被过度透支。

偏好在线时间收费的用户占比为18.49%，包月制的用户占比为26.37%（见图5-3），这两项的用户喜好程度交替上升。可以看出的是用户对于理智的新型的收费模式的渴望，如何使得用户的付费意愿及所获得的娱乐感得到平衡，是未来游戏开发商需要思考的问题。

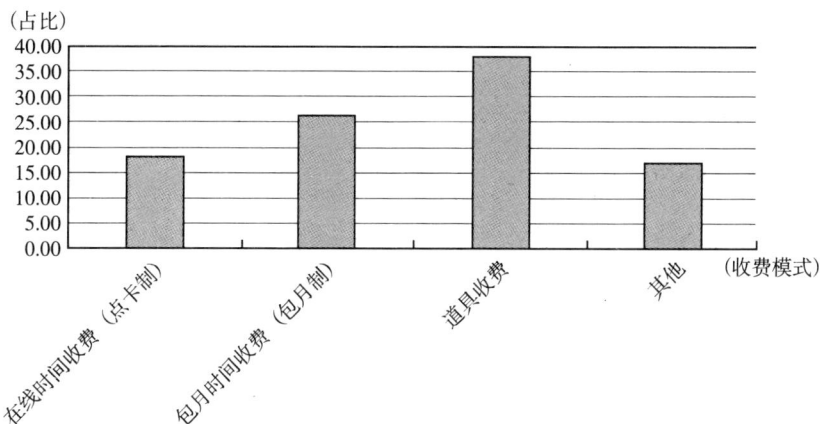

图5-3　中国网络游戏用户收费模式偏好①

从表5-6可以看到，除了网易公司的《大话西游》按时间收费外，其他的都为按道具收费。如网易另外运营的《倩女幽魂》；趣游运营的《天龙八部》与《鹿鼎记》；盛大运营的《星辰变》、《鬼吹灯》与《仙境传说》；完美世界运营的《诛仙》与《倚天屠龙记》；蓝港在线运营的《佣兵天下》与九城运营的《三国群英传Ⅱ》。

---

① 《2011~2012年网络游戏用户行为研究报告》，艾瑞咨询集团 www.ireasearch.com。

表 5-6　代表性网络游戏收费模式

网络游戏	收费模式	运营商
大话西游	按时间收费	网易
倩女幽魂	按道具收费	网易
天龙八部	按道具收费	趣游
鹿鼎记	按道具收费	趣游
星辰变	按道具收费	盛大游戏
鬼吹灯	按道具收费	盛大游戏
仙境传说	按道具收费	盛大游戏
诛仙	按道具收费	完美世界
倚天屠龙记	按道具收费	完美世界
水浒	按道具收费	金山
梦幻聊斋	按道具收费	麒麟
天元	按道具收费	网龙
佣兵天下	按道具收费	蓝港
三国群英传Ⅱ	按道具收费	九城

资料来源：《2011~2012 年网络游戏用户行为研究报告》，艾瑞咨询集团 www.ireasearch.com。

3. 主流盈利模式的缺点

盛大的免费模式，随着我国网络游戏形态的变化，其弊端也日益凸显，可以归纳为以下两点：

（1）促使网络游戏厂商片面逐利

网络游戏的用户群体中青少年占了很大的比例，正是青少年这一消费群体的特殊性，要求网络游戏厂商在追逐利润的时候，也要考虑到自身的社会属性，担负起社会责任，引导并促进青少年的健康成长，而不只是将其作为利润来源。目前这种"免费"模式客观上导致了许多青少年的沉沦，原因在于无论玩家在线时长多少都是免费的。而且一些网络游戏厂商为了提高道具的利润，盲目扩大投放数量。在游戏规则的设置中，也是拥有超级道具即拥有了话语权。即使玩家利用道具恶意 PK 或杀人抢劫也不会有相应的制裁，在这样的虚拟世界中，金钱与暴力就是唯一的法则，正义与公平荡然无存。游戏玩家只能通过购买超级武器等道具来获得战斗力的提升，并进行相互 PK 来获得游戏的快感。《征途》是具有这种特点的代表性游戏，被中国青少年网络协会评为危险级，社会各界对其讨伐与反思的声音也不绝于耳。

（2）破坏游戏的平衡性

网络游戏是一个虚拟的世界，但是玩家的交易关系却真实存在，且受到经济规律的支配。道具的数量如何控制、道具的价格如何确定都会对玩家公平的游戏体验产生影响。虽然"免费"模式给了消费者不同的选择：有时间的花时间，没时间的花钱，但时间和金钱间如何进行换算，是影响游戏平衡性的根本问题。虚拟物品的价值应该等同于为了获得同样的物品和功能，玩家在游戏中花费的时间和精力。但现实情况下，网络游戏经济体系的平衡性，往往因为游戏厂商短视的逐利性而受到破坏。厂商经常投放过多的道具，一方面降低了道具的相对价值，道具价格也偏低；另一方面使道具的功能普遍化，影响了游戏的公平体验。假设一个玩家对游戏只投入大量的金钱，而不需要花费大量的时间与精力就可以实现网络游戏的所有功能，那么在短期内，这款游戏对他的吸引力也会消失，如果投入的只有金钱，那么之前的投入成本对玩家而言也不是很重要。且随着玩家流失率的上升，游戏中社会关系的破坏，会有更多的玩家流失。这将导致网络游戏产品水平不高。

在正常情况下，只有到了网络游戏的成熟期，产品的各项功能经过技术测试以及时间的检验能够顺利实现以后，增值服务盈利模式才能发挥自己最大的作用。但由于我国网络游戏厂商过于依靠这种盈利模式，在游戏刚刚进入成长期就开始运用这种模式，而不是根据游戏本身的生命周期来对其盈利模式进行选择。这种"一刀切"的营销思路，导致该模式所需要的游戏的成熟度、游戏中玩家社会关系的建立、运营团队的人员素质等因素都达不到理想的要求，游戏需要玩家支付的金钱与游戏体验不对等，问题层出不穷，导致一部分玩家流失。所以，我国的网络游戏市场上运营的众多产品中，大部分都是半成品，真正优秀的网络游戏产品寥寥无几，严重影响了我国网络游戏产品的质量。

（二）趣游公司的盈利模式

趣游公司主要采用道具收费和品牌合作的盈利模式。

1. 道具收费

趣游公司运营的网络游戏采用游戏免费、道具收费的盈利模式，玩家通过简单的注册就可以进入游戏，并且在游戏的初期也不需要花费太多的钱购买道具，但是随着角色等级的不断提高，PK 中要求角色的装备等级也越来越高，此时玩家就需要通过购买高级别的道具来获得更好的游戏体验。

此外，在游戏中，角色的升级在初期阶段是比较快的，但是，随着时间的推移，升级的难度会越来越大，此时也需要玩家购买各种升级的道具来获得更快的升级速度。

2. 品牌合作

趣游公司通过品牌合作的方式，将自己研发的游戏的运营权外放给其他的网络游戏公司，也可以获得相应的收益，此外，趣游公司的游戏平台也代理运营其他网络游戏公司的游戏产品，并在运营中获得收益。

五、趣游公司的客户关系管理

趣游公司的客户关系分为内部客户和外部客户两类。内部客户是指企业的各个部门和相关的人员，外部客户则指与趣游公司相关的其他渠道成员等。对于外部积极力量也要尽力加以引导应用。网络游戏作为在中国发展不久的年轻的产业，极其需要政府机构、社会各界的扶助，例如加大对网络游戏的宣传教育工作、修正或加强消费者对网络游戏产品的认识，以创造一个宽松的发展环境。

针对趣游公司内部客户关系管理，公司主要采取了各种手段和措施来提高内部凝聚力，增加员工的荣誉感，公司经常举办各类活动，让各个部门之间有机会沟通和交流，提高内部的和谐程度。

网络游戏运营商是游戏产品中服务、关系、成本等价值的直接提供者，包括安全价值、技术支持价值、环境维护价值、效率价值、响应价值、服务价值、合作价值、货币成本价值、非货币成本价值。其中安全、技术支持、环境维护、效率价值是基础点，响应价值是竞争点，服务、合作、货币成本、非货币成本价值是潜力点。对运营商来说，安全、技术支持、环境维护价值尤其值得关注，必须先要全力高度地满足玩家这方面的需求，从而为游戏的运营构建良好的基础。

针对趣游公司的渠道运营商、代理商等外部客户，趣游公司依靠公司强大的实力和业内的领导力与外部客户进行有效的合作。

第六章 趣游公司的研发管理

目前中国网络游戏市场产业上游的游戏开发权都落在国外厂商的手中，游戏运营缺少版权，导致服务、维护、升级、技术支持以及周边产品开发等附加价值的提供十分困难。因此，加快高质量游戏的自主研发必不可少，它是整体提升玩家客户价值感知的根本方法。

从营销角度上讲，在游戏产品开发时就必须确定市场目标，有针对性地加强相应价值的提供。不同人口因素特性的玩家会根据其与价值要素的不同关系而确定其需求，进而确定相应游戏产品的价值点。

一、趣游公司的研发流程

网络游戏的研发是一个复杂的过程，涉及若干重要阶段：第一阶段是项目计划阶段，内容包括创意管理、撰写草案市场分析和需求分析；第二阶段是项目组织阶段，内容包括确定日程、确定人员、任务分配以及撰写策划书；第三阶段是项目开发与控制阶段，内容包括对内外环境的控制阶段、对品质的控制、突发事件的应对等。大致的开发过程如图6-1所示。

（一）项目计划阶段

1. 创意管理

创意管理主要通过召开会议产生创意。在会议中最常见的方法就是"头脑风暴法"，每个人都必须拿出自己的建议和想法，之后大家一起进行讨论。在会场内，有专人进行会议记录，将每一个人的想法以及大家讨论的过程和结果记录下来，作为后期的参考，而在项目开发的前期则会有市

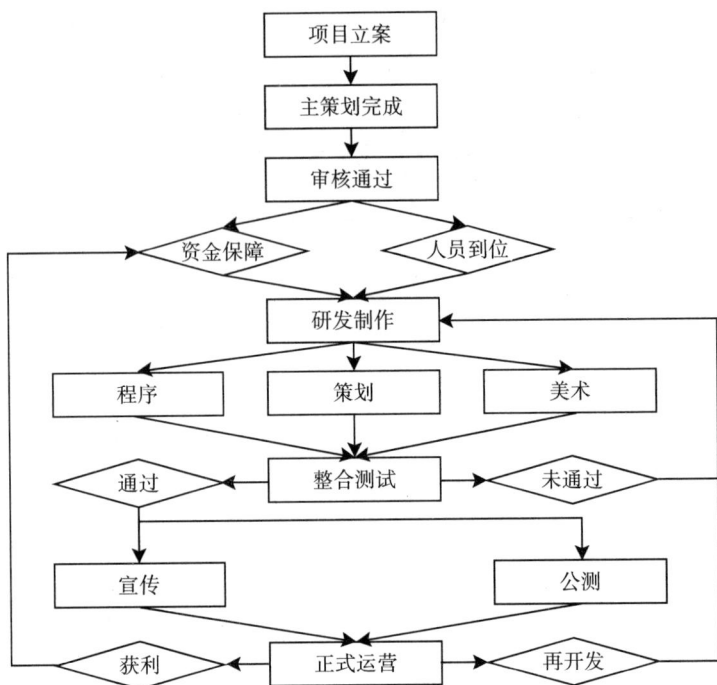

图 6-1　网络游戏一般开发流程①

场调查，了解玩家对新创意的想法、接受程度以及消费意愿等。

2. 撰写草案

策划草案也叫意向书，意向书中对新创意进行具体详细的描述。撰写策划草案的目的在于，使小组内每个成员对即将开发的项目有一个大体的认识，并且使项目的建设目标明确具体。草案的内容应包含创意的名称、内容，大概的方案设计、营销计划以及预期目标。

3. 市场分析

市场分析决定了是否需要针对游戏草案进行游戏开发。

（1）目标客户

目标客户，也称为目标市场，这是市场分析中一个最重要的关键环

---

① 吴伟林. 网页游戏架构与数据转换技术研究与实现 ［D］. 华南理工大学，2013.

节，决定了该游戏的主要玩家群体，即是面向核心玩家还是普通的大众玩家。如果是面向核心玩家所开发的游戏，则需要游戏的难度更大一些；反之，如果是面向大众玩家开发的游戏，则需要游戏的难度简单一些。最好的方法是允许玩家自定义游戏的难度，既可以适应核心玩家的需求，也能够满足大众玩家休闲娱乐的需要。

（2）成本估算

网络游戏的成本一般包含以下几个方面：

第一，服务器。运行网络游戏所需花费的硬件方面的成本，就是服务器的运营费用。该部分费用占网络游戏成本中的一大部分，大约占到总成本的40%。

第二，客服。客户服务属于人力成本的范畴。网络游戏与单机游戏的不同之处在于，单机游戏不存在售后服务的问题，或售后服务问题较少，但是网络游戏在玩家进入游戏后，会根据玩家数量的多少，对服务器的数量进行相应的调整，游戏的容量也要有所调整，因此游戏本身需要不断的维护和升级，运营商需要不断的更新游戏和提供各种在线服务。

第三，社区关系专员。与客户服务一样属于人力成本的范畴。同其他方面的花销相比，这方面成本所占的比例很低，几乎可以忽略不计。

第四，开发团队。开发团队成本主要考虑人力资源成本，这方面花费的主要组成部分是核心开发人员和天才制作人的薪资，其他辅助支持人员和外围人员的薪资占比较小。

第五，管理费用。管理费用一般是在公司内部进行分摊，由于资源可以共用，平均到每个项目上的费用已经不多了，这方面成本较低。

第六，用户账号管理。该项费用属于发行成本的一部分，但也属于运营的范畴。至于成本几乎可以忽略不计。

第七，办公室、电脑、家具等。这方面的费用占比较大，但是一般来说可以充分利用公司内部资源，不需要进行额外的投资，如果需要额外投资，那么本次花费后，开发下部游戏时基本上就不需要花费或者很少花费了。

第八，带宽。这是发行成本的一部分，但也属于运营的范畴。带宽的租用成本也比较高，但是不同地区可能费用有所不同，要根据游戏的目标市场进行细分后，再进行计算。

第九，网管。这也是发行成本的一部分，同样属于运营成本的范畴。

第十，其他杂费。其他费用包括水电费、燃气费，可能还会包括员工的一些必要工作补贴，如买咖啡和茶叶的费用等。

第十一，宣传、广告和推广的费用。该部分费用属于运营成本。应该说最好的宣传方法就是广告，但各种广告在花费上都不尽相同，广告是营销计划的一部分，需要耗费的企业资源是巨大的，且不同媒体的广告费用也不尽相同，因此需要根据具体的游戏创意考虑合适的广告媒体，再进行具体的计划。

第十二，客户端。制作游戏客户端、点卡、充值卡，印制游戏说明书、游戏包装、游戏赠品一类的成本。

4. 需求分析

撰写需求分析书主要包括以下三个方面：

（1）美工需求

撰写美工需求分析书，内容包括需求图、工作量等。其中工作量需要以天来计。内容具体如下：

第一，场景。包括游戏地图、小场景等。

第二，人物。包括玩家角色、重要 NPC（玩家队友、提供任务的 NPC、主线剧情 NPC 等）、次要 NPC（路人、村民等）、怪物、BOSS 等。

第三，动画。每个公司在动画设计方面的需求都不尽相同。如果公司能力有限，动画的制作可以考虑外包给第三方设计公司进行制作。

第四，道具。该部分主要考虑是否需要采取纸娃娃系统。

第五，全身像。人物的全身形象设计。

第六，静画 &CG。游戏中可能出现的静画和 CG 的需求。没有则不需要进行设计。

第七，人物头像。人物头像的制作需求，其中包括人物的喜、怒、哀、乐、悲等多种表情。

第八，界面。界面的需求包括主界面、各项子界面、屏幕界面、开头界面、END 界面、保存和载入界面等方面。

第九，动态物件。包括游戏中可能出现的火把、光影等方面。

第十，卷轴。又称为滚动条。根据游戏的情况来确定具体的需求。

第十一，招式图。根据游戏开发的具体情况决定是否有此需求。

第十二，编辑器图素。各种编辑器的图素需求，例如关卡编辑器、地图编辑器等方面。

第十三，粒子特效。3D 粒子特效的需求。

第十四，宣传画。包括游戏的宣传画、海报等方面的制作需求。

第十五，游戏包装。游戏客户端的封面包装的制作需求。

第十六，说明书插图。游戏说明书内附插图的制作需求。

第十七，盘片图鉴。游戏客户端盘片上的图鉴的制作需求。

第十八，官方网站。游戏官方网站的制作需求。

（2）程序需求

撰写程序需求分析书，具体内容如下：

第一，地图编辑器，包括编辑器的功能需求、各种数据需求等。

第二，粒子编辑器，关于粒子编辑器的需求。

第三，内嵌小游戏，包括游戏内部各种小游戏的需求。

第四，功能函数，包括游戏中可能会出现的各种程序功能、技术参数、数据、碰撞检测、AI 等方面的需求。

第五，系统需求，包括升级系统、道具系统、招式系统等系统导入器的需求。

（3）策划需求

第一，策划的分工，包括剧本、数值、界面、执行等方面。

第二，进度控制，要时刻注意时间和开发进度的控制，需要撰写一个专门的项目进度表。

第三，例会，项目会以里程碑的形式呈现。当完成一个里程碑后，或者到达固定日期时，需要召开例行会议，除了成员彼此交流外，还需讨论开发中遇到的困难，进度是否有拖延等问题。

（二）项目组织阶段

项目组织阶段需要对项目具体的进程进行安排，主要是针对各个不同版本的推出时间、相应的人员安排、不同部门与不同人员的任务安排以及策划书的撰写等。

1. 确定日程

确定游戏开发的日程和进度安排。包括以下几个方面：

（1）Demo 版本阶段

第一，前期策划，包括前期策划和项目的规划。

第二，关卡设计，主要是关卡的数量和形式。

第三，前期美工，前期的美工初步制作。

第四，后期美工，后期的美工加工制作。

第五，程序实现，程序的实现，包括编码等。

（2）Alpha 版本阶段

在 Alpha 版本阶段就可以进行内部测试了，主要是测试和完善各项功能，发现游戏中存在的一些 Bug，并加以改进。

（3）Beta 版本阶段

Beta 版本主要用来进行外部测试，在这一阶段要进一步测试和完善各项功能，并为游戏的公开发行做好准备。

（4）Release 版本阶段

Release 版本用来进行游戏的发行，该阶段项目基本完成，开始正式发行并运营游戏。

（5）Gold Release 版本阶段

这一阶段是开发游戏的补丁包、升级版本以及各种官方插件等。

2. 确定人员

人员在网络游戏开发的过程中起到非常关键的作用，良好的开发团队是优秀游戏的基础，因此在项目草案撰写、市场分析等计划工作结束后，就应着手进行开发人员的配备。各个项目所需的人员包括策划、程序、美工、测试、音乐、运营等。

3. 任务分配

确定人员后，要针对具体的任务进行分配，确定人员的具体开发工作、相关时间进度以及应完成的任务节点等。

4. 撰写策划书

游戏策划书的内容应包括以下几个部分：

第一，游戏概述，内容包括游戏简介、游戏的特点、风格和配置等。

第二，故事背景，介绍游戏的背景时间、相关人物以及游戏的故事脉络和走向等。

第三，游戏元素，包括游戏的角色安排，游戏的相关道具以及实体对象的安排。

第四，游戏机制，内容包括角色技能、怪物技能、角色经验的获得与升级规则、组队规则、行会或公会规则、PK规则以及战争规则等。

第五，游戏进程，主要内容为剧情的走向与相关任务安排、升级的相关技能变化、游戏中不同场景的地图以及场景设计。

第六，系统功能，包括游戏登录的流程、游戏登录后的界面安排、游戏操作的设计、快捷键的安排等。

第七，游戏整合。

（三）项目开发与控制阶段

项目开发阶段是研发流程的关键阶段，这一阶段是完成游戏开发的主要部分，在开发的过程中应做到同各方面保持顺畅的沟通，并处理各种游戏制作中的突发事件。其中需要做到与同事的沟通、与主管的沟通、与领导及相关上级的沟通等。

1. 内外环境

（1）成本控制

对成本的控制需要注意游戏开发成本的控制，包括服务器费用、客服、场租、人工（社区关系专员、开发团队、管理）、设备（办公室、电脑、家具等）、带宽、网管、宣传、广告和推广的费用等方面。根据前期所做的游戏各阶段的预算，考虑不同时间相关预算与实际发生成本之间的符合度。

（2）市场变化

随着时间的推移，市场需求也会不断地发生变化，因此需要密切注意市场的变化。除了关注游戏玩家需求的变化，还要考虑市场上同类游戏的发行情况，注意游戏玩家对同类游戏的态度以及消费意愿的变化情况。

针对游戏的发行，需要留意发行的档期，由于游戏玩家的主要年龄集中在16~24岁，高中和大学生是游戏玩家的主流，因此一般游戏的发行都会赶在寒暑假之前，此时可以进行大规模的宣传，玩家在寒暑假开始后就可以将时间投入到游戏中。

一旦游戏在市场上有了足够多的玩家和获利能力后，就可能出现盗版、私服等情况，因此也要密切注意市场上侵权活动的情况，在必要的时候进行维权工作。

（3）竞争对手的因素

竞争对手的游戏开发与发行、运营情况对趣游公司来说也非常重要，所谓知己知彼、百战百胜，对竞争对手的情况要非常了解，才能有针对性地做好游戏的市场定位，避免与竞争对手进入相同的市场、面对相同的游戏玩家开展竞争，节约企业资源。

2. 品质

游戏的品质取决于游戏开发人员的技术水平，好的游戏品质需要高素质的游戏开发团队，但是对于趣游公司而言，虽然企业提供良好的工作环境和福利待遇，但是在某些开发的环节，仍然需要高水平的开发人员，游戏开发人员水平的参差不齐决定了企业必须根据游戏开发团队的总体水平来安排和设计游戏，这也直接决定了游戏的品质。

3. 突发事件

游戏开发过程中可能会出现一些突发事件，如国家政策对某些类型游戏的控制，市场突发事件导致的游戏玩家对某类型游戏的喜爱或厌恶，游戏项目投资人的突然撤资以及游戏管理层对游戏开发进度的变更等。对于可以预见的一些突发事件，应事先做好应急预案，在游戏的开发进度方面，也应尽量按照预定的安排，避免实际进度与计划进度的不符等。

二、趣游公司研发团队的管理

（一）趣游公司研发团队的组成

1. 策划团队

（1）策划团队的主要职责

策划团队的主要职责包括以下几点：

第一，以创建者和维护者的身份参与游戏，将想法和设计传递给程序和美术设计。

第二，设计游戏世界中的角色，并赋予他们性格和灵魂。

第三，在游戏世界中添加各种有趣的故事和事件，丰富整个游戏世界的内容。

第四，调节游戏中的变量和数值，使游戏世界平衡稳定。

（2）策划团队分工

从策划团队的层级划分，分为主策划（担负领导责任）、执行策划。

从策划团队的具体任务划分，分为系统策划、数值策划、文案策划和关卡策划。

系统策划的岗位职责包括：

第一，根据需求，参与游戏各系统的设计和完善，设计新颖的玩法，增加游戏的可玩性。

第二，跟进所负责模块的开发进度，推动技术和美术工作的进展。

第三，对现有游戏系统进行用户体验的调整和优化。

数值策划的岗位职责包括：

第一，负责配合主策划完成游戏内数值系统框架的设计和搭建，从数值角度进行网页游戏的内容实现和优化更新的工作。

第二，负责各个系统相关的数值推演、模拟和分配，并且进行数值结构创建、内容填写、测试和调整等数值管理工作。

第三，负责配合其他策划同事完成数值相关设计工作，并且主要负责表格执行工作。

该岗位要求工作人员熟悉游戏并且具备策划分析理解能力，能够对市场上主流游戏的数值系统有明确的认识和理解；对数值敏感，熟悉一般的数值设计方法，至少能够进行单个系统的完整数值建模和设计，能够将数值设计思想清晰地表述为体验，输出详细的策划案；熟悉数值实现工具，能够进行有效的数值模拟和实践，擅长表格使用、建立和填写等。

文案策划的岗位职责包括：

第一，游戏世界观设计。

第二，游戏剧情设计，角色故事撰写。

第三，游戏任务制作。

第四，游戏中道具、招式技能和活动玩法说明撰写。

第五，游戏过场 CG 对话撰写。

要求相关工作人员文字功底深厚，文笔妙趣横生，能运用短小精悍的语言表达令人回味的含义，具有多年的游戏经验，对历史、武侠和奇幻小说有深入研究。

关卡策划的岗位职责包括：

第一，参与游戏主题设计，协助主策划进行系统方面的设计，负责游戏中各系统的开发和跟进。

第二，负责关卡地图的规划制作、文档编写及设计图制作。

第三，负责关卡功能的设计及需求整合。

第四，负责与团队成员沟通协作，完成 3D 关卡编辑器的使用及调试。

第五，负责关卡测试用例编写。

要求相关人员具备良好的逻辑分析能力，能够对玩家心理进行分析，具有一定的美术基础，能够使用 3DMAX 等软件，掌握一种游戏关卡编辑器的使用。

2. 研发制作团队

（1）美术团队

美术团队是游戏开发团队中规模最大的一个部门，负责为游戏提供美术资源，绘制出游戏中的场景、人物、道具、界面和其他可视化元素。

美术团队包括 2D 美术师（原画师）、建模师、贴图师、动画师、界面美工师、特效师等。

2D 美术师的主要职责包括：

第一，根据原图绘制 2D 游戏图纸。

第二，对游戏图景风格进行设定。

第三，对游戏人物进行设计，包括服装、发型、面容等。

要求工作人员能够熟练应用 Photoshop 等计算机绘图软件，具有扎实的美术基础和良好的手绘能力，对游戏人物和场景具有良好的把握。

建模师的主要职责包括：

第一，根据原画制作完成 3D 场景各元素，如宫殿、大型庙宇、建筑、野外复杂地址场景、职务模型等的制作。

第二，独立进行场景模型制作、UV 分解及贴图绘制，协助配合地编人员完成地图制作。

要求工作人员具备较好的美术功底，能够运用 Photoshop 等软件，运用 3D 灯光和各类渲染插件，了解游戏场景地图的拼接。

贴图师的主要职责包括：

第一，负责游戏英雄角色、NPC、野外怪物、武器贴图的制作。

第二，对角色贴图有很强的整体和风格把控能力，根据原画绘制高品质游戏贴图。

要求工作人员熟练掌握手绘贴图，熟悉中国风格历史题材的写实美术风格，美术基础扎实，能够熟练掌握图形、图像软件，沟通能力强，具有创新能力和自学能力。

动画师的动画设计对游戏尤为重要。2D 动画师绘制帧，3D 动画师则要在角色内部添加骨骼，让它可以带动 3D 模型产生合理的动作。为了让动作看上去更逼真，可以使用关键帧或动作捕捉技术。

界面美工师的工作职责包括：

第一，负责参与产品的前期视觉用户研究，对设计流行趋势进行分析。

第二，负责项目 UI 设计和资源输出。

第三，负责项目整体视觉风格的设定。

第四，负责参与设计流程的制定和规范。

第五，负责与程序同事沟通游戏中的效果及实现方式。

第六，负责前瞻性产品的创意设计和动态 DEMO 的实现。

要求工作人员具有宽广的行业视野与时尚的审美标准，深厚的设计理论与娴熟的设计技巧，善于捕捉流行趋势，对视觉用户研究有一定的经验与自己的见解。

特效师负责制作爆炸、烟雾、火焰、瀑布、浪花等画面特效。由于 3D 游戏特效制作往往要利用游戏引擎提供的粒子系统，特效师通常要与程序员紧密配合。

（2）游戏程序编写团队

游戏程序团队按照任务分工可以分为主程序员、游戏引擎程序员、客户端程序员、服务器端程序员、开发工具程序员和其他程序员。游戏程序编写人员需要的技术技能包括计算机科学、数学和物理学等。

1）主程序员。主程序员相当于高级游戏设计师，一般不做具体工作，主要负责和技术总监确定游戏的结构，协助准备技术设计文档，与其他主管一起制作时间表、里程碑，掌握游戏整体结构，管理和指导编程小组，协助制定团队计划等。

主程序员的岗位职责包括：

第一，负责实现游戏客户端总体设计，实现关键框架代码。

第二，负责客户端架构设计和模块划分。

第三，主导制定和指导执行客户端开发流程和标准，对客户端软件开发质量负责。

第四，协调与客户端、策划、公司其他技术支持部门之间的关系。

第五，负责设计引导程序、地图编辑器等辅助工具。

第六，负责组织攻克技术难关。

主程序员应在界面系统、脚本语言、游戏逻辑组织、场景、角色、文字显示、中文输入法等游戏客户端相关领域有丰富的经验。

2）游戏引擎程序员。游戏引擎程序员是负责构建游戏基础平台的专业程序员，与其他程序员相比，他们更专注于开发一个可供别人利用的引擎，他们会将更多的时间和目光放在对游戏逻辑和游戏内核的研制和封装上。

游戏引擎包含以下系统：渲染引擎、物理引擎、碰撞检测系统、音效、脚本引擎、电脑动画、人工智能、网络引擎及场景管理。目前应用比较广泛的游戏引擎大致有五种：CryEngine 游戏引擎、Frostbite 游戏引擎、Gamebryo 游戏引擎、Source 游戏引擎和 BigWorld 游戏引擎。

3）客户端程序员。客户端程序员通常负责网络游戏客户端的研发，他们更强调游戏的画面表现和一些人机界面的效果，所有玩家在玩一款网络游戏之前要下载的客户端，就是这些程序员的工作成果。趣游公司除了网页游戏之外，也从事客户端游戏的开发。

近年来，随着游戏 3D 化的持续进展，客户端程序员也开始逐渐从之前的 2D 美术表现向 3D 美术表现转移，通常来说客户端程序员都是强调画面和图形的，因此站在纯程序员的角度分类，客户端程序员也可以称为图形程序员。

一般来说，客户端程序员要精通 C++编程语言，熟悉数据结构以及 2D 和 3D 图形图像编程，如蒙皮骨骼动画、粒子系统等游戏特效，逻辑思维严密，有良好的编码和文档习惯。

4）服务器端程序员。与客户端程序员相对应的是服务器端程序员，他们负责网络游戏服务器端的研发工作。

由于网络游戏的特点，服务器端程序员往往更强调对游戏数据的处理和计算，而对游戏的画面表现并不在意，服务器端程序员必须让自己的程序能够接收和发送来自客户端的数据包，同时还要对这些数据进行相关的计算。

相比较而言，服务器端程序员更强调对游戏引擎的掌握，因为游戏的服务器端是否稳定，是真正决定一款游戏能否被广泛接受的主要原因之一，同时服务器端程序的好坏，直接关系到对游戏系统的维护和优化，甚至关系到外挂等网络游戏常见的相关问题。

服务器端程序员的工作职责包括：

第一，负责游戏服务器架构和游戏逻辑的开发。

第二，负责数据库结构的设计和优化。

第三，负责游戏服务器网络通信的开发。

要求任职人员精通 C++编程语言，熟悉 Linux 开发平台和 Socket 协议，了解负载分布技术，熟悉常用数据库的设计和开发，具备良好的程序优化经验，熟悉常用数据库的结构和算法。

5）开发工具程序员。开发工具程序员负责创建支持游戏开发的各种工具。由于游戏的研发工作需要合作完成，因此在游戏的研发过程中，程序人员往往需要开发出一些专用的工具给相关人员使用，最常见的就是地图编辑器，还有一些特效编辑器、后台管理工具等。

在国内，开发工具程序员往往是由其他岗位的程序员来兼任，这种不明确的分工也正代表了国内游戏产业的不成熟。

6）其他程序人员。除了上述几种程序人员之外，程序人员还可以根据工作的内容，分为负责编写人机界面的界面程序员，负责网络数据交换及优化的网络程序员，负责实现游戏人工智能的人工智能程序员，负责将音乐音效添加到游戏中的音乐音效程序员以及负责测试和保障游戏软件质量的测试程序员等。

3. 测试团队

游戏测试团队一般来说由测试专员和客服代表组成。

测试专员的工作职责包括：

第一，根据项目需求制定测试计划，编写测试报告。

第二，对系统进行功能测试和 Bug 测试等。

第三，根据测试结果，分析并跟踪测试中的问题。

第四，定期总结系统测试质量，向开发与项目经理提供合理化的改进建议。

一般来说，测试专员要熟悉测试工作的流程，能够编写需求文档和测试报告，并根据需求制订测试计划。

客服代表的工作职责包括：负责接收用户的咨询、投诉、建议，确保信息传递的准确性和及时性，保证客户的满意度；准确记录用户信息，按照规定的流程、标准、正确地记录用户的需求和建议，根据用户需求进行有效的产品推广，并协助业务部门进行产品策划和与用户体验调查。

（二）趣游公司研发团队的管理

1. 高效团队的管理方法

无论建立什么样的组织，必须围绕如何充分发挥组织的作用去工作。对于团队，最重要的是必须围绕高绩效来进行管理。

（1）建立团队必须制定共享的团队目标

目标是团队存在的理由，是团队运作的核心动力，关系到团队全体成员的利益，能很好地鼓舞大家的斗志，是协调大家行动的关键因素。所以要建立高绩效的团队，首要的任务就是确立团队目标，让目标引航。

在制定团队目标时，一是要充分了解由什么样的人确定团队的目标。一般情况下，确定团队目标需要团队的领导者和团队的核心成员参与。二是团队的目标必须与团队的远景相连接，两者的方向相一致。远景是勾勒团队未来的一幅蓝图，具有挑战性，能激励团队成员勇往直前的斗志。三是必须发展一套目标运行的程序。开始确定的目标不一定是准确的，要根据工作中遇到的实际问题随时纠正和修正，将目标向正确的方向引导。四是必须将目标进行有效分解。目标来源于远景，远景又来源于组织的大目标，而个人的目标来自团队的目标，它对团队的目标起支持性的作用。五是必须把目标有效地传达给所有的团队成员以及相关人员。

一般情况下，制定目标要遵循一个"黄金准则"，它主要包括几层意思。

第一，目标一定要明确。明确的目标几乎是所有成功团队的一致特点，有很多团队不成功的重要原因往往是目标模棱两可，或者是没有将目标有效地传达给相关的成员。如"增强客户意识"这句话描述得就不明确，因为增强客户意识有许多具体做法。如减少客户投诉，投诉率由原来的3%降低到1%；使用规范礼貌的用语；采用规范的服务流程等。目标描述不明确就没有办法进行评判、衡量，所以目标一定要明确。

第二，目标比较容易衡量。如果对于制定的目标没有办法衡量，就无法判断该目标是否已经实现。但并不是所有的目标都可以衡量，有时也会有例外，比如大方向性质的目标就难以衡量。

第三，目标容易被人们接受。制定目标时，人们总是希望目标越高越好，领导也有这种期待。但目标是要被下属接受并执行的。如果领导者利用一些行政手段或者权力性的影响力一厢情愿地把自己的目标强压给下属，下属典型的反应就是心理和行为上的抗拒。即"我可以接受，但是否能够实现这个目标，我可没有把握"。一旦这个目标无法实现的时候，下属就有理由推卸责任，"我早就说过这个目标肯定实现不了，但你坚持要压给我"。

现在员工的知识层次、学历、素质都远远超过从前，目标的制定要采取自下而上和自上而下相结合的方式，吸收下属参与目标的制定，员工完成目标的积极性就要比强制性高得多。

第四，目标要符合实际。制定的目标一定要根据客观条件，实事求是。有时会出现两种情形：一方面，领导者乐观地估计了当前的形势，低估了实现目标所需要的条件，这些条件包括人力资源、硬件、系统信息等；另一方面，虽然可能花了大量的时间、资源甚至人力资本，但是最终确定的目标根本没有多大的实际意义。

（2）培育团队精神

团队精神是高绩效团队的灵魂，是团队成员为了实现团队利益和目标而互相协作、尽心尽力的意愿和作风。

团队精神包含三个层次的内容：

第一，团队的凝聚力。团队的凝聚力是针对团队成员之间的关系而言的。团队精神表现为团队成员强烈的归属感和一体性，每个团队成员都能感受到自己是团队当中的一分子，把个人工作和团队目标联系在一起，对团队忠诚，对团队的成功感到自豪，对团队的困境感到忧虑。企业在发展过程中，要不断增强员工的凝聚力，不断增强团队的凝聚力。一是要求团队的领导要采取民主的方式，让团队的成员敢于表达自己的意见，积极参与组织的决策。二是建立良好的信息沟通渠道。让员工有地方、有时间、有机会向领导反映问题，互通信息，化解矛盾。三是建立健全奖励及激励机制。个人奖励和集体奖励具有不同的作用，集体奖励可以增强团队的凝聚力，能使成员意识到个人的利益和荣誉与所在团队不可分割；个人奖励可能会增强团队成员之间的竞争力，但这种奖励方式会导致个人只顾自己，在团队内部形成一种压力，协作、凝聚力可能会弱化。因此公司经常采取的方式是在对职工奖励时既承认个人的贡献，又承认团队的成绩，在对个人奖励的同时，对员工所在的团队在精神文明上给予奖励。

第二，团队的合作意识。团队的合作意识是指团队成员表现出协作和共为一体的特点。团队成员间相互依存、同舟共济、互相敬重、彼此宽容和尊重个性的差异，彼此间形成一种信任的关系，待人真诚、遵守承诺，相互帮助和共同提高，共享利益和成就、共担责任。

良好的合作氛围是高绩效团队的基础，没有合作就无法取得优秀的业绩。所以在工作中，要努力培养团队成员的合作意识。

一是要在团队内部积极营造融洽的合作气氛。团队的精髓就在于"合作"二字。团队合作受到团队目标和团队所属环境的影响，只有团队成员都具有与实现目标相关的知识技能以及与他人合作的意愿，团队合作才有可能取得成功。

二是团队领导者首先要带头鼓励合作而不是竞争。美国总统肯尼迪曾说："前进的最佳方式是与别人一道前进。"成功的领导者总是力求通过合作消除分歧，达成共识，建立一种互融互信的领导模式。很多的管理者热衷于竞争，嫉妒他人的业绩和才能，恐惧下属的成就超过自己，而事实上没有一个领导者会因为自己下属优秀而吃尽苦头。

三是制定合理的规章制度及合作的规范。在一个团队中，如果出现能者多劳而不多得，就会使成员之间产生不公平感，在这种情况下也很难进行合作。要想有效推动合作，管理者必须制定一个被大家普遍认同的合作规范，采取公平的管理原则。

四是要强调大家共同的长远利益。管理者要使团队成员拥有共同的未来前景，使大家相信团队可以实现目标，这样团队成员就不会计较眼前的一些得失，而是会主动开展合作。

五是要建立长久的互动关系。作为团队的管理者，要积极创造机会使团队成员不断增进相互间的了解，融为一体。如组织大家集中接受培训、开展各种有益的文体娱乐活动、进行比赛或采取多种激励的活动等。

第三，团队士气。团队士气是团队精神的一个重要方面。拿破仑曾说过："一支军队的实力 3/4 靠的是士气。"将这句话的含义延伸到现代企业管理，可以表达成为团队目标而奋斗的精神状态对团队的业绩非常重要。所以，我们在管理中，要始终保持较高的员工士气，以提高工作效率。

一是要采取措施让员工的行为与团队的目标一致。如果团队成员赞同、拥护团队目标，并认为自己的要求和愿望在目标中有所体现，员工的士气就会高涨。

二是利益分配要合理。每位员工进行工作都与利益有关——无论是物质的还是精神的，只有在公平、合理、同工同酬和论功行赏的情形下人们的积极性才会提高，士气才会高昂。

三是要充分发挥员工的特长，让员工对工作产生兴趣。员工对工作热爱、充满兴趣，士气就高，因此，团队的管理者应该根据员工的智力、能力、才能、兴趣以及技术特长来安排工作，把适当的人员安排在适当的位置上。

四是实行民主管理。团队内部的管理方式，特别是团队管理层的领导方式对员工的积极性影响很大。管理层作风民主、广开言路、乐于接纳意见、办事公道、遇事能与大家商量、善于体谅和关怀下属，这时士气就会非常高昂。而独断专行、压抑成员想法和意见的管理者就会降低团队成员的士气。

五是营造和谐的内部环境。团队内人际关系和谐，互相赞许、认同、信任、体谅，这时凝聚力就会很强。

六是要进行良好的沟通。管理层和下属之间、下属之间、同事之间的沟通如果受阻，就会使员工或团队成员出现不满的情绪。

（3）处理好团队内部的人际关系

良好的人际关系是团队运作的润滑剂。有人说："管理者事业的成功，15%由专业技术决定，85%与个人人际关系及其处理技巧相关联。"

人际关系的主要特点就在于它具有明显的情绪体验色彩，是以自己的感情为基础来建立的。生活中、工作中我们都会有这样的感觉，不同的人际关系带给人们的情感体验不一样，亲密的关系会使人愉快，而对抗的关系则会让人烦恼。

为了改善人际关系，我们要理出与他人关系相对紧张的团队成员的名单，具体分析哪些成员之间的关系最为紧张，从利人利己的观念出发，找出存在的障碍。个人可以解决的问题，要让其在力所能及的范围内设法解决，不能解决的，借助组织的力量，找准时机，寻求解决。

（4）创建学习型团队

任何对改进团队工作业绩感兴趣的管理者，都会想方设法确保每一个团队成员都能受到充分的训练，因为只有每个成员都拥有真正的技能才能实现团队的目标。创建学习型团队是一项长期、艰巨的任务，一定要与实际相连接。创建学习型团队，非常重要的是把解放思想、转变观念贯穿在创建学习型团队工作的全过程。因为目前国际、国内形势发展很快，新的技术、新的问题、新的情况不断出现，在创建过程中只有更新学习观念，才能学以致用，只有不断加快学习型团队的形成和发展，才能激励团队成员最大限度地发挥其潜能和能动性，才能使企业在未来的竞争中处于有利地位。在这种情况下，趣游公司紧密结合公司发展的需要，始终把转变和更新思想观念贯穿于创建学习型团队的实践中，在员工中树立"终身学习"的观念，将学习和工作加以融合，在学习中工作，在工作中学习，形成了浓厚的学习氛围。思想观念的创新，推动了学习型团队创建工作的不断发展。

把创建学习型团队同企业文化建设紧密地结合起来。培植学习型企业，营造"人人是学习之人，处处是学习之所"的企业文化氛围。在创建学习型团队的过程中不断凝聚职工思想，开启智慧、发挥能力，形成新的理念和新的企业文化。不断引导员工围绕企业的共同愿景去设计个人的职业发展生涯，努力学习、追求卓越，在推动企业发展的过程中实现自己的人生价值。

以思想观念的更新带动和推进学习型团队的组织形式的创新。自我超越是学习型团队员工的精神支柱；与工作紧密结合，以个人学习为基础的团队是学习型团队管理的核心；学习创新行为是创建学习型团队的最终目的。在创建学习型团队的工作中，坚持以思想观念的更新带动和推进学习型团队的组织形式的创新，形成了全方位、多层次的学习体系，制定了一整套科学、规范的学习管理办法，促进员工的自我学习、自我完善、自我发展、自我超越。

建立激励机制，激发职工学习的内在动力。创建学习型团队，提高团队的学习能力是一项长期的任务，要使员工的学习热情长期保存，光靠宣传教育是不够的，还必须形成一种机制。趣游公司的基本做法是将学习的成效与奖金挂钩、与提拔晋升挂钩、与评先评优挂钩、与其工作业绩挂钩，完善考核措施，实行奖优罚劣。这使全体员工都十分珍惜自己的岗位，许多员工利用业余时间参加技术学习和培训，自觉要求多掌握一些技能，增强自身竞争力。

（5）要积极创造良好的沟通渠道

在实际工作中，阻碍团队工作顺利开展的最大障碍就是缺乏有效的沟通。调查显示：团队管理者工作时间的 20%~50% 是在进行各种语言沟通，如果把文字沟通，包括各种报告、总结、汇报等加进去，这一比例会达到64%。即便是普通的团队成员，每小时也有 16~46 分钟是在进行沟通。

沟通之所以重要，是因为沟通无所不在，沟通的内容包罗万象，如开会、谈话、对下属进行考核、谈判甚至指挥工作等都是在进行沟通。管理者相当多的时间都是用在沟通上，各种事务都需要沟通之后才能最终制定解决的方案。缺乏沟通这个桥梁，团队的任何建设都将毫无意义。

对于团队来说，沟通是一个永远的工作。通过对企业进行的专门调查显示，员工离职很重要的两个原因就是受到不公平的对待和沟通不良。其实，在我国的绝大多数企业里，尽管花费了大量人力、物力和时间进行沟通，并不断强调沟通的重要性，甚至将沟通列为重要的企业文化主题，但永远没有将沟通提高到完美的境界，尤其是部门与部门之间存在的问题更多。从这个意义上说，人们对于沟通技能的学习永无止境。

不良的沟通会给团队建设带来很多危害，人际关系、团队的士气以及团队业绩都会受到影响，但良好的沟通的作用就非常大，有助于团队的文化建设以及团队成员士气的提高。

（6）合理激励，创造争先创优的气氛

激励就是通过一定的手段使团队成员的需要和愿望得到满足，以调动员工工作的积极性，使其主动而自发地把个人的潜能发挥出来，奉献给团队，从而确保团队实现既定的目标。

在工作中，员工并不是都一贯表现出工作主动，任何人都可能由于心境、心绪、家庭、工作不顺利出现懈怠。如需要付出额外努力的时候表现出不合作，不愿自愿做额外的工作，迟到、早退或旷工而没有合理的解释，不能按时完成工作，不能按要求的标准去做工作，工作出现问题时总是埋怨别人等，所有这些都预示着团队成员在士气或工作意愿方面出现了一些问题。而唯一的药方就是对他们进行合理的激励，激发员工愿望，增加工作动力。

（7）给予员工支持

信任很难建立，但却很容易失去。这在一定程度上是因为人们常以一种怀疑的心理定式开始交往。管理者要努力去赢得员工信任，就必须通过显示诚意和全力支持成员来培养信任。即便管理者多次地承诺，仍会有少数人继续怀疑。所以，作为一个团队的管理者，要从假定自己值得信赖并会被信任开始做起，诚实、守诺、公正待人，信任通常都会随之来。

给予员工支持，具体来说分为两个方面。

第一，要深入调查，充分了解员工的工作动机。①观察员工的工作。作为管理者，在检查员工的工作过程中要仔细观察哪些因素会使员工愿意或不愿意工作以及他们喜欢怎样的工作方式，然后采取对策。②培养员工的特殊技能。每一个团队成员身上都有自己的闪光点，管理者要不断挖掘他们的闪光点，培养员工的优势，使他们真正成为行家里手。③与离职员工进行坦诚交流，了解他们离职的原因并采取措施解决问题，避免人才的继续流失。④让员工描述理想的工作环境。员工对于理想的追求反映了他们的职业倾向，这也正是管理者应当给予支持的地方。

第二，要根据员工的特点，进行详细分类，对症下药，有针对性地给予激励和帮助。

首先，对于指挥型的员工。由于这些员工以自我为中心，对管理他人感兴趣，敢于承担责任，办事客观，重事不重人，务实且讲究效率，喜欢奖赏，重视结果，懂得竞争，以成败论英雄，轻视人际关系。对这样的员工，管理者要积极支持他们的工作目标，赞扬他们的工作效率；帮助他们改善人际关系，让他们在工作中自己弥补不足，而不要指责他人；要避免让效率低下和优柔寡断的人去拖他们的后腿；要容忍他们不请自来的帮忙，巧妙地安排他们的工作，使他们的工作有一定的自主性。

其次，对于关系型员工。由于关系型员工重人不重事，善于处理人际关系，为人随和乐观，很少盛气凌人，不喜欢竞争和冲突，做决定时有些人优柔寡断或者不愿承担压力和责任，他们希望能够得到别人的关注，没有观众，他们是不能够努力工作的。鉴于这种情况，管理者要主动关心他们的生活，让他们感受到重视和尊重，与他们开展谈心谈话时要注意沟通的技巧，避免让他们感觉受到拒绝，尽量为他们提供安全感。由于他们比较缺乏责任心，所以安排给他们工作时，一定要强调完成工作任务对于团队和团队成员的重要性，向他们指明不完成工作对他人的影响。

再次，对于智力型员工。他们智慧、博学，偏好思考，富有探索精神，对事情的来龙去脉总是刨根问底。所以要充分发挥他们的这些优点，要充分肯定他们的思考能力，对他们分析问题的能力表示感兴趣。在他们思考问题时不要打扰他们。要适当表扬他们在工作中的一些发现和创意，避免直接批评他们，因为对有知识的人，暗示和提醒就能很好地启发他们发现自己的错误，并不断修正自己的工作目标。

最后，对于工兵型员工。因为他们是天生的执行者，乐于从事单调重复性的工作，缺乏创意，做熟悉的工作会让他感到稳定和踏实，他们忠诚可靠，守纪律，清楚自己的职责，只做分内的事情，而且只要自己应得的那份报酬。所以作为管理者，要大力支持他们的工作，经常鼓励他们的认真态度和敬业精神，给予他们应得的工作报酬，适当奖励他们的勤奋。在他们遇到困难时，要多给他们出主意、想办法。

2. 管理模式

（1）友情化管理模式

这种管理模式也是在趣游公司初创阶段有积极意义的一种管理模式。创业初期，在企业缺乏资金的情况下，这种模式很有内聚力量。但是当企业发展到一定的规模，利润迅速增长之后，友情会逐渐淡化，企业如果不随之发展并尽快调整这种管理模式，趣游公司的整体发展就会受到影响。

（2）系统化管理模式

趣游公司通过完成企业组织机构战略愿景管理、工作责任分工、薪酬设计、绩效管理、招聘、全员培训、员工生涯规划七大系统的建立，来完成公司系统化、标准化、统筹化的管理。这一模式的优点是有利于企业的快速扩展，在用这一套系统打造出一个管理的标准模板之后，旗下的分公司或者代理商都能简单的复制，这就降低了扩展的难度，进而提高了扩展的速度。

（3）制度化管理模式

指按照一定的、已经确定的规则来推动企业管理。当然，这种规则必须是大家所认可的带有契约性的规则，同时这种规则也是责权利对称的。趣游公司在发展的过程中将管理制度不断地固化成为企业规章制度，企业管理的目标模式是以制度化管理模式为基础，适当地吸收和利用其他几种管理模式中某些有用的因素，并逐步完善企业的管理制度。

（4）温情化管理模式

在趣游公司迅速发展的今天，温情化管理模式强调管理应该是更多地调动人性的内在作用，只有这样，才能使公司很快地发展。在公司中强调人情味的一面是对的，但是不能把强调人情味作为企业管理制度的最主要原则。

3. 团队文化

加强研发团队文化的建设对趣游公司的发展有着重要的积极意义。

团队文化已经成为众多企业实践企业文化管理过程中强有力的核心价值观，团队文化建设也已经成为企业文化深植过程中一个至关重要的课题。加强团队文化的建设具有一定的重要性和必要性。

趣游公司根据研发部门的实际情况、发展目标以及工作计划，以全面建设"学习型、互动型"团队为出发点，不断提高组织员工之间的协作精神，开阔事业，调整思维方式和工作模式，及时发现问题、解决问题，以营造和谐、蓬勃发展的团队。

研发团队文化是趣游整体文化的组成部分，因此研发团队文化具有企业文化的共有特性，又有其独特性和自身要求。

研发团队文化的构成要素包括团队精神、团队情绪和团队效率。

（1）团队精神

团队精神就是团队成员共同认可的一种集体意识，显现团队成员的工作心理状态和士气，是团队成员共同价值观和理想信念的体现，是凝聚团队、推动团队发展的精神力量。团队精神是员工思想与心态的高度整合，是员工在行动上的默契与互补，是"小我"与"大我"的同步发展，是员工之间的互相宽容与理解。团队精神的实质是一种力量，这种力量是通过共同的信仰、一致的行动、相似的工作作风、共有的价值观念、标准的行为规范而凝聚起来的一种合力、众力。它通过塑造可以成长，通过教育可以传播，通过激励机制可以发扬光大，通过行为人这一载体可以生生不息、延续不断。

团队精神的形成主要来自两个方面：一方面，人类存在着合群倾向，合群可以满足人们在单独情况下无法满足的各种需要，可以消除孤独感，调节心理和行为；另一方面，组织的目标在于完成任务和使命，因此要求组织内成员要同心合力、团结协作，形成凝聚力。

团队精神对团队成员的集体共同意识具有一种强化作用，可以推动团队的有效运作和发展，提高组织的整体效能。一个具有团队精神的团队，往往显示出高涨的士气。团队成员对团队具有强烈的归属感、一体感，衷心地把自己的前途与团队的命运联系在一起，愿意为团队的利益与目标尽心尽力。团队成员对团队具有高度的忠诚，决不允许有损害团队利益的事情发生，并且有团队荣誉感。团队成员之间彼此信任、相互协作、信息共享、同舟共济。团队发展出清晰的团队规范，团队精神的价值观深入人心。团队精神的文化与舆论在团队氛围中占有统治地位。

（2）团队情绪

团队民主的管理作风、自主的工作环境和富有挑战性的工作，使成员之间相互信任，能够坦诚、开放、平等地沟通与交流，人际关系和谐，成员身心愉快，参与愿望强烈，工作中充满了热情与活力。团队发展过程中经常碰到困难与挫折，但高级团队能够使团队成员愉悦相处并享受作为团队一员的乐趣，团队里不乏幽默的氛围。团队内部士气高昂，团队成员不畏艰难、不畏挫折，时刻保持旺盛的斗志。团队在文化氛围上既强调团队精神，又鼓励个人自我完善与发展，杜绝过于强调团队精神而压倒个性的文化倾向，由此激发个人的积极性、主动性、创造性。

（3）团队效率

团队成员不断提高自己的能力、素质与觉悟，整个团队弥漫着终身学习的氛围。团队目标统一、分工明确、权责分明，办事积极果断。团队不墨守成规，经常能创造性地解决问题，并且有着很好的对变化实行检测的预警系统与习惯，能对技术的变迁做出迅速反应，对价值观的变化做出调整。团队民主、平等的氛围使成员畅所欲言，能够从不同角度提出不同的意见和方案，使决策科学、合理。团队内部以及团队与组织其他部门之间建立密切的联系，信息沟通畅快，决策效率提高。

三、研发过程管理

研发管理方法告诉人们在什么时候做什么事情，而且如何把事情做好。衡量研发管理优劣的三个关键指标是：质量、时间和成本。人们总是希望做得好（即质量高）、做得快（即时间少）而且少花钱（即成本低）。如果出现三者难以兼得的情况，那么决策者一定要搞清楚质量、时间、成本之间的复杂关系，判断孰重孰轻，给出优化和折中的措施。

在游戏研发过程中，针对研发过程的管理也非常的重要。首先，制造一个鼓励创新、适合研发的环境。必须采取弹性而目标化的管理，不以死板的制度限制员工的创意，必须要求实质的成果。其次，要将行销的观念融入研发过程中。为了使有限的资源发挥最大的效益，研发部门也必须具备行销的观念，让行销人员参与研发的过程，这样研发的产品才有价值。最后，研发策略的订立与掌握。有了策略方针，才能对手中所掌握的有限资源善加规划、运用，以求在最短的时间内达到最高效益。

在游戏研发的时间分配上，30%的时间必须放在策划、美术、程序及各部门之间的深入沟通与了解之上，不断地激励与鼓励员工并深入他们的内心与生活。10%的时间放在业内市场动态上，实现公司外交与时俱进。10%的时间放在内部管理上，必须控制好进度与质量，减少内耗。50%的时间放在游戏本身，专注于游戏的每一个细节。

（一）研发管理方法

一般的研发管理方法主要包括以下几种。

1. 双岗制

"双岗制"是针对人员流动造成知识产权流失提出的一种解决方法。所谓"双岗制"是在研发过程的重要位置上设立两个岗，完成同样的工作，互为备份。"双岗制"带来的主要问题是：

第一，重要的岗位用两套人马使用两套设备完成同样的工作，会造成人力资源和设备资源浪费；

第二，如果两套人马完成的结果不一致，会造成确认成本的增加；

第三，由于研发过程有许多环节，如开发过程包括设计、仿真、调试、测试等，如果两套人马生成的两套版本都要通过验证过程的所有环节，将大大增加研制成本、研制周期，并且造成资源的浪费。

由于每个"双岗制"的研制成本和研制周期都几乎翻一番，因此，如果在该产品研制过程中有多个"双岗制"位置，整个研制成本和研制周期将会形成爆炸性的组合增加。

2. 重要的部分由多个人分解承担

"重要的部分由多个人分解承担"，这是企业针对人员流动造成知识产权流失提出的另一种解决方法。所谓"重要的部分由多个人分解承担"是指在研发过程中将重要的部分和环节进行任务分解，由多个人共同承担和协作完成。"重要的部分由多个人分解承担"带来的主要问题是：

第一，如果将重要的部分和环节进行任务分解，将增加系统内部的通信开销和协作成本。

第二，如果采用"重要的工作由重要的人承担"的原则，那么若重要的人员不再承担其他重要的工作，将造成人力资源的浪费；若重要的人员还承担其他重要的工作，一旦人员流动，将会造成多个重要任务的知识产权流失，涉及面和影响范围会更大。

第三，由于研发过程环节很多，重要任务的分解和多个人员的参与将会大大增加研发成本和延长研制周期。

3. "记者式"的研发方法

"记者式"的研发方法主要过程包括：①接受主题，根据上级领导的要求立项或接受项目；②采访素材，自行搜寻和定义市场需求；③自行归纳，自行归纳核定系统功能需求；④自由发挥，独立自由完成功能的实现；⑤自己定稿，自行定义测试和验收的标准。

"记者式"研发管理方法的主要问题是：

第一，以个人为主体，从接收任务（接受主题）、搜集需求（采访素材）、定义功能（自行归纳）、独立研究（自由发挥）、自行测试到任务交付，整个研发过程都由个人控制完成，从而受到了个人认知能力的限制。特别在当今知识经济社会中，知识爆炸、专业分工与综合技术是知识经济的主要特征，因此，个人认知能力远远不能满足社会的需求。

第二，由于个人专业分工的限制，"记者式"研发管理方法往往只突出了个人专业领域的应用，而忽视了其他专业领域的有效介入。例如，硬件工程师只突出了硬件设计的有效性，忽视了系统设计、仿真分析、软件设计、硬件测试、软件测试、系统综合等专业的应用和发挥。

第三，自行定义测试和验收标准属于自己立法、自己执法，与研发游戏的质量控制和最终确认的基本原则相违背。

第四，"记者式"研发管理方法将导致知识产权落入个人控制之中。

4. "逐级下达式"研发管理方法

逐级下达式研发管理方法的过程为：①主题选择决策，由上级领导；②系统功能确定，由承担任务书个人的能力和理解力确定；③研制状态控制，项目组各自为政；④结果测试确认，自定义测试与验收标准。

"逐级下达式"研发管理方法的主要问题是：

第一，以责任传递为研发流程控制的主线，以任务书为研发任务完成的目标，忽略了研发过程和研制状态节点的控制与检验；

第二，责任书和任务书难以全面反映市场需求和产品功能定义，把市场需求和产品功能定义交给任务组来完成，受到任务组认知能力的限制，难以体现多专业系统综合和企业整体水平的有效发挥，造成产品研制目标与市场需求脱钩；

第三，各任务组以任务书为研发任务完成目标，以责任书为交付状态，各自为政，造成各任务组之间技术协调和系统综合难度增大，难以有效实现系统总体目标；

第四，各任务组根据责任书和任务书自行定义自己承担任务的测试和验收标准，从而不仅造成了自己立法、自己执法的状态，违背了研发产品质量控制和最终确认的基本原则，而且由于各任务组承担任务的角度和各任务组认知能力的不同，各自定义的测试和验收标准难以合并统一形成系统的测试和验收标准。

5. "小炉匠式"研发管理方法

该方法的主要特点是：自我中心，即以自我为中心，不愿意与别人合作；自我封闭，即以自身技术能力为项目全技术状态；自我开发，即自我封闭开发，不愿意让别人了解并提出建议。

"小炉匠式"研发管理方法的主要问题是：

第一，容易产生以个人为中心，个人的认知能力决定了游戏开发的技术状态；

第二，自我封闭开发，不愿意采用自己认知能力之外的成熟技术和新技术，一切从底层开始，低水平重复；

第三，缺乏规范设计，增大了游戏技术实现的模糊性，难以实现游戏的维护和升级；

第四，知识产权掌握在个人手中，容易造成知识产权流失。

（二）研发流程设计

研发优势唯一的可持续源泉是卓越的研发流程。以某项卓越设计、天赐良机、对手的某个失策或某一次幸运为基础的优势是不可能长久的。而优越的研发流程则始终能够发现最佳的机遇，推出有竞争力的游戏及相关服务，并以最快的速度把这些研发的新游戏投入市场运营。

研发流程的改进也是个持续的过程，需要不断地持续改进研发流程。研发流程管控保证研发流程设计与改进的持续性、规范化、程序化。

（三）研发成本管理

随着人力资源等各类资源成本的不断提高，趣游公司要从各个方面节约成本，对研发成本也要进行控制。研发成本控制并非指压缩研发规模或者减少研发投资，而是指减少研发中不必要的开支，用较少的投入获取较大的研发成果。将研发成本管理与研发游戏的收益结合起来。游戏在其生命周期的不同阶段，所能获得的利益也有所不同，研发要在游戏的不同生命周期有不同的投入，如在新游戏开发的阶段，研发的成本投入相对较大，但是研发收益几乎为零，一旦新游戏研发出来，受到市场的欢迎，则要加大研发投入，不断维护和升级游戏，到游戏的成熟期，市场上出现类似的游戏品种，则产品改进的研发投入就要相对减少，直至最后取消。

（四）研发绩效管理

研发绩效管理能够有效地激励研发团队积极工作，促成研发成果。研发管理的绩效评价指标有以下几个方面：所研发游戏的难度、研发效率和研发质量。研发绩效管理考虑到了趣游公司的整体发展战略，应用 KPI 考核，制定了完善的研发绩效评估系统。

（五）研发风险管理

研发人员可能会被竞争对手挖角，对外泄露研发题材、进度等商业秘密或者进行恶意破坏。研发信息风险指研发信息可能被研发人员泄露或者破坏，也可能因为遭受灾难、意外事件或者别人的攻击导致风险。研发成果风险是指研发出来的游戏产品或者相关服务可能是过时的、游戏玩家已经厌倦的或者不受欢迎的游戏，或者由于研发的成本过高导致无法获得盈利，进而产生经营风险。研发风险管理则是以风险为主要的控制目标，制定一系列规章制度，将风险降低到可以接受的水平以下，否则就必须增加控制措施。

第七章 趣游公司的知识产权管理与保护

知识产权管理，是知识产权战略制定、制度设计、流程监控、运用实施、人员培训、创新整合等一系列管理行为的系统工程。知识产权管理不仅与知识产权创造、保护和运用一起构成了我国知识产权制度及其运作的主要内容，而且还贯穿于知识产权创造、保护和运用的各个环节之中。从国家宏观管理的角度看，知识产权的制度立法、司法保护、行政许可、行政执法、政策制定也都可纳入知识产权宏观管理的内容；从企业管理的角度看，企业知识产权的产生、实施和维权都离不开对知识产权的有效管理。知识产权是全世界范围内被广泛关注的普遍问题，各国有各国的具体情况，对知识产权的理解也不尽相同。

一、网络游戏知识产权

网络游戏知识产权，顾名思义，就是网络游戏的知识产权，主要包括网络游戏作者及其授权人所享有的著作权和网络游戏发行商所享有的商标权。

网络游戏的著作权，是指网络游戏作者对其游戏作品所享有的不受他人干涉的专有权，根据我国《计算机软件保护条例》的规定，包括：

第一，发表权，即决定游戏是否公之于众的权利；

第二，署名权，即表明开发者身份，在游戏软件上署名的权利；

第三，修改权，即对游戏软件进行增补、删节，或者改变指令、语句顺序的权利；

第四，复制权，即将游戏软件制作一份或多份的权利；

第五，发行权，即以出售或赠予的方式向公众提供游戏的原件或复制件的权利；

第六，出租权，即有偿许可他人临时使用游戏软件的权利；

第七，信息网络传播权，即以有限或无线的方式向公众提供游戏软件，使公众可以在其个人选定的时间和地点获得游戏软件的权利；

第八，翻译权，即将游戏软件从一种自然语言文字转换成另一种自然语言文字的权利；

第九，应当由游戏著作权人所享有的其他权利。

网络游戏的商标权，是指网络游戏的发行商对其经注册许可的游戏商标所享有的商标专有权。网络游戏的商标是游戏发行商为了使自己发行的产品区别于同类或不同类的其他产品而附注在商品上的，作用在于：

第一，商标是发行商形象和商誉的象征，便于消费者将不同游戏区分开来；

第二，商标本身是一种无声的广告宣传，可以表明游戏的来源和出处。

二、趣游公司的知识产权管理制度

知识产权管理实质上是知识产权人对知识产权实行财产所有权的管理。所有权是财产所有人在法律规定的范围内对其所有的财产享有的占有、使用、收益和处分的权利。

（一）趣游公司知识产权管理的主要内容

知识产权虽然在形态上有其特殊性，但它仍然是客观存在的财产。所以，我们仍然可以对无形的知识产权进行科学的管理，提高知识产权的经营、使用效益。

趣游公司知识产权管理的主要内容包括：

第一，网络游戏知识产权的开发管理。趣游公司从鼓励新游戏研发的目的出发，制定相应策略，促进网络游戏知识产权的开发，进行知识产权的登记、统计和清资核产工作，随时掌握网络游戏知识产权的变动情况，对公司直接占有的知识产权实施直接管理，对非直接占有的知识产权实施监督管理。

第二，网络游戏知识产权的经营使用管理。主要针对趣游公司拥有的网络游戏知识产权的经营和使用进行规范，研究核定知识产权的经营方式和管理方式，确定知识产权等。

第三，网络游戏知识产权的收益管理。对网络游戏知识产权的使用效益情况进行统计，合理分配。

第四，网络游戏知识产权的处分管理。趣游公司根据自身情况确定对知识产权的转让、拍卖、终止等。

（二）趣游公司的知识产权管理制度

趣游公司管理范围内的知识产权包括：

第一，专利权和技术秘密。主要指新形象设计、新技术、新方法、新题材等专利权和相关技术秘密。

第二，商标权和商业秘密。主要是指趣游公司的注册商标、商号等，新游戏的名称、标志设计以及公司所拥有的未公开的设计、市场、经营、服务、财务、管理等信息。

第三，著作权（含计算机软件）。主要指趣游公司的网络游戏新形象的设计图纸及其说明，新游戏软件及文档资料，游戏地图，游戏人物形象图以及装备、武器、书籍设计图等。

第四，国家法律规定保护的其他知识产权。

1. 知识产权归属

员工完成的下列知识产权归趣游公司所有：

第一，执行本公司安排的工作过程中产生的知识产权；

第二，利用本公司的物质技术条件产生的知识产权；

第三，与其从事工作和业务相关的知识产权。

非上述范围的知识产权，趣游公司在同等条件下享有优先受让权。

趣游公司委托或与外单位合作进行人才培养、游戏开发及网络游戏经营活动所形成的知识产权，应在合同或者协议中明确权利归属。

趣游公司出资委托其他公司或个人进行的游戏研发，研究成果的所有权归趣游公司所有，产生的知识产权归趣游公司所有。

趣游公司员工在退休、退职、调出公司或以其他方式解除劳动关系后一年内做出的、与其在公司从事的工作和业务相关的知识产权归趣游公司所有。

2. 知识产权管理部门

趣游公司目前没有专职的部门负责知识产权的管理，法务部负责行使部分知识产权管理的职责。法务部与知识产权管理相关的职责包括：

第一，贯彻执行知识产权相关政策、法律法规，对公司的知识产权工作实施全面管理，组织协调公司知识产权工作；

第二，制定并实施公司知识产权发展规划、规章制度，制定并实施推动公司知识产权工作发展的措施和计划；

第三，组织员工参加各级知识产权部门举办的培训活动；

第四，建立信息报送制度，专利申请计划在申请前两周报知识产权局，授权专利在获得证书后一周内报知识产权局；

第五，负责公司知识产权申报、备案、报表、维持、培训等相关事宜，做好知识产权档案的管理工作，建立公司专利数据库，利用与公司有关的专利文献和专利信息，为公司的研发和经营全过程服务；

第六，鼓励员工开展游戏研发活动，为员工提供有关知识产权事务的咨询服务，按照上级规定办理对公司职务发明人的奖励；

第七，办理公司知识产权申请、资产评估、合同备案、引进及转让、认定登记和技术宣传等事宜；

第八，保护公司游戏知识产权和防止侵犯他人的知识产权，办理有关纠纷和诉讼事务；

第九，其他与本单位知识产权有关的事务。

三、趣游公司的知识产权保护

一款网络游戏涉及的知识产权方面的法律与游戏自身受知识产权保护的客体有关。

通常，与网络游戏有关的受知识产权保护的客体主要包括：

第一，游戏客户端和游戏音乐、图片、源代码以及相关的开发文档等；

第二，开发者的名称、游戏名称、游戏中的人物名称、游戏中的道具、标志等；

第三，游戏的源代码、开发文档以及与游戏相关的需要保密的各种商业信息等；

第四，收费与交易技术、游戏进程控制技术等。

与上述受保护的客体相对应，与网络游戏有关的知识产权主要包括：著作权、商标权、商业秘密以及专利权。

基于此，我国与著作权有关的法律法规包括：《中华人民共和国著作权法》（简称"著作权法"）及《中华人民共和国著作权法实施条例》、《信息网络传播权保护条例》、《计算机软件保护条例》、《计算机软件著作权登记办法》、《著作权行政处罚实施办法》、《互联网著作权行政保护办法》、《最高人民法院关于审理著作权民事纠纷案件适用法律若干问题的解释》、《最高人民法院关于审理涉及计算机网络著作权纠纷案件适用法律若干问题的解释》、《最高人民法院关于审理侵害信息网络传播权民事纠纷案件适用法律若干问题的规定》等。

我国与商标权有关的法律法规包括：《中华人民共和国商标法》（简称《商标法》）及《中华人民共和国商标法实施条例》、《最高人民法院关于诉前停止侵犯注册商标专用权行为和保全证据适用法律问题的解释》、《最高人民法院关于审理注册商标、企业名称与在先权利冲突的民事纠纷案件若干问题的规定》等。

我国与商业秘密有关的法律法规包括：《中华人民共和国反不正当竞争法》（简称《反不正当竞争法》）、《关于禁止侵犯商业秘密行为的若干规定》、《最高人民法院关于审理不正当竞争民事案件应用法律若干问题的解释》等。

我国与专利有关的法律法规包括《中华人民共和国专利法》（简称《专利法》）及《中华人民共和国专利法实施细则》（简称《专利法实施细则》）。

（一）网络游戏知识产权的侵权形式

网络游戏从技术实现上是计算机软件作品，但从感官上是"视听"作品。从网络游戏的制作来看，其制作远比普通计算机程序复杂得多，从游戏脚本、音乐、角色造型到音画效果等都不是传统程序能够相比的。网络游戏集音乐、图像、文字等多种艺术表现形式于一体，在其侵权形式上也与一般的软件侵权有很大的不同，在我国，网络游戏知识产权的侵权主要有以下几种形式：

1. 侵犯网络游戏的著作权

网络游戏著作权的侵权行为按照侵权的形式可分为一般侵权行为和特殊侵权行为。

一般侵权行为是指网络游戏领域内与传统著作权侵权方式相类似的侵权方式。如擅自使用网络游戏的虚拟人物、故事情节以及其他属于作者独创性的智力成果等行为。这些行为与传统著作权侵权行为非常相似，在此不再赘述。我们将重点讨论网络游戏著作权的特殊侵权方式。

特殊侵权方式是指网络游戏领域内区别于传统著作权侵权方式而为其独有的侵权方式。主要有"私服"和"外挂"这两种形式。

"私服"和"外挂"严格意义上讲并不是法律词汇，也没有严谨的法律注释。目前最权威的解释就是国家工商总局、新闻出版总署等五个部门发布的《关于开展对"私服"、"外挂"专项治理的通知》中的说法：所谓"私服"、"外挂"行为，是指未经授权和许可，破坏合法出版、他人享有著作权的互联网游戏作品的技术保护措施，私自架设服务器，运营或挂接运营这些网络游戏，从而谋取利益的行为。

"私服"是相对于官服而言的。官服是游戏运营商架设的储存游戏数据的服务器，称为官方服务器，玩家通过下载或购买的方式获得客户端，在交纳一定的费用后通过客户端连接服务器就可以进行游戏。"私服"是指未经运营商授权私自架设的服务器。具体地说，"私服"就是盗用游戏源代码，私自架设盗版网络游戏服务器，此服务器中运行的程序与合法出版的网络游戏的底层程序相同。游戏的发行商和代理商架设服务器，提供玩家所需要的客户端，通过客户端连接服务器对玩家进行收费。而"私服"架设者未经运营商的同意和授权，私自架设服务器，分流运营商的客户玩家，牟取暴利，侵犯运营商的合法利益。

关于"私服"到底怎样分流应当属于游戏发行商和代理商的利益，有人曾经打过一个非常生动形象的比方，认为私自架设网络游戏服务器，如同未经无线通信运营商的许可，私自架设通信基站，在一定范围内建立无线通信网络，通过相应的配置或软件控制该网络的频率、通话内容，并以低价向消费者推销自己的 SIM 卡，而消费者则必须定期充值或交纳话费。

这样，移动、联通等通信公司的利润将有很大一部分被私设的网络侵占。网络游戏发行商和代理商的利益就是以这样的方式被"私服"分流。

毫无疑问，"私服"侵犯了游戏运营商的合法收益权，但是关于"私服"究竟侵犯的是游戏的著作权，还是游戏的商业秘密专有权，却有另一番讨论。有人认为，"私服"从本质上而言就是"游戏盗版光碟"，侵犯了游戏著作权人的著作权；也有人认为，游戏的官方服务端程序和源代码属于不为公众知悉的商业秘密，"私服"侵犯的是游戏发行商和代理商的商业秘密专有权。

商业秘密一般是指不为公众所知悉，且能为权利人带来经济利益，具有实用性并经权利人采取保密措施的技术信息和经营信息。侵犯商业秘密是指行为人未经权利人的许可，以非法手段获取商业秘密并予以披露或使用的行为。获得游戏的官方服务端程序和源代码并不需要太精深的专业技术，也无须花费很多成本，只要具备一定的专业知识，通过一些简单的程序即可在专门网站上下载到。因此游戏服务端程序和源代码与商业秘密"不为公众所知悉，经权利人采取保密措施"的特性并不相符。相较于"商业秘密"，将之称为游戏发行商的作品似乎更合适。因此，笔者更倾向于认为"私服"是侵犯著作权的行为。

私设服务器的前提是获得游戏的源代码。源代码是游戏的核心部分，是作者独立的智力成果，符合我国《著作权法》所称作品的含义——文学、文艺和科学领域内，具有独创性，并能以某种有形形式复制的智力创造成果。"私服"架设者未经游戏作者同意和授权私自架设服务器的行为，实际上是未经作者同意私自通过网络向玩家提供游戏的复制件，侵犯了作者的复制权、发行权和信息网络传播权，是典型的侵犯著作权的行为。

"外挂"是指位于网络游戏主程序以外，直接作用于网络游戏主程序，而达到改变、限制、增加游戏功能的附加程序。"外挂"主要表现为三种程序：一是修改游戏中的参数设定的修改程序；二是增加游戏功能的作弊程序；三是模拟用户的键盘和鼠标运动的程序。显而易见，外挂未经游戏开发者的同意，擅自修改了游戏的数据，侵犯了作者对作品的修改权。

"外挂"的显著特点在于它并不是通过直接分流盈利实现对游戏开发商合法收益权的侵犯，而是通过部分玩家使用"外挂"破坏网络游戏的正常运行和游戏的平衡，危害其他玩家的正常使用，从而使游戏的公平性和挑战性遭到破坏，影响游戏的知名度和声誉，使其失去外在的和潜在的市场。

"私服"和"外挂"不仅是对游戏开发商经济利益的侵犯,还会破坏整个网络游戏的产业结构和产业链的形成,最终侵害的是玩家和国家的利益。

2. 侵犯网络游戏的商标权

商标对产品和商家的重要性是不言而喻的,随着网络游戏领域内竞争的白热化,网络游戏的商标也成为各游戏开发商竞相追逐的对象。"唯晶科技"与"雷爵"的"天方夜谭"之争就是一个典型。"唯晶科技"在其新游戏上市之前对游戏的商标"天方夜谭"进行了注册并向公众予以公开和宣传,但在该游戏上市之前,市面上又出现了一款名为"天方夜谭"的网络游戏软件,并给玩家造成误导。由此引发了国内首例网络游戏商标权争议案件,在学术界也引起了很大的争议。这也标志着商标权的争夺扩展到网络游戏领域。

(二) 网络游戏知识产权的法律保护

1. 网络游戏的版权保护

版权是作者因自己的文学、艺术以及科学作品而得到的权利。网络游戏是科学技术发展的产物,其开发属于智力活动的范畴,需要遵守智力活动的规则,依靠智力活动的方法来实现。因此,网络游戏应得到版权保护。

第一,网络游戏是智力活动的结果。在游戏软件的开发过程中,设计者要对有关信息进行识别、判断和记忆,并结合技术手段或者根据自然法则进行处理。在完成一项网络游戏软件创造的过程中,人的智力活动是不可缺少的。在游戏设计的过程中,需要遵守智力活动的规则和方法;游戏软件在设计完成以后,还需要运行和升级,而这些工作都需要以人的智力活动来推行。这种智力活动的结果就是创造出一个知识与技术相结合的成果。

第二,鼓励人们从事创造性劳动。网络游戏融入了人的智力以及技术,因此其拥有的版权等同于艺术作品的版权。而知识产权法律调整的目的就是鼓励人们从事智力创造性劳动,保护知识产权权利人因智力成果而得到的利益。这种保护有利于保护整个社会的利益,也能够促进智力成果的推广应用。

网络游戏这种智力劳动成果在开发过程中花费了许多财力和精力，智力成果来之不易，因此法律在确认知识产权时，应当明确权利人依法享有的财产权利，并予以切实有效的保护，这样，才能从根本上保证智力成果所有人得到补偿，从而鼓励人们从事智力创造性劳动。

智力成果具有价值和使用价值。换句话说，智力成果是商品，权利人可以有偿转让或许可他人使用，即使国家出于公共利益的需要，许可他人强制实施专利权，实施人也应向权利人支付合理的使用费，这是保护权利人合法权利的要求，也是市场的要求。

网络游戏开发过程中的侵权行为经常发生。应从立法、司法及执法诸方面加强对侵权行为的制裁，以有效保障权利人的合法权益。对于网络游戏版权的保护，一方面强调权利人行使权利时不得违反法律，不得损害公共利益。民事法律关于禁止权利滥用的原则同样适用于知识产权。例如，为防止对专利权的滥用，我国专利法规定了强制实施制度。知识产权法也规定了一系列防止权利人滥用专用权损害其他民事权利人利益的制度。另一方面强调侵犯版权者要承担相应的刑事责任。这主要是为了营造有利于智力成果推广运用的法律环境，强调智力成果的有偿使用。

2. 网络游戏的专利保护

"专利"一词有多种含义，其中一种含义是有关专利的文献，包括专利申请书、权利要求书、说明书及其附图、摘要等。专利文献是公开的技术资料，公众可以查阅。专利制度是通过授予发明创造人专利权的方法保护发明创造人的利益，从而促进科学技术进步和社会发展的法律制度。专利制度以专利法为依据，没有专利法，就没有专利制度。专利法主要规定了专利权保护对象以及专利权取得和专利权保护等制度。完整的专利制度除上述内容外，还包括专利代理制度、专利管理制度等。所以，专利制度的涉及面比专利法宽泛。现在世界上大多数国家都制定并施行了专利法，也都有专利制度。专利制度的核心目的是保护发明创造人的利益，而采用的主要手段是授予发明创造人专利权。有了专利权，发明创造人就可以独占自己的发明创造，既可以独自使用自己的发明创造，也可以许可他人使用其发明创造，甚至可以将其取得专利权的发明创造转让给他人，从中获得经济利益。

对于计算机软件的专利问题，我国《专利法》第二十五条有相关的规定。如果发明专利申请只涉及计算机程序本身或者是仅仅记录在载体上的计算机程序，则就其程序本身而言，不论它以何种形式出现，都属于智力活动的规则和方法，不能授予专利权，因此不能申请专利。如果一项涉及计算机程序的权利要求在对其进行限定的全部内容中既包含智力活动的规则和方法的内容，又包含技术特征，则该权利要求就整体而言并不是一种智力活动的规则和方法，不应当依据《专利法》第二十五条排除其获得专利权的可能性。如果涉及计算机程序的发明专利申请的解决方案执行计算机程序的目的是解决技术问题，在计算机上运行计算机程序从而对外部或内部对象进行控制或处理所反映的是遵循自然规律的技术手段，并且由此获得符合自然规律的技术效果，则这种解决方案属于《专利法实施细则》第二条第一款所说的技术方案，属于专利保护的客体。

因为版权保护本身存在着不足，所以就用专利权来补充。明确专利权的目的在于保护设计者的智力及技术成果。另外，专利权对于侵权的认定以及识别更加简易。当然，专利权保护的是具有一定的新颖性、创新性以及实用性的智力和技术成果。

专利制度以促进科学技术进步为最终目的。人的创新意识及其创新成果的付诸实施是社会发展的原动力，因此实行专利制度来保护发明创造人的利益绝不是权宜之计。网络游戏软件属于科学技术的成果，所以按照专利制度授予创造人专利权，保护创造人的利益理所应当，其目的是鼓励人们在这方面不断进行创新，从而促进该技术的进步。

3. 网络游戏的商标保护

商标就像人的面孔，是商品和服务的一种标记。其法律意义是，商品的生产者和经营者或者服务的提供者，为了指明自己生产经营的商品或者服务与市场上的同行生产经营的类似商品或者服务的区别，在其商品或者服务上使用的一种特殊标记。商标本来专指商品商标，在现代社会，商标的内涵范围有所扩大，除商品商标之外，还包括服务商标。服务商标也称服务标记。将服务标记纳入商标的范畴，是因为包括我国在内的许多国家都明确保护服务标记，有关的国际公约也要求各成员国保护服务标记，而一般又不可能制定专门法来规范对服务标记的保护，所以就将商标法的保护范围由原来的商品商标扩大到服务标记。

　　根据我国《民法通则》的有关规定，侵权行为人应当承担民事责任。人民法院可以采取的民事法律制裁措施有：停止侵害、消除影响、恢复名誉、赔礼道歉以及赔偿损失等。各种制裁措施往往结合在一起使用，如责令侵权行为人在当地有一定发行量的报纸上刊登经人民法院审定的声明，向被侵权人赔礼道歉，消除不良影响，恢复被侵权人的名誉，并赔偿损失。赔偿损失是人民法院在处理商标侵权案件时所采取的重要的法律制裁手段。赔偿额为侵权人在侵权期间所获得的利益，或者被侵权人在侵权期间因侵权所蒙受的损失，包括被侵权人为制止侵权行为所支付的合理费用。

　　有关赔偿额的规定，从理论上说包括"受益说"和"差额说"。所谓"受益说"，是指以侵权人的侵权收益为赔偿额，也就是以侵权人因侵权所获得的利益为赔偿额。但是，在司法实践中，确定哪些是因实施侵权行为获得的利润（即非法利润），哪些是由正常生产经营所获得的利润（即合法利润）是比较困难的。并且利润有生产利润、销售利润和纯利润之分。那么，用于计算赔偿额的利润是什么利润？实际工作中常常理解为销售利润，即扣除生产成本和销售成本后的利润。所谓"差额说"，是指以商标持有人被侵权之前可获得的总利益与被侵权之后实际获得的总利益之间的差额为赔偿额，这种差额就是被侵权人提出的实际损失额。实际损失是指直接经济损失，即现有财产（既得利益）的减损。在市场经济条件下，准确计算出被侵权人因侵权而造成的损失额也是很困难的，因为在侵权行为发生之后，商标权人总收益额的减少是否全由侵权行为引起，往往难以说明。

　　网络游戏软件的商标和其他商标一样，是产品的性能和质量的重要标志，也同样受国家法律的保护。一旦网络游戏产品的商标权受到侵害，人民法院就有责任对违法者执行相应的法律制裁，从而体现出商标法对网络游戏软件知识产权的保护。

4. 网络游戏的商业秘密保护

　　网络游戏软件的出售过程就是其运用的过程，这个"买卖"过程相对较长，容易引发网络游戏软件被窃取的后果。为了保护网络游戏软件的商业秘密，应该重视对服务端源程序代码的保护。

（三）从国家法律层面加强网络游戏的知识产权保护

网络游戏作为一个新兴产业在中国蓬勃发展，不管站在哪一方的立场定位"私服"、"外挂"，我国网络游戏知识产权保护的空白已是暴露无遗，网络游戏知识产权的保护也越来越受到政府、开发商和玩家的重视。保护网络游戏民族产业的知识产权就像之前知识产权首次受到瞩目一样再次被提到一个新的高度。

1. 法律责任

网络游戏的一般侵权行为所应承担的法律责任与传统知识产权的侵权行为大同小异。应当参照传统知识产权侵权行为的处理办法，根据我国《著作权法》、《专利法》、《商标法》所采取的民事责任、行政责任、刑事责任相结合的救济方法对实施侵权行为的行为人应当承担的责任予以确认。

对于特殊侵权行为，有必要对"私服"、"外挂"的具体法律责任予以分析和确认。

（1）刑事责任

《中华人民共和国刑法》（简称《刑法》）第二百一十七条规定，以营利为目的，有下列侵犯著作权情形之一，违法所得数额较大或者有其他严重情节的，处三年以下有期徒刑或者拘役，并处或者单处罚金；违法所得数额巨大或者有其他特别严重情节的，处三年以上七年以下有期徒刑，并处罚金：

第一，未经著作权人许可，复制发行其文字作品、音乐、电影、电视、录像作品、计算机软件及其他作品的；

第二，出版他人享有专有出版权的图书的；

第三，未经录音录像制作者许可，复制发行其制作的录音录像的；

第四，制作、出售假冒他人署名的美术作品的。

《刑法》第二百二十五条规定，违反国家规定，有下列非法经营行为之一，扰乱市场秩序，情节严重的，处五年以下有期徒刑或者拘役，并处或者单处违法所得一倍以上五倍以下罚金；情节特别严重的，处五年以上有期徒刑，并处违法所得一倍以上五倍以下罚金或者没收财产：

第一，未经许可经营法律、行政法规规定的专营、专卖物品或者其他限制买卖的物品的；

第二，买卖进出口许可证、进出口原产地证明以及其他法律、行政法规规定的经营许可证或者批准文件的；

第三，其他严重扰乱市场秩序的非法经营行为。

之前已经讨论过"私服"架设者未经游戏作者同意和授权私自架设服务器的行为，实际上是未经作者同意私自向玩家提供游戏的复制件，侵犯了作者的复制权、发行权和信息网络传播权。符合《刑法》第二百一十七条第一项关于"未经著作权人许可，复制发行其文字作品、音乐、电影、电视、录像作品、计算机软件及其他作品的"的规定。应当按规定予以处置。而根据"外挂"的客观行为及其所侵犯的客体，对"外挂"行为可以以《刑法》二百二十五条第三项关于"其他严重扰乱市场秩序的非法经营行为"的规定定罪处罚。

（2）行政责任

根据《著作权法》第四十七条的规定，著作权侵权行为损害公共利益的，可以由著作权行政管理部门责令停止侵权行为，没收违法所得，没收、销毁侵权复制品，并可处以罚款；情节严重的，著作权行政管理部门还可以没收主要用于制作侵权复制品的材料、工具、设备等。"私服"、"外挂"的行为显然符合第一款规定的"未经著作权人许可，复制、发行、表演、放映、广播、汇编、通过信息网络向公众传播其作品的"行为。应当根据该条款和行政法相关的规定予以处罚。此外，著作权行政管理部门工作人员在对侵权行为进行认定和处理的过程中，滥用职权、玩忽职守、徇私舞弊的，一般由工作人员所在单位或主管部门依法追究其行政责任，给予纪律处分。

（3）民事责任

《著作权法》第四十七条第一款规定，未经著作权人许可，复制、发行、表演、放映、广播、汇编、通过信息网络向公众传播其作品的，应当根据情况，承担停止侵害、消除影响、赔礼道歉、赔偿损失等民事责任。"私服"属于未经许可，私自复制、发行和通过信息网络向公众传播作者作品并获得收益的行为，而"外挂"则符合《著作权法》第四十六条第四款规定的"歪曲、篡改他们作品的"并获得收益的行为，都应当依法承担相应的民事责任。

《著作权法》第四十八条规定了损失赔偿的标准：侵犯著作权或者与著作权有关的权利的，侵权人应当按照权利人的实际损失给予赔偿；实际损失难以计算的，可以按照侵权人的违法所得给予赔偿。赔偿数额还应当包括权利人为制止侵权行为所支付的合理开支。权利人的实际损失或侵权人的违法所得不能确定的，由人民法院根据侵权行为的情节，判决给予五十万元以下的赔偿。

2. 法律依据

由于我国没有网络游戏的专门立法，目前只能引用《著作权法》、《商标法》等法律法规来对网络游戏领域内的知识产权问题进行分析和确认。这给我国打击"私服"、"外挂"等侵权行为带来诸多不便和障碍。譬如，目前很多国家有专门的立法定义"外挂"和处理"外挂"，我国目前尚没有专门的规定。2000年颁布的互联网管理条例中，虽然有类似"破坏软件正常运行属违法行为的规定"，但要将其运用在"外挂"上，还缺乏具体的司法解释和相关案例。

因此，应当尽快颁布专门网络游戏法律对网络游戏领域内的相关问题予以统一规定，为司法部门处理具体侵权行为提供强有力的法律依据。

（四）从政府角度出发加强网络游戏的知识产权保护

要保护网络游戏的知识产权，单纯依靠法律是不够的，法律的作用只在于为保护知识产权提供依据和支持。要想真正做到保护知识产权不受侵害，需要游戏开发商、游戏代理商、玩家和政府多方的努力。

执法部门在处理"私服"、"外挂"行为时往往感到力不从心，主要原因在于无法可依、处罚力度不足以起到杀一儆百的作用以及"私服"站点过于分散隐蔽。前两点原因可以通过完善立法来实现。第三个问题却相当棘手，由于执法力量有限，执法部门不能准确及时地发现违法行为。有人提议可以充分利用玩家的反馈，这不失为一个好方法，而且也是当前国内游戏运营商比较依赖的途径，有不少网络游戏主页上都有"玩家举报"这一专门页面。相信执法部门同样可以采用这种方法，并将之正规化、专门化，这会比盲目地寻点和单纯依靠游戏商报案更有成效，毕竟玩家是最接近"私服"和"外挂"的社会群体。但这种举措却有个不可或缺的前提，即玩家知识产权法律意识的强化。

（五）从网络游戏玩家角度出发加强网络游戏的知识产权保护

玩家是网络游戏侵权行为的终极受害者，但大多数玩家对这种隐性的危害却不以为然。相反他们认为自己是"私服"、"外挂"的受益者之一，因为"私服"和"外挂"，他们才能更充分地享受到网络游戏的乐趣。大量支持"私服"、"外挂"的游戏玩家才是"私服"、"外挂"的巨大生存空间。玩家的态度往往决定了游戏开发商和"私服"、"外挂"的前途和命运。因此，提高玩家的法律意识对遏制"私服"、"外挂"的肆虐具有决定性的意义。

第一，加大普法宣传。多数玩家都没有意识到"私服"、"外挂"是违法侵权的行为，更没有意识到自己是最终的受害者，只是单纯地认为"私服"、"外挂"在给自己带来更多刺激和乐趣之外，并没有什么弊端，充其量只是侵害了游戏开发商和代理商的经济利益而已。因此，在游戏网站进行普法宣传，分析"私服"、"外挂"的利弊，应该会有明显的成效。

第二，更新游戏的技术和管理。虽然有很多游戏玩家知道"私服"的违法性，但是他们更倾向于"私服"，其原因在于对"官服"管理模式的不满。因此，游戏商想要挽留玩家就必须改变传统的管理模式。针对"外挂"，做好游戏自身的防护设计并定期予以更新应该是最治本的方法。

（六）从趣游公司本身出发加强网络游戏的知识产权保护

虽然"私服"和"外挂"最大的危害在于对整个产业链的破坏，而最大的受害者是游戏玩家，但是直接利益的受害者却是为游戏的开发和推广付出心血和金钱的游戏开发商和代理商。因此，他们也是最希望通过法律途径来保护自身权益的人。趣游公司除了依靠法律途径、政府途径和网络游戏玩家途径保护知识产权之外，也采取了一系列的措施来进行知识产权的自我保护，以使自己的权益免受侵犯。

第一，改进游戏的设计和维护。趣游公司对游戏软件的客户端与服务器端进行了良好的设计，尽量避免游戏源代码泄露等问题，提高游戏安全性的同时也保护了企业的知识产权不被侵害。

第二，研发反"外挂"程序。针对日益嚣张的"外挂"程序，趣游公司采取了比较积极的行动，那就是开展反"外挂"程序的研发。先根据玩家的举报和游戏测试人员的发现，获取"外挂"程序，对"外挂"程序的机理、功能、技术等进行全面的分析，发现游戏本身的一些漏洞，再通过完善游戏的漏洞封死"外挂"的进入路径，或者根据"外挂"程序的漏洞和特征研发反"外挂"程序，借此保护游戏的知识产权。

第三，自主开发具有知识产权的网络游戏。调查发现，很多进口游戏的源代码泄露来源于国外的网站，且获得的途径非常简单。显然，网络游戏开发商对于侵犯我国游戏代理商合法权益的"私服"行为并不十分重视，虽然可以通过相关合同条款要求他们对游戏采取相关保护措施，但这不过是治标不治本的方法，最彻底的途径就是开发我们自己的网络游戏。

网络游戏虽然是新兴产业，但对于整个国民经济发展的意义已经日臻明显。作为网络游戏产业的重要保护手段，网络游戏的知识产权制度也就因此变得尤为重要。在我国，网络游戏作为一种文化产业才刚刚起步，完整而严谨的网络游戏知识产权法律体系的地位和作用也就格外突出。建立健全我国的网络游戏知识产权保护制度已经成为政府和社会关注和讨论的焦点。"私服"、"外挂"等特殊网络游戏侵权行为对网络游戏的破坏也由局部破坏扩展到对整个产业文化的破坏，而我国的知识产权法律制度对这些侵权行为至今没有具体、明确的惩治措施。这两者之间的矛盾也就决定了我国网络游戏知识产权保护的道路依然漫长，非一朝一夕的努力能为之的。故而，在提倡开发我们民族自己的具有知识产权的网络游戏的同时，更应当加快立法步伐以确保游戏开发商和代理商的合法权益，为游戏的开发杜绝后顾之忧。

第八章　趣游公司的人力资源管理

人力资源管理，是指在经济学与人本思想的指导下，通过招聘、甄选、培训、报酬等管理形式对组织内外的相关人力资源进行有效运用，满足组织当前及未来发展的需要，保证组织目标实现与成员发展最大化的一系列活动的总称。就是预测组织人力资源需求并做出人力需求计划、招聘选择人员并进行有效配置、考核绩效支付报酬并进行有效激励、结合组织与个人需要进行有效开发以便实现最优组织绩效的全过程。

趣游公司的人力资源管理理念是信任、勤奋、创新、成就，其人力资源工作包括六大主要模块，分别为人力资源工作规划、招聘与配置、培训与开发、绩效管理、薪酬管理以及劳动关系。

一、人力资源工作规划

人力资源工作规划对趣游公司而言，就是明确人力资源发展的合适的、明确的目标与方向，找到最适合公司发展的人力资源管理制度，这需要企业确定人力资源工作的目标定位和实现途径。人力资源工作规划使企业稳定地拥有一定质量的和必要数量的人力，以实现包括个人利益在内的组织目标，进而求得人员需求量和人员拥有量之间在企业未来发展过程中的相互匹配。

趣游公司人力资源工作规划的目的在于结合企业发展战略，通过对公司资源状况以及人力资源管理现状的分析，找到未来人力资源工作的重点和方向，并制定具体的工作方案和计划，以保证企业目标的顺利实现。

趣游公司人力资源工作规划的重点在于对企业人力资源管理现状的信息进行收集、分析和统计，依据这些数据及其分析结果，结合公司发展战略，制定未来人力资源工作的方案。人力资源规划在工作中起到定位目标和把握路线的作用。

（一）趣游公司人力资源工作规划的目标

趣游公司人力资源工作规划的主要目标包括：

第一，获取和保持一定数量的具备网游开发、维护，运营技能、相关知识结构和能力的高素质人才队伍。

第二，充分利用现有的人力资源能力，使员工能够充分发挥自己的专长，通过自身的努力为企业的发展贡献力量。

第三，对现有的人力资源情况有深刻的了解，并能够对未来人力资源的过剩或不足等情况进行相对准确的预测。

第四，不断提高员工工作水平，建设一支训练有素、运作灵活的员工队伍，增强公司适应未知环境的能力。

第五，减少企业在关键技术环节对外部招聘的依赖性。

（二）趣游公司人力资源工作规划的主要内容

趣游公司人力资源工作规划的主要内容包括：

第一，合理规划和安排公司的组织机构，根据公司发展的具体情况设置新的功能机构，配合公司的战略发展。

第二，对公司的组织机构进行分析和调整。根据公司的发展战略，适时调整公司的组织机构，对不必要的机构进行撤销和合并，根据新的业务发展需要调整组建新的部门和机构。

第三，根据公司现有的组织机构情况，对其人员使用情况进行统计和分析，核查公司人力资源的数量、质量、结构以及分布状况，并根据企业发展的具体情况，运用直觉预测方法（定性预测）和数学预测方法（定量预测），对公司各个部门员工的需求情况进行预测，根据预测的需求情况提前安排人员的招聘，以满足公司的人力资源需求。

第四，对公司人力资源信息进行统计和维护。主要内容包括个人自然情况，录用相关资料，员工的教育背景、工资资料、工作执行情况及相关评价、工作经历、服务年限与离职资料、工作态度、工作或职务的历史资料等。

第五，进行企业不同岗位的工作分析。工作分析，又叫职务分析、岗位分析，它是人力资源管理中一项重要的常规性技术，是整个人力资源管理工作的基础。工作分析是借助于一定的分析手段，确定工作的性质、结构、要求等基本因素的活动。

第六，制定公司的人力资源制度，并在公司的不同发展阶段进行适时的调整。

第七，人力资源管理费用预算的编制与执行。

二、招聘与配置

员工招聘是按照企业经营战略规划的要求，把优秀、合适的人招聘进公司，把合适的人安排在合适的岗位上。招聘工作的内容包括需求分析、预算制定、招聘方案的制定；发布和管理招聘信息；筛选简历、面试通知、面试的准备和组织协调；面试过程的实施，分析和评价面试结果；确定最终人选以及通知录用；面试资料存档备案，储备档案管理并及时更新；招聘渠道的开拓与维护，招聘会的联系及相关物料的准备；不断完善招聘制度、流程和体系等。

（一）常用的招聘方法

1. 结构化面试

（1）结构化面试的含义

结构化面试也称为标准化面试，是根据所制定的评价指标，运用特定的问题、评价方法和评价标准，严格遵循特定程序，通过测评人员与应聘者面对面的语言交流，对应聘者进行评价的标准化过程。

其结构性体现在以下六个方面：

第一，面试考核要素（工作分析）结构化，并作为评分标准的基础。

第二，面试试题（内容、种类、编制）的结构化，不同类型的题目与测评要素相对应。

第三，评分标准的结构化，要素得分及其所占比重、总分、考官评语、与其他测评工具得分的合成，都有一定的比例关系。

第四，组建面试考官、监督员及考务人员队伍的结构化。

第五，选择与布置考场结构化。

第六，具体操作步骤和实践安排的结构化。

（2）结构化面试的特征

第一，根据工作分析的结构设计面试问题。这种面试方法需要进行深入的工作分析，以明确在工作中哪些事例体现了良好的绩效，哪些事例反映了较差的绩效，由执行人员对这些具体事例进行评价，并建立题库。结构化面试测评的要素涉及知识、能力、品质、动机、气质等，尤其是有关职责和技能方面的具体问题，更能保证筛选的成功率。

第二，向所有的应聘者提出同一类型的问题。问题的内容及其顺序都是事先确定的。结构化面试中常见的两类有效问题是：以经历为基础的问题，即与工作要求有关，并且是求职者所经历过的工作或生活中的行为；以情景为基础的问题，即在假设的情况下，与工作有关的求职者的行为表现。提问的秩序结构通常有两种：一种是由简易到复杂的提问，逐渐加深问题的难度，使候选人在心理上逐步适应面试环境，以充分地展示自己；另外一种是由一般到专业内容的提问。

第三，采用系统化的评分程序。从行为学角度设计出一套系统化的具体标尺，每个问题都有确定的评分标准，针对每一个问题的评分标准，建立系统化的评分程序，从而保证评分的一致性，提高结构的有效性。

（3）结构化面试的程序

结构化面试的程序包括以下几个步骤：

第一，将应试者集中，并进行身份确认；

第二，应试者抽签排出面试顺序；

第三，招聘工作人员向应试者宣布规则；

第四，应试者按顺序入场；

第五，主考官宣读指导语；

第六，主考官提问，应试者回答问题，考官独立评分；

第七，招聘工作人员统计评分表并存档。

结构化面试的模型如图 8-1 所示。

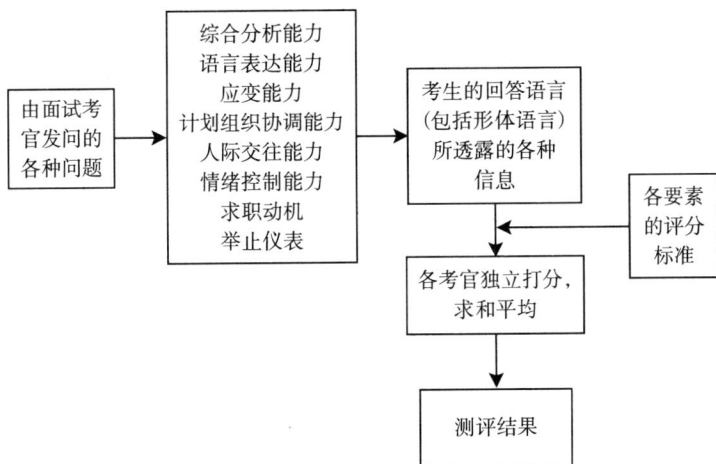

图 8-1　结构化面试模型①

2. 非结构化面试

（1）非结构化面试的含义

非结构化面试就是没有既定的模式、框架和程序，考官可以"随意"向被测者提出问题或对被测者进行观察，而对被测者来说也无固定答题标准的面试形式。非结构化面试适用于综合管理能力及某些专门岗位或专门要素的人才测评。

（2）非结构化面试的基本特征

不同的工作岗位，其工作性质、职责范围、任职资格条件等都有很大差异。因此，非结构化面试的考察内容与考察形式都不能做统一规定，面试题目及考察角度应各有侧重，不能一概而论。面试内容也因应聘人的经历、背景等情况的不同而无法固定。因此，非结构化面试的内容必须事先依目标拟定，以供提问参照，避免面试偏离岗位的任职资格具体要求。但这并不意味着主试官必须按照事先拟定好的题目逐一提问，而是要根据应聘者回答某一问题的情况，顺势追问，而不必拘泥于预定的题目。也就是说，非结构化面试内容既要事先拟定、"有的放矢"，又要因人而异、灵活掌握；既要让应聘者表现自己的水平，又不能完全让应聘者海阔天空地自

① 付国平.结构化面试在现代企业招聘中的应用策略探析［J］.当代教育理论与实践，2014（1）：181-184.

由发挥，应该在恰当的控制下灵活掌握面试的主题内容。非结构化面试的基本特征包括：

第一，非结构化面试的考官提出的问题是不确定的，是因人而异的。

第二，它立足于被试的整体管理能力，主要测评其在解决实际问题的过程中应用各种管理方法的综合管理能力，一般不把管理能力分解为单个的管理能力要素分别加以考察。

第三，被试的综合管理能力可以反映在解决问题的过程中，向被试提出与其竞聘的岗位的难度相符合的问题，并且通过不断的追问来模拟其岗位工作过程，测评其岗位工作能力。

第四，对被试管理能力的评分，是主考根据被试在回答或解决问题的过程中表现出的管理行为特征进行综合判断，以确定其岗位能力的高低。主考的主观判断能力起着决定性的作用。

第五，通过设计一些特定的情景或问题，通过追问或观察，能对被测者的心理特征、品格特征等非智力因素进行评估。而这些特征对于从事公共管理的人来说，有时比智力因素更重要。如价值观、动机、公共性、人际适应性、坚持性等。从人的心理与行为的对应性上讲，任何非智力的因素都会从其言行中反映出来，关键是如何去测量。

（3）非结构化面试的形式

一般来说非结构化面试中采用案例分析、脑筋急转弯、情景模拟等方式。

第一，案例分析。案例分析就是让应聘者在有限的时间内模拟分析真实的案例问题。案例分析与其他面试形式的最大区别就是它的实践性。主试官向应聘者提供一个特定问题的有关信息，由应聘者进行分析并给出结论。应聘者的工作是基于提供的信息进行合理的假设，之后向主试官提出一连串逻辑性良好的问题，进一步收集信息，最后做出总结并提出建议。

大多数的案例分析并没有某个特定的正确答案。主试官希望通过观察案例分析的过程，测试应聘者的反应能力和创新能力。如果能想到主试官都想不到的解决方案，即使这个方案并不成熟，那么应聘者的表现也将是最出色的。

近年来，招聘单位越来越重视面试过程的实践性，且希望在面试过程中尽量模拟日常工作中的重要环节，以测试应聘者的实际能力。这种趋势迫使应聘者要尽快提高自己的全面素质。

第二，脑筋急转弯。脑筋急转弯主要是考察应聘者的逻辑思维能力。随着社会的发展，面试结构的不断完善，脑筋急转弯将被越来越多地用到面试中。应聘者是否具备快速的反应能力和逻辑思维能力，通过脑筋急转弯可以很快地检测出来。

第三，情景模拟。情景模拟测试方法是一种非常有效的选择方法。它是将应聘者放在一个模拟的真实环境中，让应聘者解决某方面的一个"现实"问题或达成一个"现实"目标。面试人员通过观察应聘者的行为过程和达成的行为结果来鉴别应聘者的工作处理能力、人际交往能力、语言表达能力、组织协调能力、考察事务能力等综合素质能力。

（4）非结构化面试中出现的信度偏差及解决办法

非结构化面试的信度是很高的，但是其在面试过程中不可避免地也会出现一些问题，这些问题在一定程度上会影响面试结果的准确性。

第一，主观性强。短短的30分钟左右的时间内，主试官想要全面深入地了解应聘者是不可能的。在面试考核资料中，只有姓名、性别、学历、年龄、工作时间及以前工作表现等基础信息，即使还有案例分析等，但这对人员筛选来说也是不够的。一般招聘单位在这时候往往通过面试时对求职者的主观印象做出判断，这种判断的客观性和准确性是值得怀疑的。每一个资料所反映的只是求职者的某一方面、某一属性，而每个应聘者个体都是立体的、动感的，是由多方面组成的，其中每一个方面、每一个属性都会对其本人在以后的工作表现中有不同的影响。

第二，主试官经验不足。非结构化面试是主试官通过谈心的方式了解应聘者的多种能力。对于这种方式，需要富有经验的主试官来掌握，而在现实运用中，大多主试官缺乏丰富的临场经验，导致面试的效率、质量不高。

第三，容易跑题。通常在非结构化面试中，要求主试官要由浅入深，逐渐地了解应聘者深层的潜质，而在一些面试中，应聘双方把面试当成一种结构松散的聊天，结果，面试成了一种气氛友好的闲扯，双方都会高兴地离去，但主试官对于候选人的真正工作能力却知之甚少，最终造成极其优秀的人才被拒之门外。这严重影响了面试的信度。

避免非结构化面试信度偏差的方法和技巧包括：

第一，掌握非结构化面试的技巧。由于非结构化面试内容的不固定性及主试官与应聘者双向沟通的特点，决定了面试质量的高低在很大程度上取决于主试官的经验以及提问技巧等。在面试过程中，除了需要注意不同面试阶段的特点外，还需要注意面试的提问方式。在大多数情况下，面试提问的指导思想，不是要难倒应聘者，而是让应聘者通过回答问题来充分展现其个性优势，以此来测试其素质能力的差异。因此，提问方式必须有利于应聘者充分展示其才华，另外还要有利于对各位应聘者的真实水平进行横向比较。在提问时，应尽量让应聘者"开口"，把问题用通俗的语言来陈述，让应聘者理解问题的含义，并要把握面试的节奏和时间。

第二，建立科学的非结构化面试成绩的评价系统。非结构化面试成绩的评价，是面试过程的最后一道程序，也是最为关键和易产生不同结果的阶段。它是主试官根据面试过程中的观察与言辞答问所收集到的信息，对应聘者的素质特征及工作动机、工作经验等进行判断的过程。在这一过程中，主试官必须做出对应聘者特定方面的判断，比如他们的能力、个性品质、工作经验或工作动机，然后做出录用建议。在这里对应聘者特定方面的判断将直接影响随后的录用建议和决策。作为主试官，应认真研究和掌握面试成绩评定中的各种技术及相关评价手段。

在非结构化面试评价中，运用比较多的是面试成绩评价量表。它是一种比较客观的评价表，常用的是行为定位评价量表，它具有很高的信度和效度。虽然结构化面试有量化的评价标准，很容易被掌握，能使面试评分具有客观性，但是参照结构化面试，非结构化也可以制定一定的评价标准。通过应试者在回答问题过程中的流利和熟练程度等来进行评分。

3. 无领导小组讨论

（1）无领导小组讨论的含义

无领导小组讨论是面试中经常使用的一种测评技术，其采用情景模拟的方式对应聘者进行集体面试。无领导小组讨论通过给一组考生一个与工作相关的问题，让应聘者们进行一定时间（一般是一个小时左右）的讨论，借此来检测应聘者的组织协调能力、口头表达能力、辩论能力、说服能力、情绪稳定性、处理人际关系的技巧、非语言沟通能力（如面部表情、身体姿势、语调、语速和手势等）等各方面的能力和素质是否达到拟任岗位的团队协作的要求，进而综合评价应聘者之间的优劣。

在无领导小组讨论中，评价者或者不给应聘者指定特别的角色（不定角色的无领导小组讨论），或者只给每一个应聘者指定一个彼此平等的角色（定角色的无领导讨论），但都不指定谁是领导，也不指定每一个应聘者应该坐在哪个位置，而是让所有的应聘者自行排辈、自行组织，评价者只是通过观察每一个应聘者的表现来对应聘者进行评价。

（2）无领导小组讨论的程序

无领导小组讨论一般分为三个阶段：第一阶段，应聘者了解试题，独立思考，列出发言提纲，一般为5分钟左右；第二阶段，应聘者轮流发言阐述自己的观点；第三阶段，应聘者交叉辩论，继续阐明自己的观点，或者对别人的观点提出不同的意见，并最终得出小组的一致意见。

无领导小组讨论的程序为：

第一，讨论前确定分组情况，一般每个讨论组以6~8人为宜。

第二，应聘者按照易于讨论的方式设置座位，一般采用圆桌会议室，面试考官席设在考场四边（或集中于一边，以利于观察为宜）。

第三，应聘者落座后，工作人员为每个应聘者发放若干空白纸张，以供草拟讨论提纲使用。

第四，主考官向应聘者讲解无领导小组讨论的要求，并宣读讨论题目。

第五，给应聘者5~10分钟的准备时间，构思讨论发言提纲。

第六，主考官宣布讨论开始，依顺序每人阐述观点、依次发言，发言结束后开始自由讨论。

第七，各个面试考官只能观察应聘者的表现并依据评分标准为每位应聘者打分，不准参与讨论或给予任何形式的诱导。

第八，无领导小组讨论一般以40~60分钟为宜，主考官依据讨论情况，适时宣布讨论结束，之后收回应聘者的讨论发言提纲，同时收集各考官的评分成绩单，应聘者退场。

第九，记分员去掉一个最高分，去掉一个最低分，以平均分的方式计算出最后得分，主考官在成绩单上签字。

（3）无领导小组讨论的功能

第一，区分功能，在一定程度上能够区分出应聘者能力、素质上的相对差异。

第二，评定功能，在一定程度上评价、鉴别应聘者某些方面的能力、素质和水平是否达到了规定的标准。

第三，预测功能，在一定程度上预测应聘者的能力倾向和发展潜力，预测应聘者在未来岗位上的表现、成功的可能性和成就。

（4）无领导小组讨论的优缺点

无领导小组讨论能检测出笔试和单一结构化面试法所不能检测出的能力或者素质；可以依据应聘者的行为、言论对应聘者进行更加全面、合理的评价；能够使应聘者在相对无意中显示自己各个方面的特点；使应聘者有平等的发挥机会，从而很快地表现出个体上的差异；节省时间，并能同时对竞争同一岗位的应聘者的表现进行比较，观察到应聘者之间的相互作用；应用范围广，能应用于非技术领域、技术领域、管理领域等。

但无领导小组讨论对测试题目和考官的要求比较高，同时，单个应聘者的表现易受到其他应聘者的影响。

（5）无领导小组讨论面试的考官评分

一般而言，对于无领导小组讨论的计分有以下三种方式：

第一，各考官对每个应聘者的每一个测评要素打分；

第二，不同的考官对不同的应聘者的每一个测评要素打分；

第三，各考官分别对每一个考生的某几个特定测评要素打分。

在具体实施期间，考官之间可根据考官水平和考官特长等具体情况，有针对性地选择使用某一种计分方式。

（二）招聘工作要求

趣游公司的招聘工作要求包括以下几点：

第一，符合国家有关法律法规、政策以及本公司的利益。

第二，公平原则。

第三，坚持平等的原则，确保录用人员的素质。

第四，根据公司人力资源规划工作需要和职务说明书中工作人员的任职资格要求，运用科学的方法和程序开展招聘工作。

第五，在降低招聘成本的同时，提高招聘工作效率。

（三）制作人员需求表

公司人力资源部门定期对企业的人力资源需求进行汇总，由公司统一的人力资源规划部门或各职能部门根据长期或短期的实际工作需要，提出人力资源的需求，并填写人员需求表；人力资源部审核后，确定公司总体人员需求。

人员需求表的内容包括所需人员的部门、职位；所需人员的工作内容、责任和权限；所需人数以及录用方式；人员基本情况（年龄、性别）；要求的学历和经验；希望人员具备的技能和专长；其他需要说明的内容。

（四）制定招聘计划

招聘计划的内容包括：

第一，录用人数以及达到规定录用率所需要的人员。

第二，从候选人应聘到雇佣之间的时间间隔。

第三，录用基准。

第四，录用来源。

第五，招聘录用的成本计算。

（五）招聘与面试过程安排

趣游公司一般不委托第三方机构进行招聘，所有公司的招聘都由人事部自行安排。

面试的过程安排一般为：

第一，组织各种形式的考试和测验。

第二，确定参加面试的人选，发布面试通知并进行面试前的准备工作。

第三，面试过程的实施。

第四，分析和评价面试结果。

第五，确定人员录用的最终结果，如有必要进行体检。

第六，面试结果的反馈。

第七，面试资料存档备案。

（六）录用人员岗前培训

招聘工作完成后，在员工入职以前，需要对录用人员进行岗前培训，帮助员工更快地进入工作角色。岗前培训的主要内容包括：

第一，熟悉工作内容、性质、责任、权限、利益和规范等。

第二，了解公司文化、政策及规章制度。

第三，熟悉公司环境、岗位环境和人事环境。

第四，熟悉、掌握工作流程和相关技能。

三、培训与开发

通过学习、训导的手段,提高员工的工作能力、知识水平和潜能发挥,最大限度地使员工的个人素质与工作需求相匹配,进而促进员工工作绩效的提高。培训是给新员工或现有员工传授其完成本职工作所必需的基本技能的过程。开发主要是指管理开发,指一切通过传授知识、转变观念或提高技能来改善当前或未来管理工作绩效的活动。

培训与开发主要担负企业人才的选、育、用、留职能,其中主要侧重于选和育。在企业整体人才规划战略指引下,企业需要怎样的人才,如何通过本模块的职能去实现企业战略目标下的合格人才的培养和开发需求,是培训与开发模块的重点工作方向。人才需求包含短期人才的需求和长期人才的需求。培训与开发的主要工作内容有:

第一,明确企业人才战略规划下的人才具体需求,即人才的知识、技能、素质等的要求。

第二,分层、分类规划并建立人才获取及培养的渠道、策略、方法和实施计划。

第三,整合相关外部和内部资源,实施人才培训与开发计划,并实时反馈、调整计划,明确目标、缩短差距。

第四,不断总结、反思、沉淀人才培养与开发过程中的知识、经验、教训,系统化、专业化、规范化培训与开发体系,形成企业自身独具特色的人才选拔和培养之路。

第五,不断学习和借鉴外部先进的理论和实践经验,加强内部优化、改进、完善培养体系,适应企业的发展需要。

(一)培训与开发的目的

培训与开发的主要目的包括提高工作绩效水平和员工的工作能力;增强组织或个人的应变和适应能力;提高和增强企业员工对组织的认同和归属。

培训的最终目的是通过提升员工的能力实现员工与企业的同步成长。培训与开发对企业的意义越来越重要。越来越多的企业对员工能力的培训与开发，已经超越某一项专业技能的培训与开发，而更多的是着重于两个新的目的：一是向员工传授其他更为广泛的技能，使员工的技能由单一技能向多重技能发展，以适应不断变化的客户需求与组织发展的需要，如主动解决客户需求的技能、有效沟通的技能、团队合作技能及学习技能；二是利用培训与开发来强化员工对组织的认同，提高员工的忠诚度，培养员工的客户服务意识，提高员工的适应性和灵活性，使员工与组织同步成长。

企业在进行培训之前一定要明确自己的培训目的，它是指导培训工作的基础，也是衡量培训工作效果的标准。企业培训的直接目的是提高员工的知识、提高员工的技能、改变员工的态度；企业培训的间接目的是使企业与员工形成共同目标以维持企业的持续发展。

趣游公司员工培训的主要目的包括：

第一，优化人岗匹配。以岗择人、人岗相适是趣游公司发挥员工积极性的重要途径。随着公司的迅速发展，公司员工都不同程度地存在与岗位要求不符的情况，公司需要通过培训使员工更好地胜任自己的本职工作，从而在自己的岗位上发挥更大的作用。

第二，提高员工的能力和技术水平。趣游公司的发展对员工的能力和技术水平提出了新的要求，只有通过培训才能使员工的能力和技术水平的提高与企业的发展同步。

第三，提高员工的综合素质。员工的素质包括思想素质、知识素质、能力素质、心理素质等。员工的综合素质直接关系到趣游公司的发展。通过企业培训提高员工的综合素质是企业培训的重要目的。

第四，有效沟通、团结合作。通过培训使趣游公司各部门之间及员工之间能够有效地进行思想、观念、信息、情感的交流，促进彼此间的了解，形成企业内部和谐的人际关系、高效的工作团队，团结合作完成企业的目标。

（二）培训的基本原则

培训的基本原则包括以下几点：

1. 战略性原则

培训的战略性原则包括两层含义：

第一，企业培训要服从或服务于企业的整体发展战略，最终目的是为了实现企业的发展目标。

第二，企业培训要从战略的角度考虑，要以战略的眼光去组织企业培训，不能只局限于某一个培训项目或某一项培训需求。

2. 长期性原则

有些培训有立竿见影的效果，但有些培训的效果要在一段时间以后才能反映在员工工作效率和企业经济效益上，尤其是管理人员和员工观念的培训。因此，要正确认识智力投资和人才开发的长期性和持续性。

3. 按需施教、学以致用的原则

企业组织员工培训的目的在于通过培训让员工掌握必要的知识技能，以完成规定的工作，最终为提高企业的经济效益服务。

培训的内容必须是员工个人和工作岗位需要的知识、技能以及态度等。

因此，在培训项目实施中，要把培训内容和培训后的使用衔接起来，这样培训效果才能体现到实际工作中去，才能达到培训目标。

4. 全员教育培训和重点提高相结合的原则

全员教育培训，就是有计划、有步骤地对所有在职员工进行的教育和训练。全员培训的对象应该包括企业所有的员工，这样才能全面提高企业的员工素质。

同时，在全员培训的基础之上还要强调重点培训，在全员培训的同时，重点教育培训对企业发展起着关键作用的领导人才、管理人才和工作骨干，优先教育培训亟须人才。

5. 主动参与的原则

要调动职工接受教育培训的积极性，使培训更具针对性，就要促使员工主动参与。事实证明，让培训对象积极参与培训活动，受训者能更容易地掌握讲授的知识技能、正确的行为方式，并能使受训者开拓思维、转变观念。

6. 严格考核和择优奖励的原则

培训工作与其他工作一样，严格的考核和应有的奖励是不可缺少的管理环节。严格考核是保证培训的必要措施，也是检验培训质量的重要手段。只有培训考核合格，才能择优录用或提拔。必要的奖励也是不可或缺的，这样能提高员工的积极性。

7. 业务与文化并重的原则

培训的内容，除了包括知识和技能以外，还需包括企业的信念、价值观和道德观等，以便培养员工符合企业要求的工作态度。

（三）培训的主要内容

1. 岗前培训

（1）岗前培训的概念

所谓岗前培训，也称新员工导向培训或职前培训，指员工在进入趣游公司之前公司为新员工提供有关公司背景、工作基本情况、工作一般程序和规范等信息的活动。趣游公司的岗前培训分为两类：针对新进入公司的大学毕业生员工的岗前培训称为青檬计划（见图8-2）；对面向社会招聘

图8-2 趣游公司的青檬计划①

---

① 资料来源：趣游公司政策发展部。

的人员的岗前培训称为蓝色起航计划。岗前培训对新员工来说具有导向性作用。

（2）岗前培训的内容

不同的公司，新员工岗前培训的内容存在很大的差异。这主要是由公司的生产经营特点、企业文化以及新员工的素质决定的。

岗前培训可分为公司职前培训与部门职前培训，也可称为岗前集中培训与岗后分散培训两个阶段。主要目的是把培训部门及其相关责任明确。公司培训部负责总体性的培训，即负责新员工对公司的认同、了解等方面以及对整个公司都适用的内容培训；而部门培训则重点对在自己部门内所需要了解、认同的方面进行培训。

与岗前集中培训和岗后分散培训两个阶段相对应，岗前培训的内容一般分为两大类：一类是公司岗前培训的一般内容；另一类是公司岗前培训的专业内容。

趣游公司岗前培训的一般内容包括：

第一，公司概况。主要指趣游公司的创业、成长、发展过程，公司经营战略目标，公司的优势和面临的挑战；公司游戏产品运营、服务和主要客户情况；企业的活动范围、组织结构、主要领导人等情况。

第二，趣游公司的行为规范和共同价值观。包括企业精神的塑造、经营管理理念、企业形象的特色与维护、企业文化建设的环境、企业伦理规范等。

第三，趣游公司的主要制度和政策。包括企业员工假期、请假、加班、报销的政策及其程序，企业内部福利制度以及享受内部服务的政策及其程序，绩效管理的政策及其程序等。

第四，公司设施情况。包括公司办公环境、宿舍情况、餐厅地点、员工出入口、员工活动区域与休息区域、停车场、禁区、部门工作休息室、个人物品储藏柜、火灾报警、公司相关医疗设施等。

第五，部门职能和岗位职责。包括部门目标及最新优先事项或项目、与其他部门的关系、部门结构及部门内各项工作之间的关系、工作职责说明、工作绩效考核标准和方法、常见的问题及其解决办法、工作时间和合作伙伴或服务对象、请求援助的条件和方法、加班要求、规定的记录和报告、办公用品的领取和维护等。

一般内容主要采用讲授的形式进行培训，其中企业设施情况多结合实际进行具体的参观（见表 8-1）。

表 8-1 员工岗前培训的一般内容安排

序号	培训内容	时间
1	新员工岗前培训典礼（公司领导致辞）	1 小时
2	企业组织结构及人事管理制度说明	2 小时
3	企业文化与经营理念（分组讨论）	2 小时
4	公司游戏产品介绍（含同业游戏产品的比较和市场分析）	2 小时
5	公司参观	1 小时
6	公司内部管理制度（分组讨论）	3 小时
7	游戏品质保证制度（分组讨论）	3 小时
8	公司内部安全、卫生管理制度	2 小时
9	成本控制（分组讨论）	2 小时
10	人际关系	3 小时
11	领导与沟通（分组讨论）	3 小时
12	公文、报告、计划的撰写	2 小时
13	受训心得（每日一篇）	4 小时
14	公司营销体系介绍（分组讨论）	3 小时
15	测验	2 小时
16	培训座谈会	2 小时
	合计	37 小时

资料来源：趣游公司政策发展部。

企业员工岗前培训的专业培训是对某些专业技术方面的技术人员、研究开发人员或工程师所进行的职前培训。包括一般工作人员培训、采购人员培训、质量控制人员培训、研发人员培训、市场人员培训、营销人员培训、行政人事人员培训、财务人员培训等。培训的主要内容可以分为以下几类，具体见表 8-2。

表 8-2 员工岗前培训专业训练内容安排

序号	训练内容	课时
1	企业销售部门及区域分配原则	2 小时
2	公司网络游戏认识及同业游戏商品分析	3 小时
3	薪资及资金制度说明	2 小时
4	销售策略及促销活动	3 小时
5	推销技巧及应对策略	4 小时

续表

序号	训练内容	课时
6	玩家心理及玩家服务	3 小时
7	客户资料管理	2 小时
8	客户征信及投诉处理	3 小时
9	市场分析及情报汇总和研判	2 小时
10	模拟演练	4 小时
11	测验	2 小时
合计		30 小时

资料来源：趣游公司政策发展部。

第一，专业知识。指员工到企业后具体从事某项业务所需要的知识。

第二，技能。指员工到企业后具体从事某项工作应具备的特殊能力。

第三，管理实务。指某项管理工作的程序、方法、标准等。

（3）岗前培训程序

岗前培训程序一般包括四个相互连接的内容。即岗前培训的准备、岗前培训的实施、岗前培训的评估和上岗通知（见图 8-3）。

图 8-3　岗前培训程序图[①]

第一，岗前培训的准备。岗前培训的准备指为做好岗前培训所必备的设施、空间场所、资料等条件，重点确定培训的时间、地点和培训教师。如果在某一特定时间内公司进行了多次员工招聘，在组织岗前培训时最好将不同时间内公司录用的员工进行统一培训。准备岗前培训一般要制定培训计划。培训计划要考虑这样几个问题：岗前培训的目的；岗前培训的内容与形式，所需要的设施；岗前培训的时间安排；人力资源部门与用人主管部门的分工与合作；新员工文件袋的制作与设计等。

新员工文件袋是岗前培训与员工认识公司的便捷通道，因此文件袋制作的质量与岗前培训的效果有着直接的关系。文件袋一般包括：公司最新组织结构图及未来组织结构设想；公司区域图；有关本行业、本公司或本

① 资料来源：趣游公司政策发展部。

工作的重要概念和术语；政策手册副本；工作目标及说明的副本；工作绩效评价的表格、日期及程序副本；公司涉及员工的有关表格副本，如费用报销等；在职培训机会表；重要的公司内部刊物样本；重要任务及部门的电话、住址等。

第二，岗前培训的实施。员工岗前培训一般由人力资源管理部门和用人部门合作进行。人力资源管理部门总体负责员工岗前培训的组织、策划活动，协调和跟踪评估公司层面的岗前培训。培训内容分为一般内容和专业内容，根据培训内容的不同可采用集中授课、自学、实施具体指导培训等方式。一般内容包括公司概况、政策及规章制度、企业文化和行为规范等。这部分培训主要由公司人力资源部门统一组织。用人部门主要负责员工岗前培训的专业内容培训。新员工所在部门的经理或主管应该向新员工介绍本部门的情况，参观本部门的工作设施和环境，为新员工介绍将要从事的工作的内容、职责要求和注意事项以及工作绩效考核标准和方法，同时要向新员工介绍本部门的老员工，以便认识和联系。

第三，岗前培训的评估。公司在每一次岗前培训后都要对参训员工进行评估。评估可以采用考试或考核的形式。考试适用于对知识、技能的考察。如果想知道受训员工对管理实务是否掌握，实习是否有收获等内容，就应该对参训员工进行考核。考核有两种形式，一种是利用考核表，另一种是让参训员工写心得报告。指导者根据受训员工的心得报告进行评价。

第四，上岗通知。参训员工经过岗前培训评估后，由公司人力资源部门统一发放上岗通知书或上岗证书，作为新员工取得上岗资格的证明。

（4）岗前培训追踪

岗前培训追踪是指岗前培训结束后，为了更好地发挥岗前培训的成效，人力资源部门对新员工岗前培训效果的一种检验。

岗前培训结束后培训效果如何，如果不追踪是无法得知的。培训需要追踪和反馈，否则整个培训过程是不完整的。追踪时间一般在员工开始工作后四个星期之内，追踪的形式一般采取召开新员工培训反馈会议、个别谈话、填写反馈表等。

如果发现岗前培训的问题，应立即采取措施，使问题得到解决和改善。岗前培训追踪的内容重点包括三个方面，即员工反应层次、学习层次、行为及绩效层次。反应层次应侧重于岗前培训内容是否全面，员工是否都能理解，经过培训后的员工是否能够被激发工作热情。学习层次侧重于员工对培训内容的理解和掌握情况，如员工能否在工作中熟悉公司纪律、岗位行为规范、工作安全知识、公司文化的核心价值观等。行为和绩效层次侧重于培训后员工工作行为及其工作表现，如试用期之内员工是否能较好地适应新的工作环境和工作要求，员工对培训内容的履行情况，岗前培训是否达到预期目标等。

（5）岗前培训技巧

岗前培训对象主要是新进入公司的员工。这些新员工从不同的地方汇集到企业，其价值观念、行为方式都不同，因此对他们进行培训时要注意运用一些技巧，使他们对企业有亲近感。常用的一些技巧包括：

第一，使新员工有宾至如归的感受。当新进人员开始从事新工作时，成功或失败往往在其工作最初的数小时或数天中就决定了。而在开始的期间内，也最易于形成好或坏的印象。所以主管人员在接待新进员工时，要有诚挚友善的态度，使他感到你很高兴他加入你的部门工作，微笑着告诉他你是欢迎他的，与他握手，对他的姓名表示有兴趣并记在脑海中。给新进人员以友善的欢迎是很简单的课题，但这却常常为主管人员所疏忽。

第二，介绍同事及环境。新员工对新的工作环境会感到陌生，但是如果把他介绍给同事们认识时，这种陌生感会很快消失，可以协助其更快地进入工作状态。

第三，让新员工对工作满意。最好能在刚开始时就让其对工作表示称心。回忆一些你自己是新员工时的经验，回忆那时你的感觉如何，然后推己及人，在新员工开始工作时尽量去鼓励和帮助他们。

第四，与新员工做朋友。以诚挚的态度和协助的方式对待新员工，可以使其克服许多工作之初的不适应和困难，降低因不适应环境而造成的离职率。

第五，详细说明公司政策和法规。新员工常常因对公司的政策和法规不明了而造成一些不必要的烦恼和错误。所以在新员工报到之初，就应该让他了解有关的公司政策及规章，如发薪方法、升迁政策、安全法规、休假制度、员工福利规定、工作时间及轮值规则、旷工处分办法、问题申诉的程序、劳资协议、解聘的规定、员工行为准则等。

第六，解释公司政策。新员工有权利知道公司的每一项政策及规章制定的理由，主管人员应将这些理由清楚地告诉他们。越是明白那些理由，彼此间的合作越是密切。向新员工坦诚周到地说明公司政策及其制定的理由，是主管人员的责任，这是劳资之间彼此谅解的第一个步骤。

第七，给予安全训练。结合新员工的工作性质和工作环境，为其提供安全指导原则，可避免意外伤害的发生。安全训练的内容是：工作中可能发生的意外事件、各种事件的处理原则与步骤、仔细介绍安全常识并通过测试检查新员工对"安全"的了解程度。

2. 在职培训

在职培训也称"在岗培训"、"不脱产培训"，是指企业为了使员工具备有效完成工作所需要的知识、技能和态度，在不离开工作岗位的情况下对员工进行的培训。

（1）在职培训的思路

在职培训的确定一般以公司的整体培训计划为依据。但同时，公司在确定在职培训中往往考虑员工个人的职业发展，并结合个人职业发展确定在职培训的目标、内容、时间等。这样在职培训就出现了两种相互关联的不同思路：一种是单纯以公司整体计划为依据的在职培训；另一种是以公司整体培训计划与个人职业生涯相结合为依据的在职培训。

单纯以公司整体培训计划为依据的在职培训是公司不顾及员工个人的职业发展，单纯依据公司发展目标、工作要求等制定整体培训计划，从而对员工进行分期分批培训。这种培训思路的优点是容易操作、工作量较小、费用较低；缺点是与个人的需要结合不紧密，不能做到因材施教。

以公司整体培训计划与个人职业生涯相结合为依据的在职培训是企业根据组织目标、工作要求等因素制定整体培训计划，根据个人发展规划和绩效考核结果制定个人培训计划，在职培训计划中既要考虑企业整体培训计划，也要考虑个人发展规划，做到企业整体培训计划与个人发展规划的有机统一。这种培训思路的优点是可以实现组织的培训需要与个人的培训需要相结合，培训更契合个人的实际情况，赋予个人参加培训的主动权；缺点是对培训水平要求高，不易操作，工作量大，费用高。

目前企业的在职培训一般考虑将两种思路相结合。例如，有的企业在培训计划中设计多种培训方式或多门培训课程，力求反映培训需要的多样性，设置"选修课"与"必修课"，企业整体培训计划公布后员工依据个人培训计划选择"选修课"。图8-4显示了趣游公司的在职培训状况。

图8-4　趣游公司的在职培训①

（2）在职培训计划

在职培训计划指企业为有效地组织在职培训所制定的员工在职培训的有关要求。在职培训计划的制定要依据对整个企业员工情况广泛调查的结果。因此，在职培训计划制定后，企业就要严格执行。

在职培训计划的制定包括以下几个步骤：

第一，调查公司从业员工现状。调查公司从业员工现状其实是为了确定公司中哪些员工需要培训。因此调查的内容应该包括：通过培训即可晋升上级职位的员工及其人数；因工作态度不好必须实施培训的员工及其人数；因工作技能和绩效不佳而不能提升的员工及其人数。调查时一般采用填写调查表的方式（见表8-3），调查表的填写一般由员工的主管负责。

表8-3　公司在职员工现状调查

员工姓名	工号	职级	职务	年龄	在职年限	晋升职位培训	工作态度培训	提高能力培训	不参加培训

资料来源：根据趣游公司政策发展部提供的资料总结。

---

① 资料来源：趣游公司政策发展部。

调查表汇总后，培训部门分析培训的要素，针对各职级的需要进行培训要点分析。根据分析情况确定各职级必须参加培训的人数及培训要点，并预测培训的有关变动情况。

第二，确定培训的项目和内容。培训项目的确定可依据直接记录或组织分析等方法。直接记录法是通过与下属或同事的沟通、磋商，让从业人员随时记录所从事工作的名称、所使用的设备、作业的流程、作业的技能要求、从业人员的责任等。组织分析法是把工作现场内的所有工作分成若干作业期，并将每一作业期内的工作分类，调查每一项工作的具体要求。

培训项目确定后，就要确定针对不同员工所实施的不同的培训内容。培训内容是根据某项工作所要求的员工具备的知识和技能而确定的。由于参训员工的工作岗位和所掌握的技能不同，所以培训的内容也会有相当大的差距。一般来说，员工知识的增加主要靠讲师讲授，技能的提高主要来自工作实践。

第三，培训的准备工作。一是通知培训的内容、目的、时间、教师等；二是确认培训的方式，如个别指导、集中培训、会议室培训等；三是安排培训期间参训人员所从事工作的代理人；四是备齐培训所需的仪器、设施、工具等必要设备；五是根据工资发放的有关规定支付参训员工培训期间的工资；六是测试参训员工的培训掌握情况，检测的标准应随着培训的进展而定，各职级的标准可根据各职级所需的知识、技能中具有代表性的项目决定。

第四，确定培训讲师。培训讲师应该具备以下条件：深厚的学识修养和高超的职业技能；一定的组织能力和策划能力；相当强的协调能力；一定的语言表达能力和控制能力；较强的自制能力。

第五，培训计划制定的流程。目前一般采取自下而上的方法制定培训计划：首先，企业各部门分别制定各自下一年度的培训计划；其次，各部门在规定的期限内将培训计划上报人力资源部门，由人力资源部门进行汇总；最后，人力资源部门（或培训部）召开部门培训负责人会议，确定公司的年度培训计划（共同培训部分）。

第六，在职培训费用管理。在职培训费用是指从事在职培训工作所需要的一切经费，主要包括教材编写费用、聘请讲师费用、租用培训场地费用等。许多企业有自己的培训场地，就可以节省租用培训场地这部分费用。培训教材的使用方面，有的企业订购教材，但是订购的教材往往不完全适合某一个企业，所以大多数企业都自己编写教材。

（3）在职培训的类别

第一，晋升培训。所谓晋升培训是对晋升员工进行的知识、技能、领导能力和艺术等的在职培训。晋升培训是对拟晋升人员或后备人才进行的，旨在使其达到更高一级岗位要求的培训。晋升培训的意义在于，当某个领导岗位出现空缺时，能够挑选到满意的候选人。

晋升培训的特点包括：

首先，以员工发展规划为依据。晋升目标是员工发展规划的重要内容。员工现状与晋升目标要求之间的差距即是个人培训需求。个人培训需求是制定晋升培训计划、指导晋升培训的依据。

其次，培训时间长、内容广。把一个有潜力的员工培养成为优秀的管理者不可能一蹴而就，而是需要一定的时间。同时，对管理者的素质要求是多方面的，既有知识、经验、能力的要求，又有品德、个性的要求。相应地，培训内容也是多方面的。

最后，多种培训方法并用。这是由培训内容的多样性决定的，知识培训可采用课堂讲授的方法，能力、个性的培训则应采用实践锻炼和模拟练习的方法。

晋升培训可分为任职前培训阶段和任职后培训阶段。

一是任职前培训阶段。任职前培训阶段的目的是提高受训者的理论水平和业务水平，增长受训者的才干，丰富受训者的工作经验，使其具备任职的基本条件。

任职前培训阶段的培训方式一般采用派出学习（如出国深造、读MBA）、参加本企业的理论和专业培训班、参加指定的实践活动等。

二是任职后培训阶段。任职后培训阶段的目的是进一步提高受训者的素质，使其成为优秀的管理者。

任职后培训阶段的时间一般为任职后的 1~2 年。在这 1~2 年内，对受训者进行一些专门的培训，这些培训项目之所以放在任职后，是因为受训者有了一定的领导经验后再接受这类训练效果会更好。同时，培训后可以立即应用，通过实践来掌握和巩固学习的内容。

任职后培训阶段的内容应根据工作的具体要求设计。例如目标选择培训、工作评估培训、激励培训、逐日反馈培训、时间管理培训等。

第二，以改善绩效为目的的培训。以改善绩效为目的的培训是指在绩效未达到要求、绩效下降或绩效虽达到要求但员工希望改进其绩效的情况下所进行的在职培训。

以改善绩效为目的的培训具有以下特点：

一是以客观、公正的绩效考核为依据。实施此类培训的前提是企业具有客观、公正的考核制度，能够对员工的绩效进行准确的评估。同时，员工的直接主管应具有绩效管理的知识和技巧。这样，就能够通过绩效考核来确定培训需求。

二是以一对一指导为主要方法。在培训比较系统、规范的企业里，员工在上岗前都要接受系统的集中培训，上岗后也要以课堂培训或自学的方式不断接受新的知识、学习新的技能。在这种情况下，绩效不理想往往是知识、技能等的应用有问题或思想上、心理上存在问题，这方面的改进有赖于工作中的指导。在培训不够系统、规范的企业里，员工素质的提高更依赖于在指导者的指导下边干边学，绩效的改进也是如此。

三是任职前培训的延续。任职前的培训使员工具备了任职的资格，但并不意味着员工已经尽善尽美，也不能确保每个员工都能达到要求不出问题。根据绩效考核的结果，针对性地制定培训计划并实施培训，可以使任职前培训的不足得到弥补，使员工进一步发展和提高自己的工作能力。

以改善绩效为目的的培训程序：

一是对员工的绩效进行评价。一般而言，绩效评价每年进行一次，或者每年进行一次总评。

二是进行评估面谈。在评估面谈中，考核者向被考核者说明考核结果，双方就绩效改进的方向达成一致。

三是制定绩效改进计划。绩效改进计划是在一定时间内实行的、改进员工绩效的一系列措施，包括做什么、谁来做和何时做。一个计划只针对一个项目。

四是培训。培训应在指导者的指导下严格按照绩效改进计划进行，如有多个计划，要视情况决定培训的顺序或能否将几个计划同时实施。

五是对培训绩效进行评估，也就是对培训效果进行评价。如果绩效有改进，说明培训收到了效果，否则就没有收到效果。

第三，转岗培训。转岗培训是指对已被批准转岗的员工进行的旨在使其达到新岗位要求的培训。转岗培训的原因一般包括组织和个人两个方面。

组织方面的原因包括企业经营规模与方向的变化、生产技术进步、机构调整等因素引起的现有员工配置的改进。在这种情况下，转岗成为人员重新配置的手段。个人方面的原因一般有两种情况：一方面是员工不能胜任现在的工作需要重新安置；另一方面是员工因某方面的才能或特长而受到重视，需要另行安排。

由于转岗的原因不同，岗位转换的"跨度"有大有小，这就决定了转岗培训的方式多种多样。转岗培训的方式主要有：

一是与新员工一起参加拟转换岗位的岗前培训。对企业而言，转岗员工是老员工；对岗位而言，他们是新员工。因此，转岗员工可以与新员工一起接受培训。

二是接受现场的一对一指导。转岗往往是个别现象，有时候在企业内对转岗员工进行正规、系统的培训存在困难，在这种情况下，最好的办法是在新的岗位上边干边学，考试、考核合格后正式上岗。

三是外出参加培训。如果岗位转换的"跨度"很大，也就是员工现有素质与新岗位的要求之间有较大差距，就必须对其进行系统培训。如果某类培训企业无法开展，可以让员工外出参加相同内容的培训，但这种培训一般时间较长，费用也较高。

四是接受企业的定向培训。在集中转岗的情况下，企业可以根据员工的发展方向组织集中培训。培训内容、时间长短视将来工作的需要而定。

因组织原因和个人不能胜任工作的原因而转岗，可按以下程序进行：

一是确定转换的岗位。员工的领导根据其具体条件并在征求本人的意见后提出建议，由人力资源部门确定。

二是确定培训内容和方式。培训内容根据员工将要从事的岗位的具体要求确定，培训方式则根据培训内容和受训人数等因素确定。

三是实施培训。转岗培训与岗前培训在内容上的差别是转岗培训更偏重专业知识、技能、管理实务的培训。

四是考试、考核。培训结束后应对受训者进行考试或考核，考试、考核合格后，人力资源部门才能办理正式转岗手续。

第四，岗位资格培训。所谓岗位资格培训是指一些岗位对员工操作有一些特殊的要求，这些特殊要求并不是所有员工一开始都能掌握的，必须通过培训才能掌握。许多岗位需要通过考试取得相应的资格证才能上岗，而且资格证一般是几年内有效。资格证到期时，员工需再次接受培训并参加资格考试。

在我国，目前要求上岗者必须具备资格证的岗位既有国家有关部门规定的岗位，也有企业规定的岗位。国家有关部门规定的岗位资格培训一般由有关部门授权的机构组织，企业规定的岗位资格培训由企业自己组织。

企业规定的岗位资格培训的程序一般包括以下几个方面：

一是确定要严格执行持证上岗制度的岗位和资格证的期限。要严格执行持证上岗制度的岗位一般是技术知识要求严格或责任重大的岗位，如电力企业的发（变）电运行、调度值班、续电保护等工种。确定资格证的期限要考虑技术发展的要求。

二是确定岗位资格考试、考核的内容。考试、考核内容应根据工作说明书（或岗位规范）、技术等级标准确定。由于技术进步和知识更新的速度很快，考试、考核内容应及时调整。

三是确定培训内容。培训内容应当与考试、考核内容相对应。

四是实施培训。培训应当在资格证有效期结束之前进行。

五是考试、考核。实行"考试、考核——颁发上岗证——考试、考核——换证"。这种管理方法的目的，是激发员工学习新知识、新技术的积极性，保证员工素质与岗位要求相吻合。

六是重新颁发上岗证。

第五，管理人员与专业技术人员培训的区别。在多数情况下，企业的在职培训中要细分管理人员的培训和专业技术人员的培训。对于企业管理人员，要重点培训他们的管理能力和管理艺术。而对于专业技术人员，则主要是针对其业务方面进行深层次培训。在技术发展日新月异的今天，专业技术人员需要不断"充电"才能赶上技术发展的步伐，否则就会落伍。

因此，管理人员的培训应该注重思维和观念层次，具体包括四个方面：一是知识补充与更新。相关课程有领导理论与实务、各种企业制度的比较等。二是技能开发。相关课程有广告决策与技巧、用户满意度调查方法及其在企业管理中的应用等。三是观念转变。相关课程有企业竞争的新战略——动态联盟，未来的管理、企业家精神及管理伦理问题等。四是思维技巧。相关课程有企业战略思考的技巧与战略管理等。

专业技术人员的专业知识和技能已达到相当水平，课程讲授之类的方法不太适用。比较常用的培训方式有两种：一是自学与交流。企业创造条件鼓励专业技术人员自学，然后交流所学的体会，不断推进技术与知识的更新。二是合作交流。即与国内外技术人员、先进企业、科研机构进行合作交流。具体形式有研讨班，技术合作等。

（4）趣游公司在职培训课程内容举例

趣游公司的规模较大，由于员工从事的工作不同，培训的内容和项目也存在很大的差别。相应地，在职培训针对不同的培训对象分别进行不同课程的培训。员工在职培训内容的设计一般可分为两部分：一部分是常规管理培训课程；另一部分是专业领域管理培训课程。

第一，常规管理培训课程内容。常规管理培训课程是针对趣游公司所有管理层人员而设立的基础管理知识和管理技能培训项目，这种培训更多的是对通用的管理知识进行系统培训，从而提高公司内部管理层的综合素质。常规管理培训要求企业所有管理层人员都要参加。

常规管理培训课程的主要内容包括：管理者的角色与管理原则、组织远景与战略决策、企业文化管理、目标与绩效管理、计划与执行管理、控制与改善管理、激励管理、有效授权管理、沟通与协调管理、信息与资源管理、领导艺术、思维创新。

第二，企业文化培训课程内容。企业文化培训更多的是关于企业文化核心理念和规范员工言行等行为层面的企业行为文化训练。企业文化培训课程的主要内容包括：企业文化理念、企业员工行为标准、员工价值观、企业形象塑造、工作创新与改善、企业文化与经营业绩、学习型组织的学习与训练。

第三，行政文秘人员培训课程内容。行政文秘人员培训课程的主要内容包括：行政文秘人员工作态度、行政文秘人员工作职责和组织角色、沟通技巧、接待礼仪、会议组织技巧、专业外语会话、商务文案写作、文件管理、办公室的交际艺术、相关事件的处理原则与方法、办公室工作安排方法、办公自动化、网络基础知识与电子邮件的应用。

第四，销售人员培训课程内容。销售人员的培训是企业内部经常组织的培训项目之一，其培训的内容涉及初级层面的技能、态度，同时也涉及深层次的潜能开发。由于销售人员从事的工作压力较大，所承受的挫折较多，因此在设计销售人员培训课程时要更多地考虑怎样提高销售人员克服困难的能力、自我管理能力以及社交能力。

销售人员培训课程的主要内容包括：现代市场营销，销售基本理论，销售产品或服务所属行业专业知识，顾客类型及心理分析，销售人员的仪表和礼仪技巧，销售人员的素质、品格与态度要求，销售人员的自我目标和计划管理，销售前的准备，销售谈判艺术，促成销售和销售业绩增长方法，处理销售过程中的疑义，与顾客建立长久业务关系的技巧，面对大客户的销售艺术，销售人员的团队意识，销售人员的潜能开发。

第五，新产品开发人员培训课程内容。新产品开发已经与营销行为密不可分，只有了解市场才能够开发出适合消费者需要的产品。对新产品开发人员进行培训时就不能仅仅培训技术和技能，同时要培训一些市场营销方面的基础知识。

新产品开发人员培训课程的主要内容包括：现代市场营销理论，顾客需求研究，竞争性产品与新产品策略，市场调查研究与新产品开发，产品整体概念策划，新产品技术，新产品研发体系，新产品品质机能，新产品开发体系整合，新产品商品化定位，新产品制造流程、技术、成本，新产品可靠度，新产品损耗管理，新产品品质管理。

3. 趣游公司的特色培训项目

（1）蓝色启航（新人培养）

对于新员工来说，趣游公司设计了"蓝色启航"项目，从员工入职的第一天起就进行新人入职引导，帮助他们尽快熟悉环境并融入团队，随后会进行"蓝色启航"系列入职培训课程和学习活动，包括公司发展、公司制度、部门工作流程、企业文化、职业化素养等方面的培训，并采取体验式培训（拓展训练、沙盘模拟、情景演练、游戏化培训等）的方式，让员工在学习中获得快乐，新员工彼此瞬间"零"距离，融入企业"一家人"。

（2）导师制（OJT 师傅带徒弟）

新人入职当天，每人都会收到一张"新人导师手卷"，导师会帮助新人从陌生走向熟悉，从试用表现发展到转正合格，成为一名真正的趣游人。

（3）青檬计划（大学生培养）

针对刚毕业的大学生，趣游公司有"青檬计划"，对每一个大学生，称之为"青檬仔"，培养内容包括软件应用、自我管理、团队建设、时间管理、职业化心态、高效执行力、有效沟通等，帮助新人从校园人转变为职场人，从职场人转变为社会人，从而真正实现角色转变与自我定位。

（4）运营直通车（运营人才培养）

随着趣游业务的不断发展，公司逐步加强了对游戏运营和研发的管理，规模化运作，规范化运营。为了进一步满足客户的个性化需求，持续不断地创造客户价值，公司对客户服务提出了更高的要求。在企业人才培养方面，构建了专业类培训体系，提升专业人才的岗位技能。根据胜任能力模型，针对不同岗位、不同层次的人员设计了不同课程，建立了运营培训体系，组织了"运营直通车"系列的学习活动，积极开展了运营知识、产品知识、客户服务、数据分析等相关专业知识的学习和交流，并取得了一定的效果。

（5）世界咖啡屋（游戏管理员培养）

对游戏管理员，趣游公司精心组织了名为"世界咖啡屋"的"行动学习"活动，将员工分为几个学习小组，通过世界咖啡、团队共创、焦点讨论、团队列名等"行动学习"的形式展开讨论，以"学中做、做中学"的方式，解决工作中的问题。就像有句话说的那样："只要思想不滑坡，方法总比问题多！"

（6）趣游管理精英训练营（管理人员培养项目）

公司管理人员是企业的中流砥柱、核心人才，趣游公司针对他们做了顶层设计——"趣游管理精英训练营"。通过自我管理、管理他人到管理团队，不断提升管理者自身的管理技能，而对一些关键岗位的关键人才，趣游公司会考虑组织大家外出参观考察，参与行业内的专题研讨、会议论坛等，相互学习、拓展人脉的同时也可以实现智慧的交流。

（7）趣游讲师培养

自 2012 年至今，趣游内部讲师团队已达 30 余人，开发内部课程近 30 门，其中精品课程 10 门。公司对讲师进行重点培养和奖惩激励，激励包括精神和物质两方面，比如每年 9 月 10 日教师节，公司会对内部讲师进行表彰和评比，并对讲师颁发"趣游讲师"荣誉证书，以图书作为奖励方式，表达公司对内部讲师的重视，对他们做出的贡献表示感谢。

四、绩效管理

绩效考核从内涵上说就是对人及其工作状况进行评价，通过评价体现人在组织中的相对价值或贡献程度。从外延上来讲，就是有目的、有组织地对日常工作中的人进行观察、记录、分析和评价。

绩效考核的目的在于借助一个有效的体系，通过对业绩的考核，肯定过去的业绩并期待未来绩效的不断提高。传统的绩效管理工作只是停留在绩效考核的层面，而现代绩效管理则更多地关注未来业绩的提高。关注点的转移使得现代绩效管理工作的重点也开始转移。体系的有效性成为 HR 工作者关注的焦点。一个有效的绩效管理体系包括科学的考核指标、合理的考核标准以及与考核结果相对应的薪资福利支付和奖惩措施。纯粹的业绩考核使得绩效管理局限在对过去工作的关注，更多地关注绩效的后续作用才能把绩效管理工作的视角转移到未来绩效的不断提高上来。

绩效考核是目前企业人事管理中非常重要的一个组成部分，但是很多员工并不知道绩效考核具体考核的是什么，只是认识到了绩效和自己的切身利益有密切的关系，企业要稳定快速的发展，就一定要有留住员工的能力，尤其是要留住有价值的员工，绩效考核的意义之一就是发现有价值的员工。

（一）绩效考核的目的

趣游公司之所以进行效绩考核，是因为通过效绩考核，可以为员工的晋升、降职、调职和离职提供依据；对员工和团队对组织的贡献进行评估；为员工的薪酬决策提供依据；对招聘选择和工作分配的决策进行评估；了解员工和团队的培训和教育的需要；对培训和员工职业生涯规划效果进行评估；为工作计划、预算评估和人力资源规划提供信息等。

绩效管理的目的是使企业和员工共同进步，不单纯是为了薪酬体系的规划设计；绩效管理的根本目的是提高组织和员工的绩效能力，除了作为薪酬奖金的分配依据之外，还有更丰富的用途，主要体现在：

第一，通过绩效管理实现公司目标。

第二，通过绩效管理改善公司整体运营管理。对于公司整体而言，绩效考核可以作为公司整体运营管理改善的基础。通过整体绩效管理，可以及时了解公司运营状况，发现公司发展战略实施过程中存在的问题，并通过修正相关的政策，跟踪行动计划和绩效结果，从而保证发展战略的实现。

第三，通过绩效管理发展员工培训，进行职业发展规划。对于个人而言，绩效考核可以作为员工培训发展和职业规划的基础。趣游公司建立持续的绩效档案，通过绩效档案了解员工长期的绩效表现，可以有针对性地开发培训计划，提高员工的绩效能力，并将其作为员工职业发展过程中选拔、轮岗、晋升的参考依据。

当然，在绩效管理中，一定要保证对员工绩效过程的跟踪，而不仅仅是关注结果，只有全面了解员工绩效过程的表现情况，才能准确评估员工的职业发展趋势。因此，考核的目的不仅仅是进行薪酬体系的规划设计，不仅仅是要得到一个奖惩的依据，因为奖惩只是强化考核功能的手段；考核的目的也不仅仅是调整员工的待遇，调整待遇是对员工价值不断开发的再确认。考核是为了不断提高员工的职业能力和改进员工的工作绩效，提高员工在工作执行中的主动性和有效性，进而作为员工培训、职业发展规划的有效依据，为公司不断创造价值。

第四，通过绩效管理实现"共赢"。绩效考核必须建立在"共赢"的基础之上，也就是说企业与员工各取所需，共同赢得这场"游戏"——企业赢得管理与效益，员工则赢得自我的认识、改进与发展。

第五，为下一期绩效指标的完成做准备。

（二）绩效考核的作用

绩效考核系统可以把企业的战略使命转化为具体的目标和测评指标，企业的所有者能够快速、全面地了解企业的现状和预测未来。通过绩效评价系统促进企业激励预约束机制的建立，正确引导企业的经营行为，提高企业竞争力。

1. 绩效考核是人员任用的依据

由于趣游公司实行科学的评价体系，对员工的工作、学习、成长、效率、培训、发展等进行全方位的定量和定性的考核，按照岗位工作说明书的标准要求，决定员工的聘用与否，这在公司管理中具有不可忽视的作用。

人员任用的标准是德才兼备，人员任用的原则是因事用人，用人所长、容人之短。要想判断人员的德才状况、长处短处、优点缺点，进而分析其适合何种职位，必须经过绩效考核。对人员的政治素质、思想素质、知识素质、业务素质、工作作风、工作态度以及履行岗位职责的情况进行评价，并在此基础上对员工的能力和专长进行判断。而事实上员工能否融入新的工作环境，能否在新的岗位上做出优良的绩效，以及在实际工作中是否具备新的工作岗位所需要的能力和素质，必须在实际工作中通过绩效考核来进行评价。也就是说，绩效考核是"知人"的主要手段，而"知人"是"用人"的主要前提和依据。

2. 绩效考核是人员调配和职务升降的依据

考核的基本依据是岗位工作说明书，通过绩效考核判断员工工作的绩效是否符合该职务的要求，是否具有升职条件，或不符合职务要求应该予以降免。在企业中不是每个人都可以升职，升职与否要看员工平时工作中的绩效的，这是一个很重要的标准，是企业判断的标准，要做好相关的绩效考核，这样才能促进企业的发展。

企业在人员调配之前，必须了解员工的使用情况，进行岗位分析和人岗匹配程度的调查，而进行这些工作的主要手段就是绩效考核。人员职务的晋升和降职也必须有足够的依据，必须有客观公正的绩效考核，而不能只凭企业决策人的好恶轻率地决定。通过全面的、严格的绩效考核，如果发现一些员工的素质和能力已经超过所在职位的要求而适合担任更具有挑战性的职务，则可晋升其职位；如果发现一些员工的素质和能力已经不能达到现在职位的要求，则应降低其职位，调整到与其能力和素质相匹配的职位上去；如果发现一些员工用非所长，或其素质和能力发生跨岗位等变化，则可进行横向交流，调整到适合其所长的岗位上去。

3. 绩效考核是进行人员培训的依据

人员培训是人力资源开发的基本手段。培训的前提是准确地了解各层面员工的素质和能力，了解其知识和能力结构、优势和劣势，了解员工缺少什么、需要什么，也就是进行培训需求分析，为此必须对员工进行全方位的绩效考核，培训才能有针对性，才能针对员工短处进行补充学习和训练。同时，绩效考核也是判断培训效果的主要手段。

通过绩效考核，可以准确地把握工作的薄弱环节，并可具体掌握员工本人的培训需要，从而制订切实可行和行之有效的培训计划。企业的员工需要进行定期的培训，这样才能不断地提升他们的职业能力，也可以提高企业的整体综合素质。

4. 绩效考核是薪酬分配的依据

薪酬分配是根据岗位工作说明书的要求，对应制应的薪酬制度要求按岗位取得薪酬，而岗位目标是依靠绩效考核来实现的。因此，根据绩效确定薪酬，或者依据薪酬衡量绩效，使得薪酬设计不断完善、更加符合企业运营的需要。绩效考核和员工的工资是联系在一起的，也是员工非常关注的一方面。

按劳分配是公认的企业薪酬分配原则，不言而喻，准确地衡量"劳"的数量和质量是实行按劳分配的前提。目前，趣游公司采用浮动的岗位薪点工资制，也就是说在员工的工资中，有一部分是浮动工资，这部分工资与员工的年度绩效考核结果和岗位直接挂钩，年度绩效考核为优秀或考核积分达到一分者，可以晋升岗位薪级工资；年度绩效考核为不合格者，则降低岗位薪点工资；员工岗位的变动也直接与其岗位工资挂钩。因此，没有绩效考核，薪酬就没有依据。没有以绩效考核结果为依据的薪酬分配，就不能体现按劳分配的原则，也就提高不了员工的工作积极性和充分发挥员工的潜能。

5. 绩效考核是员工职业生涯发展的需要

与企业内部一般的奖惩制度不同，职业生涯管理着眼于帮助员工实现职业生涯计划。在员工的个人职业生涯过程中，员工将沿着原来设计的发展道路，不断地从一个岗位转移到另一个岗位，从比较低的层次上升到比较高的层次，直至达到职业生涯目标。伴随着岗位和层次的变化，员工必须不断接受新岗位和高层次的挑战，员工是否适应这些变化，是否满足新岗位和高层次的要求，这就需要对员工不断进行绩效考核。在绩效考核的过程中让员工明白自己在适应这些变化的过程中存在的不足和急需解决的矛盾，明白自身素质与新岗位和高层次的要求存在的差距。只有经过不断的绩效考核，才能帮助员工不断提高自身素质，改善素质结构，让员工不断接受企业培训和自我培训，帮助员工完成自我定位，最终实现员工个人职业生涯目标和企业目标。

无论是对企业或是员工个人，绩效考核都可以对现实工作做出适时和全面的评价，以便查找工作中的薄弱环节，发现与现实要求的差距，把握未来发展的方向和趋势，符合时代前进的步伐，与时俱进，保持企业的持续发展和个人的不断进步。

6. 绩效考核是对员工进行激励的手段

奖励和惩罚是激励的主要内容，奖惩分明是人力资源管理的基本原则。要做到奖惩分明，就必须科学、严格、公正地进行绩效考核，以绩效考核结果为依据，决定奖或罚的对象以及奖或罚的等级。例如，员工年度绩效考核为良好及以上者，才能进行年度评先评优，方可参与高岗级岗位的竞聘，否则不能参与评先评优和竞聘；年度绩效考核为不合格者或直接归为不合格者，应退出工作岗位进行转岗培训。绩效考核本身也是一种激励因素，通过考核，肯定成绩、肯定进步、指出长处、鼓舞斗志、坚定信心；通过考核，指出存在的不足，纠正过失和寻找差距，明确努力的方向，鞭策后进，促进进步。只有这样，先进的员工斗志更昂扬，后进的员工变压力为动力，员工保持旺盛的工作热情，出色地完成工作目标。

通过绩效考核，把员工聘用、职务升降、培训发展、劳动薪酬相结合，使企业激励机制得到充分运用，有利于企业的健康发展；同时对员工本人，也有利于其建立不断自我激励的心理模式。绩效考核可以激发员工工作的积极性，使他们工作起来更主动，这样企业发展才会更顺利，才会有更多的机会。

7. 绩效考核是平等竞争的前提

在企业内部，由于某种原因，可能存在高岗低能或者低岗高能的现象；而且同一职位不同员工之间的绩效可能存在着非常明显的差别，而且越是在高层次知识和技能的工作岗位上，这种差别越明显。为使员工能够在一个公平、公正的环境下开展竞争，实现内部人才的合理流动以及人与岗位的最佳匹配，提高各自的绩效，企业必须建立有效的绩效考核制度，只有进行公平、公正的绩效考核，才能为员工搭建公平、公正的竞争平台，让员工尽情施展自己的才华，实现个人的最大价值，同时也提高了企业的竞争力。

（三）绩效考核的种类

1. 按时间划分

一是定期考核。趣游公司考核的时间根据公司的文化和岗位的特点有所区别，有月度考核、季度考核、半年考核和一年考核，也有聘期考核。

二是不定期考核。趣游公司的不定期考核有两方面的含义：一方面是指公司对人员的提升所进行的考核；另一方面是主管对下属的日常行为表现进行记录，发现问题及时解决，同时也为定期考核提供依据。

2. 按考核的内容划分

一是特征导向型。考核的重点是员工的个人特质，如诚实度、合作性、沟通能力等，即考量员工是一个怎样的人。

二是行为导向型。考核的重点是员工的工作方式和工作行为，如客服人员的微笑和态度、待人接物的方法等，即对工作过程的考量。

三是结果导向型。考核的重点是工作内容和工作质量，如游戏的研发进度和相关质量、工作效率等，侧重点是员工完成的工作任务和研发运营的游戏产品。

3. 按主观和客观划分

一是客观考核方法。客观考核方法是对可以直接量化的指标体系所进行的考核，如生产指标和个人工作指标。

二是主观考核方法。主观考核方法是由考核者根据按一定的标准设计的考核指标体系对被考核者进行主观评价，如工作行为和工作结果。

综上所述，对各级人员的考核主要从以下方面进行：知识（专业知识、行业知识、社会阅历等）、工作业绩、工作能力（组织能力、协调能力、沟通能力等）、工作态度、工作方法、工作效率、组织纪律、道德品质、配合度、学习精神、团队精神、成本意识、目标达成、绩效改进等。不同职级的人员考核的重点不尽相同，各考核点所占分值权重不一样，但绩效改进是每一位被考核者都必须包含的考核内容，它是落实绩效考核循环的具体体现。

（四）绩效考核的工作程序

绩效考核过程的实施可以说是绩效管理中的重中之重，对于整个绩效管理的有效性起着至关重要的作用，那么这个过程如何实施及应注意的问题，正是每个参与考核的主管和员工都非常关注的问题。结合各类企业的绩效考核管理实践操作和相关问题的反馈，绩效考核的实施过程主要包括五个环节，即定目标、定标准和权重、绩效辅导、考核评价、结果反馈与面谈，下面将就上述环节进行逐一探讨。

1. 绩效目标的确定

（1）关于绩效目标的理解

所谓绩效目标，具体地讲，是指员工未来绩效所要达到的目标，它可以帮助员工关注那些对于组织更为重要的项目，鼓励员工制订较好的计划以分配关键资源（时间、金钱和能量），并且激发员工为达到目标而做的行动。而员工个人绩效目标又来源于组织、部门的总体目标的分解和传承，即通过一种专门设计的过程使目标具有可操作性，这种过程一级接一级地将目标分解到组织的各个单位。组织的整体目标被转换为每一级组织的具体目标，即从整体组织目标到经营单位目标，再到部门目标，最终到个人目标。而个人绩效目标的制订又来自个人的工作计划，从年度计划到季度计划，最终分解到月度计划。

（2）目标制订方法

第一，根据组织战略分解出本部门的主要目标；

第二，基于本部门的目标，明确个人的岗位职责使命，即个人承担的工作任务；

第三，依据个人工作任务制订工作计划；

第四，按照 SMART 从个人工作计划中提取关键业绩指标（分为量化指标和定性指标）。

（3）操作提示

为保证个人绩效目标设置得合理有效，应该做到：主管制订，员工参与，双方确认。

工作目标要求是由主管依据部门目标的分解，对员工岗位职责使命提出的要求，完成组织目标向个人绩效目标的传承，同时，个人关键业绩指标应由主管提取，员工参与，双方共同完成。如果员工参与设定目标，那么他们就会更加努力地实现目标。他们的需求中包括执行一个有价值的任务、在团体中共同付出努力、共同设定他们的目标、共享努力的回报以及持续的个人成长。

目标制订后应让员工参与甚至独立制定达到这些目标的计划。为员工提供一定的自主空间是很有价值的，这样他们更可能发挥自己的聪明才智，并且更加关注计划的成功。

2. 绩效标准的确定——SMART 原则

设定了绩效目标之后，就要确定评价绩效目标达成的标准。没有明确标准的目标不是真正意义上的绩效目标，SMART 原则是最常用的判断一个标准是否符合要求的工具。即目标必须是具体的、可衡量的、可达到的、相关的、有时限的。这个原则反映了我们所确定的绩效考核目标必须是可衡量的或是可计算的。同时，我们还应注意，标准的设定应分出层次，可以将标准分为优秀、良好、合格、需改进和不合格五个水平。将合格作为绩效考核的基准水平，它的作用在于判断被考核者的绩效是否能够满足基本的要求。在制定标准的时候，一定要注意与员工的沟通，绩效考核标准的确定，应由主管与员工共同来确定完成。

（1）Specific——明确性

所谓明确就是要用具体的语言清楚地说明要达成的行为标准。明确的目标是所有成功团队的一致特点。很多团队不成功的重要原因之一就因为目标模棱两可，或没有将目标有效地传达给相关成员。

如果企业绩效考核的目标是"增强客户意识"，那么这种对目标的描述就很不明确，因为增强客户意识有许多具体的做法，如减少客户投诉，过去客户投诉率是 3%，把它降低到 1.5%或者 1%。提升服务的速度、使用规范礼貌的用语、采用规范的服务流程，都是增强客户意识的具体做法。

增强客户意识的做法有很多，企业考核中所说的"增强客户意识"到底指什么？不明确就没有办法评判、衡量。因此，应将目标定得明确具体，比如将客服的反应速度提高一分钟。

实施要求：目标设置要有项目、衡量标准、达成措施、完成期限以及资源要求，使考核人能够很清晰地看到部门计划要做哪些事情，计划完成到什么样的程度。

（2）Measurable——衡量性

衡量性就是指目标应该是明确的，而不是模糊的。应该有一组明确的数据，作为衡量是否达成目标的依据。

如果制定的目标没有办法衡量，就无法判断这个目标是否实现。领导和下属对团队目标的实现所产生的分歧就来源于此。如果不给目标一个定量的、可以衡量的分析数据，就无法衡量目标是否实现。需要说明的是，不是所有的目标都是可衡量的，如大方向性质的目标就很难衡量，但是方向性目标一般设定得也比较少。

如"为所有的老员工安排进一步的管理培训","进一步"是指什么？这个概念不明确、不具体，也不容易衡量。因此应准确地设定在什么时间完成对所有老员工关于某个主题的培训，并且在这个课程结束后使学员的评分在85分以上，低于85分就认为效果不理想，培训完成的时间和学员评分高于85分就是所期待的结果。这样目标变得可以衡量。

实施要求：目标的衡量标准遵循"能量化的量化，不能量化的质化"的原则，使制定人与考核人有一个统一的、标准的、清晰的、可度量的标尺，杜绝在目标设置中使用形容词等概念模糊、无法衡量的描述。对于目标的可衡量性应该先从数量、质量、成本、时间、上级或客户的满意程度五个方面来进行，如果仍不能进行衡量，可考虑将目标细化，细化为分目标后再从以上五个方面衡量，如果仍不能衡量，还可以将完成目标的工作流程化，通过流程化使目标可衡量。

（3）Attainable——可实现性

目标是要能够被执行人所接受的，如果上司利用一些行政手段，利用权力性的影响力一厢情愿地把自己所制定的目标强压给下属，下属典型的反应是一种心理和行为上的抗拒。即员工可以接受，但是能否完成这个目标、有没有最终的把握是不确定的。一旦目标无法完成，员工会有众多的理由来推卸责任，而且会将责任直接推卸到领导身上。他们会认为这是根本无法完成的任务。

"控制式"的领导喜欢自己定目标，然后交给员工去完成，他们不在乎下属的意见和反映，这种做法目前越来越少见了。员工的知识层次、学历、自己本身的素质以及他们主张的个性张扬的程度都远远超出从前。因此，领导者应该更多地吸纳下属来参与目标制定的过程，即便是团队整体的目标。制定目标时不要过多考虑目标达成的困难，否则热情还没点燃就先被畏惧打消念头了。

实施要求：目标设置要坚持员工参与、上下左右沟通，使拟定的工作目标在组织及个人之间达成一致。既要使工作内容饱满，也要具有可实现性。应该制定跳起来"摘桃"的目标，而不是制定跳起来"摘星星"的目标。

（4）Relevant——相关性

目标的相关性是指实现此目标与其他目标的关联情况。如果实现了这个目标，但与其他的目标完全不相关，或者相关度很低，那这个目标即使达到了，意义也不是很大。

工作目标的设定要与岗位职责相关联，不能跑题。如针对前台接待人员，应考虑提升其英语水平，从而提高其接听电话的服务质量，也就是说，前台接待人员的英语水平与其服务质量是有关联的，但是如果让前台接待人员去学习六西格玛，而六西格玛本身与其提高接待水平没有关联，这样的考核就是低效率的甚至是无效的。

（5）Time-bound——时限性

目标的时限性就是指目标是有时间限制的。如领导要求在 2005 年 5 月 31 日之前完成某事。5 月 31 日就是一个确定的时间限制。没有时间限制的目标是无法考核的，或者会带来考核的不公。上下级之间对目标轻重缓急的认识程度不同，上司着急，但下属不知道。到头来上司暴跳如雷，而下属觉得委屈。这种没有明确的时间限定的方式也会带来考核的不公正，伤害工作关系，伤害下属的工作热情。

实施要求：目标设置要有时间限制，根据工作任务的权重、事情的轻重缓急，拟定出完成目标项目的时间要求，定期检查项目的完成进度，及时掌握项目进展的变化情况，以方便对下属进行及时的工作指导，并根据工作计划的异常变化及时地调整工作计划。

总之，无论是制定团队的工作目标，还是员工的绩效目标，都必须符合上述原则，五个原则缺一不可。制定的过程也是对部门或科室先期的工作掌控能力提升的过程，完成计划的过程也就是对自己现代化管理能力历练和实践的过程。

3. 绩效辅导

（1）绩效辅导的理解

绩效辅导阶段在整个绩效管理过程中处于中间环节，也是耗时最长、最关键的一个环节，这个过程的好坏直接影响绩效管理的成败。具体来讲，绩效辅导阶段主要的工作就是持续不断地进行绩效沟通，收集数据形成考核依据。

沟通的目的有两个：一个是员工汇报工作进展情况，或就工作中遇到的障碍向主管求助，寻求帮助和找到解决的方法；另一个是主管人员对员工的工作与目标计划之间出现的偏差及时纠正。

（2）绩效辅导的意义

对于主管而言，及时有效的沟通有助于全面了解员工的工作情况，掌握工作的进展信息，并有针对性地提供相应的辅导和资源，有助于提升下属的工作能力，达到激励的目的；同时，主管可以掌握绩效评价的依据，以便对下属做出公正客观的评价。

对员工而言，员工可以得到关于自己工作绩效的反馈信息，以便尽快改进绩效、提高技能；同时，员工可以及时得到主管相应的资源和帮助，以便更好地达成目标；以有效沟通为基础进行绩效考核辅导是双方共同解决问题的机会，也是员工参与管理的一种形式。

在绩效辅导的过程中，对于员工的突出贡献和绩优行为，主管应给予其适时的赞扬，这将极大地调动员工的工作热情，使好的行为得以强化和继续，有利于营造良好的组织绩效氛围。

4. 考核评价

在进行绩效评价时，很多企业会要求员工先对本人的业绩达成状况进行自评，员工自评后由主管对照期初与员工共同确定的绩效目标和绩效标准对员工进行评价。

这里应注意的一点是，主管要先汇总检查员工的相关绩效数据是否准确、完整，如发现不符的数据还应加以证实，或将其与通过另一种渠道收集的数据进行对比，以判断原始信息的可信度。在确认数据充分且没有错误后，才可以依据这些数据对员工绩效完成情况进行评价。常见的评价方式包括：工作标准法、叙述评价法、量表评测法、每日评测记录法、关键事件记录评价法、目标管理法、强制比例分布法、配对比较法等。以上方法在具体操作过程中往往不是单独使用一种，而是几种方式综合使用。任何公司的绩效评价方式都不是十全十美的，没有最好的绩效评价工具，只有最适合本企业实际的绩效评价工具。

有效的绩效评价依靠两方面的因素：一是评价制度要合理；二是评价人要有评估技巧，并能保证绩效面谈的准确性。而后者尤为重要。

5. 考核结果反馈与面谈

（1）操作方法

双方就考核结果进行面谈沟通，也就是说对于考核分数的分歧，员工可以提出自己的理由，如果主管认为该理由成立，那么分数是可以改的，最终要达成绩效考核结果意见的共识，员工对于自己的考核结果表示认可后签字确认。通常反馈应该关注于具体工作行为，依靠客观数据而不是主观意见和推断。总之，只要员工诚心诚意地对待反馈，反馈又是与工作任务相联系的，并且接受者可以从备选建议中选择新的行为，那么，绩效反馈就很有可能引导出现行为改变。

（2）考核结果反馈面谈的步骤

第一，面谈准备。主要包括相关的数据及考核结果分析的准备，也就是要求主管在绩效面谈前一定要进行绩效诊断，主管不仅要告诉员工考核结果，还要告诉员工为什么会产生这样的绩效，应该如何避免出现低的绩效。

第二，面谈过程控制。首先，主管应当在开始的时候花一点时间讲清楚面谈的目的和具体议程，这样会有助于消除双方的紧张情绪，同时也便于双方控制面谈的进程；其次，在面谈过程中，主管一定要注意平衡"讲"与"问"，注意倾听被考核者的意见，充分调动对方讨论的积极性，赢得他们的合作，避免对抗与冲突的发生。主管应当只谈员工的工作表现，而不要对员工的本人做出评论。负性评价不可避免，但为了让员工保持正面的自我印象，主管可以先说好的评价。如果管理者和员工的看法有较大的差异，双方应先认清差异的原因所在。

第三，确定绩效改进计划。双方在讨论绩效产生的原因时，对于达成的共识应当及时记录下来，那么这些问题可能就是员工在下一期需要重点关注和提高的地方，员工也就对下一阶段的绩效重点和目标制定了计划。面谈结束后，双方要将达成共识的结论性意见或经双方确认的关键事件或数据，及时予以记录、整理，填写在考核表中。对于达成共识的下期绩效目标也要进行整理，形成下期的考核指标和考核标准。

（五）绩效考核效果评估的主要指标

绩效考核短期效果评估的主要指标有：①考核完成率；②考核面谈所确定的行动方案；③考核结果的书面报告的质量；④上级和员工对考核的态度以及对所起作用的认识；⑤公平性。

绩效考核长期效果评估的主要指标：①组织的绩效；②员工的素质；③员工的离职率；④员工对企业认同率的增加。

给予员工考核反馈的注意事项：①试探性的反馈；②乐于倾听；③具体化；④尊重下级；⑤全面地反馈；⑥建设性的反馈；⑦不要过多地强调员工的缺点。

实施过程的注意事项：

第一，寻求高层支持。人力资源部门（HR）在一个公司想成功实施绩效管理，就要充分了解各部门的工作内容、工作流程以及部门概况，这是 HR 跟其他部门主管沟通赢得别人尊重的前提。

HR 必须将自己的规划、想法与公司高层领导充分沟通，在方向、目标和策略上达成一致，要尽最大努力来争取公司高层的支持，这个高层的级别越高越好，而且一定要通过各种方法让其在绩效推动的各个阶段以实际行动给予支持，有了高层在执行上的支持，其他各部门的主管一般不会太跟 HR "唱反调"。

第二，提交考核思路。整理与各位主管沟通的意见，形成自己初步的整体绩效管理推动思路，包括绩效体系大体架构，以什么方式为主导来进行绩效考核，绩效考核指标怎么设定，绩效结果怎么应用以及其他部门在整个考核周期内需要做的工作（公司领导、HR、各部门主管、员工本人）等。其中比较重要的是选择合适的考核方式（如 MBO、KPI、BSC 等），将大体思路成文后先提交公司领导审核。

第三，制定绩效考核指标。上述大体思路经公司领导修改和通过后，HR 再拿着这个大体思路与各部门主管和员工一起探讨各个岗位的考核指标，当然事先 HR 要有自己的想法，因为员工（包括一些主管）对绩效管理并没有经验，是没有什么想法的，要想做好绩效管理，这个过程是很漫长的，一定要充分听取员工和主管的意见和建议，这样才能使后续制定的体系和方案得到尽可能的认同，实施也就容易一些。

绩效考核指标的设定是难点和关键点，要让员工的努力程度与员工自己的薪酬、晋升、职业发展等挂钩。设定 KPI 指标时有几种评分办法可以建议 HR 灵活应用：经验增减法、间歇增减法、正反比例法、难易折线法、扣分制法。能量化的尽量量化，不能量化的尽量细化，不能细化的尽量流程化。

第四，要各岗位员工签字确认。一是方便以后实施和执行——是经过大家确认同意才实施的；二是新的劳动合同法要求一旦出现劳资纠纷，公司有举证的义务和责任，这个签字的确认书就是证据。

第五，执行绩效考核周期。将考核周期缩短到一个季度内为佳（季度、月度），一来方便主管及时发现问题、控制过程，如果把问题都积到最后就很难收拾，每个月或者每个季度要求员工对考核结果进行签字确认。HR 将考核结果存档并作为半年或者年度绩效考核的依据，这样会大大减少期末考核的麻烦和大大提升员工的满意度。不要小看签字这个简单的动作，它至少会让员工觉得公司不会暗箱操作。

五、薪酬管理

（一）薪酬的概念

薪酬是指企业对它的员工给企业所做的贡献，包括他们实现的绩效、付出的努力、时间、学识、技能、经验给付的相应的回报，这实质上是一种公平的交换。

薪酬包括经济性报酬和非经济性报酬。经济性报酬指工资、奖金、福利、假期等；非经济性报酬指个人对工作乃至对企业的心理感受（如图8-5所示）。

相对来说，经济性报酬直观且易量化，企业只要提高了经济性报酬，员工就能够立即感受到。而非经济性报酬是员工在企业工作而形成的心理思维形式，这也可以说是一种预期报酬。整体薪酬概念强化了经济性报酬在薪酬分配中的地位，也强调非经济性报酬在现代薪酬框架中的独特作用。

（二）薪酬管理的概念

薪酬管理是企业人力资源管理的主要构成部分，具有评价员工劳动、回报员工及激励员工充分发挥其能力和潜能的职责和功能。在薪酬管理的过程中，薪酬管理活动与组织设计、员工聘用、业绩考评、职业发展等密不可分。

薪酬管理是企业对其薪酬战略、薪酬政策、薪酬制度及薪酬功效的确定、控制和调整的整体过程。薪酬管理是一种复杂、动态的组织行为。从管理的角度看，它与其他管理一样，包括管理决策、管理控制等基本职能

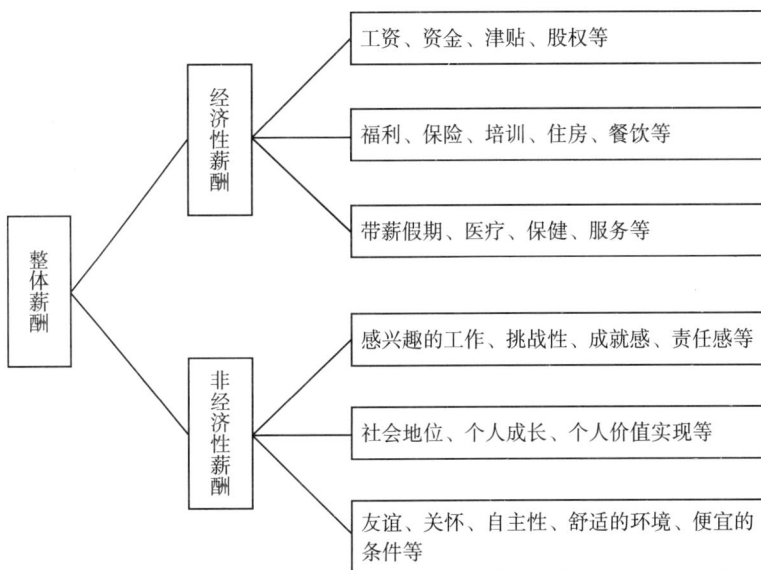

图 8-5　薪酬体系①

活动；从薪酬本身的内涵看，它又包含着薪酬战略、薪酬政策、薪酬制度及薪酬功效等问题。

薪酬管理可以从战略层面、制度层面和技术层面三个层面来考虑（如图 8-6 所示）。

在战略层面上，先对企业的愿景、使命、核心价值观和发展战略进行分析和定位，明确企业发展战略对企业人力资源管理的要求。然后在前者的指导下制定人力资源的战略和规划，通过对外部环境的分析，制定企业的薪酬策略。

在制度层面上，在基本的薪酬原则指导下，设计制定企业薪酬结构、薪酬制度和薪酬管理的系统。通过薪酬管理来支持企业战略目标的实现。

在技术层面上，运用有关薪酬设计的技术和方法，如工作分析、岗位评估、能力评估、市场调查、经验曲线等进行薪酬设计与薪酬管理。

（三）薪酬管理的重要性

薪酬管理历来被认为是现代人力资源管理中最困难、最敏感、政策性

---

① 李贵军. 薪酬体系设计与企业战略之匹配研究 ［D］. 西南财经大学，2008.

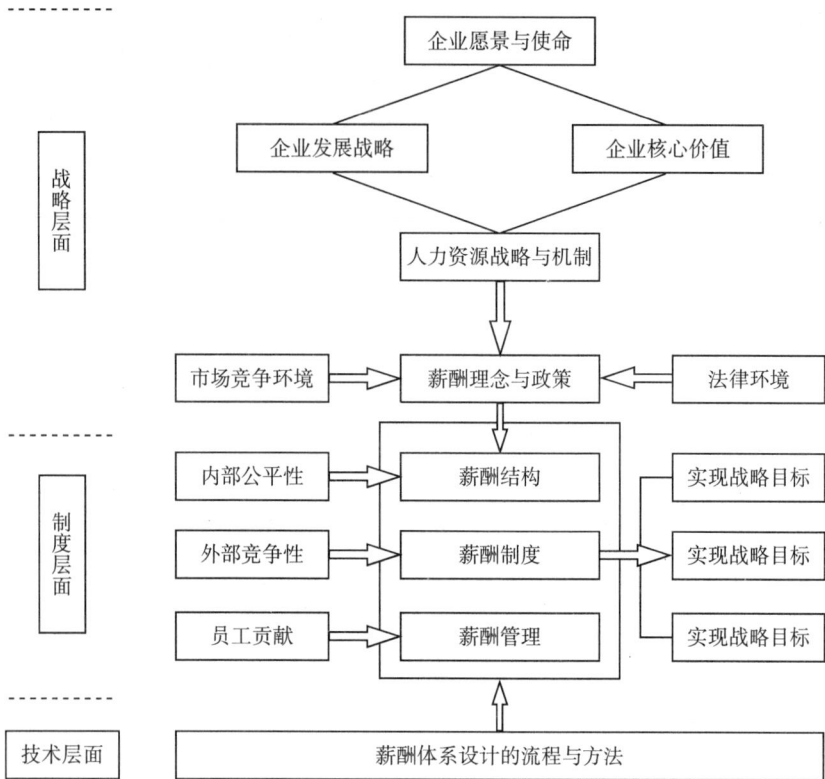

图 8-6 战略导向的薪酬管理体系①

最强的工作。薪酬管理虽然仅仅是人力资源管理的职能活动之一，但是对企业经营业绩的好坏具有直接的、重大的影响。通过有效的薪酬管理手段与策略，吸引与保留人才，减少企业的成本，提高员工的工作积极性和工作满意度，从而实现薪酬给付的公平性、竞争性和激励性。

从组织角度看，薪酬和薪酬管理影响着公司产品和服务的成本。在发达国家的制造企业中，人工费要占整个成本的 1/3 左右；在服务行业中，人工费接近整个成本的 2/3。即使在中国，员工工资、福利也是企业的主要成本支出项目之一。可见，有效的薪酬管理将对企业的成本状况产生明显的影响。

有效的薪酬管理也有助于公司吸引、激励和留住人才。薪酬水平不仅

----

① 李贵军. 薪酬体系设计与企业战略之匹配研究 [D]. 西南财经大学，2008.

反映企业岗位的价值，对员工个人而言，还体现其个人的价值。有效的薪酬管理还能够激发员工的工作积极性、创造性和工作潜力，能够不断增强公司的竞争力和竞争优势。许多企业正是出于这种因素而进行薪酬改革的。

从经理人员的角度看，薪酬管理的功能就像一根指挥棒，能够发挥引导和约束员工行为的作用，进而有助于提高管理工作的有效性和效率。

从员工角度看，在一个企业里工作，一方面是为了养家糊口，另一方面是为了实现自身的价值。所以薪酬的高低，不仅涉及劳动力要素的再生产问题，同时也在一定程度上反映了员工的人力资本价值。如果员工的人力资本价值得不到公平的反映，员工就会产生跳槽的想法，就难以一心一意地为企业工作。

（四）趣游公司的薪酬管理决策

为了达到薪酬管理的目标，企业在薪酬管理的过程中必须做出一系列重要的决策。其中包括薪酬体系、薪酬水平以及薪酬结构三大核心决策，薪酬构成以及薪酬管理政策两大支持性决策。

1. 薪酬体系

薪酬体系决策的主要任务是确定企业的基本薪酬以什么为支付基础。企业在确定员工的基本薪酬水平时所依据的分别是员工所从事工作的自身价值、员工所掌握的技能水平以及员工所具备的能力或任职资格。目前国际较通行的薪酬体系包括岗位薪酬体系、技能薪酬体系以及能力薪酬体系。其中，岗位薪酬体系是以工作为基础的薪酬体系，而技能和能力薪酬体系则是以人为基础的薪酬体系。

趣游公司目前采取的是岗位薪酬体系与技能薪酬体系和能力薪酬体系相结合的方案。

2. 薪酬水平

薪酬水平是组织里的几种薪酬或年薪的平均值，该平均值基于单个岗位的个体薪酬等级或若干岗位的薪酬平均值，决定了企业薪酬的外部竞争力。在传统的薪酬水平概念中，我们更多关注的是企业的整体薪酬水平。

但是在目前日益激烈的市场竞争中，企业越来越多地关注岗位和岗位之间或者是不同企业中同类工作之间的薪酬水平对比。对企业的薪酬水平决策产生影响的主要因素包括：同行业或地区中竞争对手的薪酬水平，企业的支付能力和薪酬策略；社会生活成本指数；集体谈判情况下的工会政策等。

趣游公司薪酬水平的确定首先考虑目前社会生活成本指数情况，确保员工收入能够满足其正常生活水平的需要；其次考虑同行业中竞争对手的薪酬水平，趣游公司能够提供比较有竞争力的工资和福利待遇；最后，趣游公司综合考虑企业的战略目标以及自身的支付能力，确保员工的薪酬在同类型企业中处于较高的水平。

3. 薪酬结构

薪酬结构是指同一组织内部的不同岗位所得到的薪酬之间的相互关系，是组织纵向薪酬薪级与横向薪酬薪档组成的薪酬矩阵。它涉及的是薪酬的内部一致性问题。企业内部的薪酬结构实际反映了企业对于岗位重要性以及岗位价值的看法。

如果说薪酬水平会对员工的吸引和保留产生重大影响，那么薪酬结构的合理与否往往会对员工的流动率和工作积极性产生重大影响。一般来说，企业往往通过正式或非正式的岗位评价来保证薪酬结构的公平性和合理性。

我国企业尤其是国有企业所谓的平均主义和"大锅饭"问题在薪酬结构方面有相当明显的体现。许多企业之所以出现"劣币驱逐良币"的局面，薪酬结构不合理是一个重要原因。

趣游公司的薪酬结构分为四个等级，分别为高管、中管、职员和职工。每个等级又细分为 10 个薪资等级，每个薪资等级之间的工资差距为 100~200 元。

4. 薪酬构成

薪酬构成是指员工得到的总薪酬的组成成分，包括以福利或服务形式支付的间接补偿等。通常情况下，薪酬划分为直接薪酬和间接薪酬。前者是直接以货币形式支付给员工并且与员工所提供的工作时间和业绩、质量有关的薪酬；后者则包括福利、服务等一些有经济价值但是以非货币形式提供给员工的报酬，往往与员工的工作时间和业绩、质量等没有直接关系。

趣游公司的薪酬构成包括基本工资，各类补贴，月度综合奖，加班费、病、事假及旷工，社保补贴等部分。

（1）基本工资

趣游公司每年参考地方政府当年规定的最低工资标准，并结合本公司的实际情况，制定本公司当年基本工资标准；基本工资可随岗位不同而变化，如操作工、设备维修工等岗位的基本工资标准可以不同，但均不能低于当地政府最低工资标准。

（2）各类补贴

补贴包括岗位、职务、工龄、技能、浮动等各类补贴。

第一，岗位补贴。一般员工的岗位补贴根据所在岗位的操作责任大小、工作强度、环境条件和技能水平，由公司综合评估后确定每个具体岗位的补贴，未列入的岗位没有岗位补贴，在相同岗位工作的员工享受相同的岗贴，岗位补贴随岗位变动而变动。

第二，职务补贴。对担任组长、部门经理、部长等管理岗位的员工发放职务补贴，根据具体岗位职责、个人管理能力及水平在一定范围内进行调整；职务补贴随职务的变动而变动，不担任职务的，无职务补贴。

第三，工龄补贴。工龄补贴按照员工进入公司的具体年限，每年递增一定的数额，工龄补贴每年调整一次。

第四，技能补贴。根据员工的技能水平以及在实际工作中所起的技能作用、工作表现等综合因素确定；当员工调离技术岗位，不再发挥技术作用时，不再享受技能补贴；具有技能补贴的员工包括：美工人员、编程人员、测试人员、质量控制人员等。

第五，浮动补贴。公司根据员工工作表现等具体情况给予部分员工一定的浮动补贴。

（3）月度综合奖金

根据员工出勤、工作纪律、绩效考核指标、安全等因素进行每月考核，根据考核结果发放相应的月度综合奖金。

（4）加班费

公司每年确定员工的加班工资计算基数，对于公司执行的标准工时制度，工作日加班工资按照加班工资计算基数的150%发放，休息日加班工资按照加班工资计算基数的200%发放，法定节假日加班工资按加班工资计算基数的300%发放。

对于公司申请并经劳动保障部门批准实行综合工时制的岗位，综合计算周期内平均工作小时超出法定工作时间需支付的加班工资，加班工资按加班工资计算基数的 150%发放，但法定节假日加班工资按加班工资计算基数的 300%发放。

（5）病、事假及旷工

根据员工每个月考勤记录来汇总统计病假、事假、旷工的天数以及迟到早退的次数，再按照公司规定进行相应的扣除。

（6）社保补贴

公司根据当地政府的规定和员工的具体情况给予员工一定的社保补贴，用于补助部分社保。

（7）法定独生子女补贴

公司根据地方政府的法定要求执行。

（8）其他

除了工资之外，趣游公司还为员工提供相应的福利。

公司为员工提供宿舍，宿舍统一按照快捷酒店的方式装修，内部环境干净整洁，员工宿舍的租用费用为每月 200~800 元。除了宿舍之外，公司还为路远的员工提供免费的班车服务，班车分为两条线，东线到北京通州的果园，北线到北京昌平的天通苑，沿途设置若干站点，方便员工乘坐。

为了满足员工的休息和休闲需要，公司设置了诚信吧，向员工提供饮料和食品服务。诚信吧费用较低，每个月统一时间结账，员工可以得到公司提供的信用服务。公司设置了图书馆，图书馆中的书籍来自公司统一采购和员工的捐赠，员工在工作时间内可以免费借阅。

公司的员工工作压力较大，公司特地设置了全天开放的健身房，方便员工在休息时间锻炼身体。此外，在员工生日的时候还会收到生日券，节假日会收到节日卡等。

5. 薪酬管理政策

薪酬管理政策主要涉及企业的薪酬成本与预算控制方式以及企业的薪酬制度、薪酬规定和员工的薪酬水平是否保密的问题。薪酬管理政策必须确保员工对于薪酬系统的公平性看法以及薪酬系统有助于组织以及员工个人目标的实现。

六、劳动关系

　　员工关系的处理以国家相关法规政策及公司规章制度为依据，在发生劳动关系之初，明确劳动者和用人单位的权利和义务，在合同期限之内，按照合同约定处理劳动者与用人单位之间权利和义务关系。对于劳动者来说，他们需要借助劳动合同来确保自己的利益得到实现，同时对企业尽到应尽的义务。对于用人单位来说，劳动合同更多地在于规范其用工行为，维护劳动者的基本利益。但是劳动合同也保障了用人单位的利益，包括对劳动者供职期限的约定，依据适用条款解雇不能胜任岗位工作的劳动者以及合法规避劳动法规政策从而为企业节约人力资本支出等。总之，员工关系管理的目的在于明确双方权利和义务，为企业业务开展提供一个稳定和谐的环境，并通过公司战略目标的达成最终实现企业和员工的共赢。

（一）劳动关系的内涵

　　常凯在《劳动关系研究》一书中指出："通常劳动关系是指在生产关系中直接和劳动相关的那部分社会关系，或者可以说，劳动关系是指雇主和劳动者个人以及工会团体之间在实现劳动的过程中产生的、由双方的利益所引起的，主要表现为合作与冲突、力量与权利的关系总和，劳动关系受制于某个国家中的技术、经济、社会文化和法律制度背景。"因为各国文化传统、社会制度和发展程度的不同，所以各国对劳动关系的称呼也不同。例如，在一部分国家中劳动关系被称为雇佣关系、劳资关系等，而在另一部分国家则被称为产业关系或劳工关系等。以下是对劳动关系的几种权威界定。

　　马克思将劳动关系定义为在资本主义制度的前提下，资本所有者通过雇佣工人来进行生产劳动，并且以占有雇佣工人所创造的剩余价值为目的而形成的一种社会关系。西方学者对于劳动关系的探究可以分为广义和狭义两类：狭义的劳动关系认为劳资冲突仅仅是阶级冲突的一种，并且将其定位于当代资本主义综合分析之上。而广义的劳动关系是指人们在工作劳动过程中的行为与互动，它所研究的是个体、群体、组织和机构等是如何规范劳资双方雇佣关系的。

现代劳动经济学者将劳动关系定义为委托人（雇主）与代理人（雇员）之间的一种契约关系。代理人通过帮助委托人实现其目标来获得相应的工资与福利，而委托人则获取剩余利润以及其他相关利益。

（二）劳动关系的性质

第一，雇佣者和劳动者在权利与义务上的地位平等性。不论是雇佣者还是劳动者，他们在经济和社会中的地位都是平等的，都享有同种法律规定的各项权利与义务，同时也受到相应法律法规的保护。双方必须在平等、自愿、协商的基础上签订劳动合同，并以此建立劳动关系；同样也必须要在法律允许的情况下才能解除或终止劳动关系。

第二，雇佣者用人单位即和劳动者在雇佣过程中的不对等性。尽管雇佣者和劳动者在法律上具有平等的地位，但是在市场经济的背景下，由于失业必然存在，失业的劳动者使得劳动力市场供求失衡，导致劳动力的供给大于需求。所以，为了在竞争中能找到一份合适的工作，大多数劳动者不得不降低自己的要求。因此，在就业市场中，用人单位始终处于强势地位，劳动者则处于弱势地位，在雇佣过程中双方进行选择时，劳动者明显没有优势。

第三，劳动关系具有经济性，是一种经济利益关系。这体现在劳动过程中，雇佣者与劳动者双方的关系是以经济利益为基础的，并且这种利益关系也是劳动关系冲突的最主要原因。因为雇佣者是以追求利润最大化作为经营目标的，而劳动者则需要通过劳动来获取满足个人生活所需的劳动报酬，所以劳动关系双方合作与冲突的根源就在于对经济利益追求的差异。

第四，劳动关系在一定程度上具有社会性。劳动者和用人单位都是社会中存在的个体，所以双方之间建立的关系即劳动关系理应属于社会关系的一部分，如果劳动关系存在的问题不能得到有效调解，就会严重影响到整个社会的健康发展。对劳动者来说，恰当处理劳动关系中的问题对他们来说是十分重要的，因为这关乎劳动薪酬、工作的稳定性和权益的完整性，而这些都对劳动者的生活水平和职业发展起决定作用。对用人单位来说，劳动关系处理得是否得当对用人单位利润目标能否实现是至关重要的，若不能有效处理好劳动关系，那么用人单位将要蒙受的损失是不可估量的。

（三）劳动关系的基本类型

以劳动关系双方利益关系的性质和利益关系的处理原则为依据，劳动关系可以分为利益冲突型、利益一致型和利益互异协调型。以劳动关系各方力量的对比为依据，劳动关系可分为均衡型、不均衡型和政府主导型。

第一，利益冲突型劳动关系。这是一种较为传统的劳动关系，它强调并注重劳资关系双方不同的利益与立场，有着对立十分明显的阶级分立与劳资阵营，劳资双方都十分重视对自身利益的追求，矛盾与冲突非常突出，劳资关系在冲突、斗争和妥协中维持与发展。在该类型劳动关系中，改善管理、提高工资福利等手段都只能起到表面的作用，并不会为改善劳资关系带来任何实质的影响。

第二，利益一致型劳动关系。该类型的劳动关系以企业战略目标为中心，强调劳动关系双方利益的一致性，并且双方都依靠这种和谐的劳动关系来实现自己的利益。这就要求企业内部的管理人员与被管理人员可以相互合作与信任，避免冲突和摩擦，该种关系认为双方利益完全可通过企业内部管理制度与利益调和机制达到一致。

第三，利益互异协调型劳动关系。这种劳动关系是在利益冲突型劳动关系的基础上发展而来的，是以近代劳动立法中的契约精神为依据而构建的。它强调的是在劳动过程中，追求收入最大化的劳动者与追求企业利润最大化的雇佣者在利益互异的情况下，双方承认对方的利益并以此为基础进行合作，这样才能顺利实现双方的利益。所以利益互异协调型劳动关系认为双方可以通过平等协商以及谈判来保障双方的合法权益并实现共同利益。

第四，均衡型劳动关系。均衡型劳动关系是指劳动关系双方的力量对比相差较小并且能够相互制衡。这种劳动关系的特点主要在于劳动者和工会不仅能了解到企业的内部信息，并且也能参与企业生产经营决策的协商与制定。

第五，不均衡型劳动关系。不均衡型劳动关系是指劳动关系双方的力量对比相差很大，劳动关系双方中强势的一方主导劳动关系的发展。

第六，政府主导型劳动关系。政府主导型劳动关系是指政府是控制劳动关系的主要力量，并且决定着劳动关系的具体事务。

（四）趣游公司的劳动关系

1. 趣游公司的劳动关系管理现状

（1）管理目标

规范公司员工管理，维护双方当事人的合法权益，加强员工与公司之间的沟通，建立和谐的企业环境，保持员工与企业之间和谐的劳动关系，实现共同发展。

（2）组织构成

公司的领导层自上而下为董事长、高级副总裁（管理各职能系统，如管理销售、研发、后勤和行政等）以及各职能部门负责人，他们各司其职。公司的运营模式总体上参考了其他网络游戏公司的运营方式，公司的中高层领导参与决策的讨论，但大部分情况下重大决定由董事长和高级副总裁共同做出。

（3）管理内容

目前公司对劳动关系管理的内容包括：劳动规章制度管理、劳动合同管理、员工出勤缺勤管理、工资奖金管理、社会保险管理、劳动保护管理。当公司遇到其他相关问题时，则由人力资源部门职员根据具体情况对问题进行处理。

公司劳动关系管理内容如图 8-7 所示。

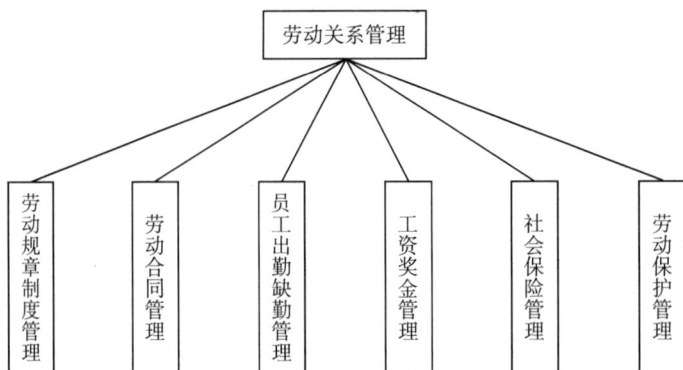

图 8-7　趣游公司劳动关系管理①

___

① 资料来源：趣游公司政策发展部。

2. 趣游公司的劳动关系管理原则

趣游公司在劳动关系管理中遵循三大原则，分别为分层分类原则、系统管理原则、角色清晰原则。

公司员工来自不同的地域，有着不同的教育和工作背景，差别较大，因此针对员工的管理也应该因人而异，这需要一套清晰的、具有实际操作价值的管理流程。趣游公司针对这一管理流程进行了系统的思考，不断将流程信息反馈给相关人员。在管理过程中，趣游公司做到了责权统一，企业中各层各类人员都有清晰的工作定位。

（1）分层分类原则

企业与慈善机构不同，它是一个以盈利为目的的主体，因此企业必须要根据员工的素质、潜能、绩效等对其进行录用和提拔，这样才能将人力资本的价值最大化，才能将企业的价值最大化。

趣游公司按照人力资源为企业提供价值的大小和人力资源本身的稀缺性，将人力资源分为三类，分别为核心员工、外部合作伙伴和内部合作伙伴。

趣游公司的高层管理者和核心技术人员是企业的核心员工，他们是趣游公司竞争优势的源泉；外部合作伙伴，他们如公司的渠道运营商等并不直接参与公司的运营，但是他们作为趣游公司的合作伙伴，以"合作"的态度与公司保持长期的联系；内部合作伙伴主要从事传统的工作（如财务、营销等），一般来说指公司内部的各个部门，企业对他们应该采用基于市场的管理方式。

（2）系统管理原则

系统管理原则是指公司劳动关系管理模式不能空谈理论，要提出一系列操作流程，才能系统地管理劳动关系。虽然劳动关系管理是企业管理的一个重要部分，但是趣游公司没有设置一个专门的部门来管理劳动关系，而是由公司的人力资源部门来完成这项管理工作。劳动关系的管理流程与人力资源的管理流程是分不开的，所以趣游公司将劳动关系管理融入到人力资源管理的各个环节中。

趣游公司的人力资源管理由两个系统组成：第一个系统垂直匹配，是指公司内的人力资源管理与公司发展战略相匹配；第二个系统是水平匹配，是指公司内部的素质测评、人力资源规划、绩效管理、薪酬管理、培训管理等是一个统一的系统，相互协调统一。

（3）角色清晰原则

趣游公司的人力资源部是公司人力资源管理和劳动关系管理的专业部门，对公司的人力资源工作和劳动关系工作进行总体的规划，该部门分解各种职能以及其他部门所要承担的独特职责，让公司各个部门能够承担其独特的角色。

目前，公司的人力资源部主要做一些人事记录、审核控制以及绩效评价方面的工作，这些工作占用了人力资源部大部分的时间，但是人力资源管理要想与企业经营战略全面对接就必须要做到有所为、有所不为。人力资源的发展要想与企业的战略发展相匹配，就必须充分了解员工的能力和特点，将相关工作交给最了解工作属性和最了解员工特点的直线管理者来承担。

当人力资源管理的各方面工作由以上这些人员完成以后，剩下来与劳动关系相关的工作就应该由人力资源部门的劳动关系专员来完成了。首先，劳动关系专员应是一个精通劳动法律法规的专家，他必须能够时刻关注政府的政策动向，研究其他企业调整劳动关系和处理劳动争议的案件。其次，劳动关系专员必须关注企业人力资源管理的各个环节，发现可能产生劳动争议的管理制度和行为，如关注劳动合同的签订、员工的参与管理等，适时地给人力资源部门的其他人员提出建议，争取从源头上减少劳动争议。最后，当劳动争议发生时，劳动关系专员应主动承担起协调的责任，积极与企业各个部门沟通并解决争议，关注员工对争议处理的满意度等。

著名学者张声雄教授曾指出："人们愿意置身于一个推进快乐管理的企业。无论做任何事情，只要从中获得快乐和开心，就会全身心地投入其中。"快乐学习是创建学习型组织的重要因素。在学习中获得成长，在工作中获得成就，在生活中获得成功，趣游人是快乐的。趣游提出的口号是"学习，然后超越"，让员工为了突破自我、创造卓越而学习，在快乐的学习中释放能量，让个人和组织共同成长，为了美好的愿景共同努力。

第九章　趣游公司的企业文化建设

　　企业文化是企业在长期的生产经营活动中形成的并且为企业员工普遍认可和遵循的具有本企业特色的管理思想、管理方式、群体意识、价值观念和行为规范的总称。

　　企业文化有一种极强的凝聚力量，建设好企业文化将会对企业产生巨大的影响，因为它是企业新思想、新观念的最好体现；是增强企业活力、创造企业最高经济效益的必然之需；是发挥员工积极性、智慧力和创造力的最佳选择；能全面提高企业员工和企业整体的素质；是发掘力量的源泉；是增强企业凝聚力和竞争力、确保企业生存和发展的根本战略；是营造企业和谐的氛围和优良的环境的保证。实践证明，成功的企业都有自己优秀的企业文化。因此，要高度重视企业文化建设，尤其要建设优秀的企业文化，这样才能不断增强企业竞争力，从而在经济全球化的浪潮中，使企业充满活力，永远处于不败之地。

一、企业文化的内涵

（一）企业文化的一般内涵

　　企业是指由一定的生产要素构成的，以盈利为直接目的，从事一定经济活动并体现特定社会生产关系的经济组织。企业和文化的关系是经济和文化的关系，在现实企业经济活动中，企业的一切经济活动同时也是文化活动的表现。企业文化内涵所包含的元素之间的关系：企业文化通过物质载体表达出它的精神内容，物质载体包括活动过程和活动结果，精神内容包括精神现象和精神实质，精神现象通过精神实质表现出来。企业文化是物质载体与精神内容的统一。下面对企业文化内涵所包含的元素之间的关系进行详细分析。

1. 企业文化的物质载体

企业文化想要在企业中发挥作用，必须通过必要的物质载体。本书将物质载体分为活动过程和活动结果两方面，基本涵盖了企业日常经营活动中可以传播企业文化的各个载体。活动过程包括八个方面：生产经营活动、美化工作环境、处理人际关系、制定规章制度、组织科技攻关、进行教育培训、参加社会公益事业、开展文体知识竞赛。这是企业员工在正常情况下可能涉及的活动过程。企业文化在这些活动中均可体现。活动结果也包括八个方面：产品、服务、利润；花园厂房、良性生态；坚强团队、英雄任务；零违法、零违纪、零事故；专利、自主知识产权；人才；社会赞助（资金、物资、人力）；技术能手、文体明星。这是员工在企业中进行活动可能引发的结果，也是企业文化的重要载体。这些结果与上述的八项活动过程是一一对应的，例如生产经营活动可能产生产品、服务、利润，美化工作环境会形成花园厂房、良性生态，而开展文体知识竞赛会产生技术能手、文体明星。将物质载体分离成活动过程和活动结果的原因主要是企业文化在企业中的存在极其广泛，不仅存在于几乎所有的日常活动中，还存在于活动结果之中。

2. 企业文化的精神内容

精神内容又包括精神现象和精神实质两部分。本书中精神内容包括理想追求、价值观念、精神状态、道德境界、思维方式、行为规范、工作作风、风俗习惯八个方面，之所以将它们归入精神现象，是因为它们既可能是优秀的，也可能是拙劣的，一个企业总会有某种精神状态和价值观念，但它们并不一定就代表当代企业文化潮流的本质。但是企业作为一个组织总会对上述八个方面的优劣有所判别，即奖励优秀、惩罚卑劣。企业对这八个方面具有倾向性的评价及偏好就是企业文化在精神层面的表现。

精神现象必须用内在的精神实质进行表达。即"为人民服务，为社会发展做贡献"和"理解人、尊重人，为人的全面发展做贡献"，这才是企业文化的精神实质。

（二）趣游公司企业文化的内涵

企业文化是企业在经营实践的过程中，由企业管理者倡导的，在大部分员工中逐渐形成的共同的价值观念、行为模式、感觉氛围以及企业形象的总和。企业文化的建设需要满足与战略系统相匹配的要求和与组织能力系统相匹配的要求。在这个定义中，企业文化包含了四个层面的内涵：

1. 共同的价值观念

价值观是企业决策者主导和倡导的，支撑企业发展的使命、宗旨、核心价值观、战略愿景等一系列价值观念、价值主张。趣游公司的共同价值理念是"信任、勤奋、创新、成就"（见图9-1），这一价值理念决定了趣游公司的发展方向，支撑着企业的发展目标，是全体员工共同努力的目标指引。

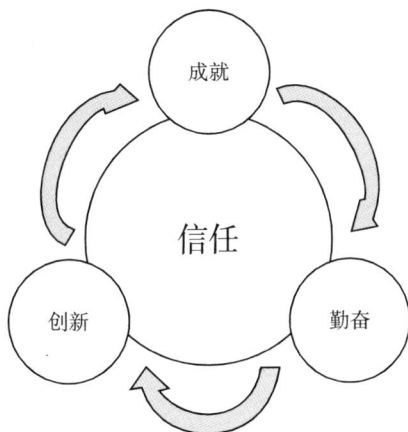

图9-1　趣游公司共同的价值理念①

"信任、勤奋、创新、成就"这一价值理念是在企业发展过程中、在不断适应内外部挑战的过程中逐渐形成，并为企业大部分员工一致认同的努力目标。

---

① 资料来源：趣游公司网站 http://www.gamewave.net/。

2. 共同的行为模式

共同的行为模式是由共同的行为意识、行为能力、行为实践构成的行为习惯和相应的行为结果。共同的价值观为企业发展提供了一个共同努力的方向指引，但价值观、价值主张的实现是通过员工的具体行为模式来体现的。

趣游公司的"六为精神"恰恰是企业共同的行为模式的体现，即"人才为本，用户为上；诚信为天，勤奋为径；创新为魂，成就为荣"。正是全体员工多年形成的行为习惯支撑着趣游公司的生存与发展，形成了全体员工认同并成为习惯的心智模式，使得企业文化得到真正的体现、固化和延续，成为支撑趣游公司生存的组织凝聚力。

需要特别注意的是，员工的行为习惯、心智模式，在保证企业文化代代相传的同时，也形成了文化转型的阻力。对于拥有共同价值理念的企业，如果所处地域不同、行业不同、服务领域不同甚至职能范围不同，由于组织内部处理问题、解决问题、获得结果的规律是不同的，是有其特殊性的，为了达成目标需要大家采取的有效行为方式也是不同的。因此，即使遵照统一的价值理念，由于环境条件不同，文化表现的行为模式也是不完全相同的。

在学习模式的创新方面，趣游公司针对每个培训项目或课程精心设计了亮点，吸引学员的注意力，让他们发自内心地去领悟和体会；在培训中提出案例学习法，在培训需求调查中收集大量实际的案例，这样让学员会更加感同身受；而在培训项目游戏化方面，让学员自主参与、专注投入、制定规则，并及时反馈；"微学习"的移动学习方式，让员工利用碎片化时间学习；没有完美的个人，只有完美的团队，所以团队学习永远是公司所倡导的，团队学习是培养大家相互配合协作与实现共同目标的直通车。员工在实际工作中难免会遇到各种各样的问题，而公司会组织大家通过研讨会或行动学习的形式，针对工作中的问题，集思广益，头脑风暴，最终达成共识，让问题迎刃而解。在每次培训结束后，除了分配的个人作业任务外，公司还会安排团队任务，旨在团队之间的沟通与交流，更主要的是让新员工主动找老员工多交流、多请教，虚心学习前辈的经验。"不耻下问"，"三人行必有我师"，要让新员工真正体会学习的意义和价值，达到知行合一，做到学以致用。

3. 共同的感觉氛围

组织群体共同的心理契约，形成了大家习惯的感觉氛围，也就是通常所说的文化氛围。共同的价值观念和行为模式，在带来支撑企业发展目标的有效行为的同时，也使企业内部的员工之间建立起共同的思维习惯、交流习惯、工作习惯甚至是生活习惯，形成大家舒适的、喜欢的感觉。

趣游公司为创建"学习型组织"，积极营造良好和谐的学习氛围，追求"快乐学习和工作"的文化。在工作中学习，在学习中工作，把结果当作目标来追求，把过程当作乐趣来享受，在工作中体会成就，体会战胜困难的愉悦。在趣游公司，学习无处不在。公司成立了图书馆，目前有图书千余本，公司领导的书柜也公开摆放，为员工提供了学习和分享的平台；在趣游公司，随处可以看到墙上的学习卡片；前台大厅经常以视频的形式播放"品牌宣传"和员工行为规范；公司每月还会展示勤奋标兵；部门定期组织勤奋文化落地研讨会；趣游文化墙则展示了员工拓展与培训的风采（见图9–2）。此外，通过内部网站OA系统，公司搭建了知识管理体系，

图9–2 趣游公司员工拓展活动①

————————

① 资料来源：趣游公司政策发展部。

建立了"培训资料"、"微学习"等共享平台，为员工提供了学习交流的机会。实现个人价值，不断超越自我，完成共同目标、营造出快乐的学习氛围。有了这些快乐动因，员工才能以快乐的心态去学习，培养自我学习力、创新力、竞争力。

与价值观和行为模式相比，文化氛围是可以感觉到的。从表面来看，是这个直接感受到的文化氛围对企业的运行方式产生着影响，因此，在建设企业文化、转变企业文化时，比较容易将对企业文化的关注集中在对文化氛围的关注上，转变文化的工作也会集中在对文化氛围的改变上。但是从本质上看，文化的感觉氛围是企业价值理念和行为模式带来的结果，文化氛围的管理和改变需要从价值理念和行为模式来入手。

4. 外在的企业形象

企业形象是外部利益相关者对企业的感受和认识。在共同的价值观、行为模式和文化氛围的作用下，企业的组织特征也会以特定的企业形象向外部展示，向企业的客户、供应商、其他利益相关者展示。作为企业文化的重要组成部分，企业形象也是市场营销、公共关系部门和专业机构关注的内容。

趣游公司的标志如图 9-3 所示。

图 9-3　趣游公司标志①

"让人生更有趣"是趣游公司的使命。与此同时，趣游公司也打造了丰富的企业精神，包括核心理念、人才战略、经营理念、员工意识等。

趣游公司的核心理念包括企业使命、愿景及核心价值观。企业使命就是"让人生更有趣"，企业愿景是"全球领先的互联网服务企业"，企业的核心价值观是"信任、勤奋、创新、成就"。

趣游公司的人才战略是"炼就百名 CEO，千名优秀管理者和各种互联网专家"，这一人才战略体现了趣游公司对互联网行业人才培养的责任意

---

① 资料来源：趣游公司网站 http://www.gamewave.net/。

识。作为一个迅速成长的互联网服务企业，趣游公司在公司发展的过程中，着力培养网游企业管理人才和技术人才，并通过正常的人才流动为整个行业注入新的血液。对于一个企业来讲，如果没有足够的资源和规模，只能停留在用人的水平上，根本谈不到对人才的培养，只有像趣游公司这样规模庞大、成长迅速、资源丰富的公司才能够有如此魄力，为整个行业培养管理和技术人才。

趣游公司的经营理念是"客户的满意是我们的动力"。在趣游公司，一切的经营行为都以客户满意为基础。在客服人员的工作中，会不断地收集到来自客户的抱怨与投诉，正是这些客户对公司和游戏的不满意，才促使趣游公司不断地提高客服水平，提高游戏的质量，提高公司管理水平。可见，"让客户满意"是趣游公司一个非常重要的目的，也是企业不断发展的动力。

趣游公司的员工意识包括团队意识、竞争意识、服务意识、危机意识、成长意识、创新意识。

其一，重视团队管理创新，重视团队梯队建设，重视团队文化传承，让趣游公司的团队始终保持旺盛的战斗力。趣游公司的团队发展经历了三个阶段，分别是艰苦而卓越的个人自律管理阶段，以员工为代表，它让趣游充满了活力；稳定而有序的现代企业管理阶段，以决策委员会为代表，它让趣游拥有了秩序；精英加精干团队的团队集群式管理阶段，以各地分子公司为代表。趣游公司从最初的 5 个人增长到现在的 1500 人，大浪淘沙，留下真金，每个团队的带头人都是精英骨干。团队是趣游公司的核心。员工在工作中必须具有团队合作精神，任何一个员工都只能完成网络游戏建设和运营中的一部分工作，不能完成所有的工作，因此，员工必须具有团队意识才能保证工作的顺利和全面完成。

其二，竞争不仅仅体现在公司与公司之间，也体现在公司的各个团队之间。在网络游戏的研发过程中，不同团队在进展速度、游戏质量等方面都有所不同，这本身就是一种竞争，员工必须具有竞争意识才能加快游戏研发的推进速度，保证游戏可以如期完成并投入运营。

其三，服务意识在趣游公司也有很好的体现。由于趣游公司从事的是网络游戏的开发和运营工作，需要团队精神，同时也需要各个部门之间的相互配合与服务，这培养了员工的服务意识，每一个员工都能够帮助其他环节的员工解决相关的问题，为其他的环节提供服务。

其四，危机意识是指对紧急或困难关头的感知及应变能力。危机来自外部与内部。从外部环境的不可控性及内部条件的可变性，都可以看到危机是客观存在的。危机意识要求要对市场中的风险有足够的敏感度，并时刻保持足够的警惕性，主动找市场而不是等市场。趣游公司的员工时刻保持危机意识，不断发现市场和玩家的新变化、新需要，让公司的游戏与市场需求保持一致，这也是趣游公司经营与发展的宗旨。

其五，企业需要成长，员工也需要成长，员工的成长成就了企业的成长，而企业的成长也带动了员工的成长。趣游公司的员工具有强烈的成长意识，员工自身在不断发展与成长的同时，也促成了趣游的整体成长。成长意识不仅体现在员工自身的职业发展上，也体现在员工的积极与上进以及员工的自我认识等方面。

其六，从创立之日起，趣游就不断在突破，在创新，可以说没有创新就没有趣游，平台模式的创新、运营服务的创新、核心技术的创新、团队管理的创新等铸造了趣游的今天。让创新有目的，让创新有方法，让创新有回报，让每个趣游人都以创新为荣。创新就是趣游的灵魂。

创新意识是以思想活跃、不因循守旧、富于创造性和批判性、具有敢于标新立异和独树一帜的精神和追求为主要表现。只有具备强烈的创新意识，才敢想前人没想过的事，敢创前人不曾创成的业。在互联网服务行业，创新就是企业的生命，趣游公司从事的网络游戏行业更需要不断的创新才能在行业中占据领导地位，趣游公司的员工也要时刻关注市场的变化，根据市场和玩家需求的变化，不断研发新的游戏平台和新的网络游戏，这正是创新意识的集中体现。

企业形象是企业价值理念、企业员工行为模式的结果和表现，是员工共同感觉氛围的外在延伸。企业形象需要用专业系统的方法建设和管理，但是不可能通过营造、包装的方法改变其实质，企业形象的基础和支撑还是企业价值理念和员工行为模式。

二、企业文化的结构

(一) 企业文化的一般结构

企业文化结构是指企业文化系统内各要素之间的时空顺序、主次地位与结合方式，它表明各个要素如何联系起来，形成企业文化的整体模式。

1. 企业文化睡莲图

英国学者爱伦·威廉 (Allan Williams)、鲍·德布森 (Paul Dobson) 和迈克·沃德斯 (Mike Waiters) 提出的企业文化睡莲图如图 9-4 所示。图 9-4 说明了企业成员的行为、态度、价值观是由他们所拥有的性能决定的，这些信念中有一部分是潜意识的；企业成员的信念是企业文化的核心因素。

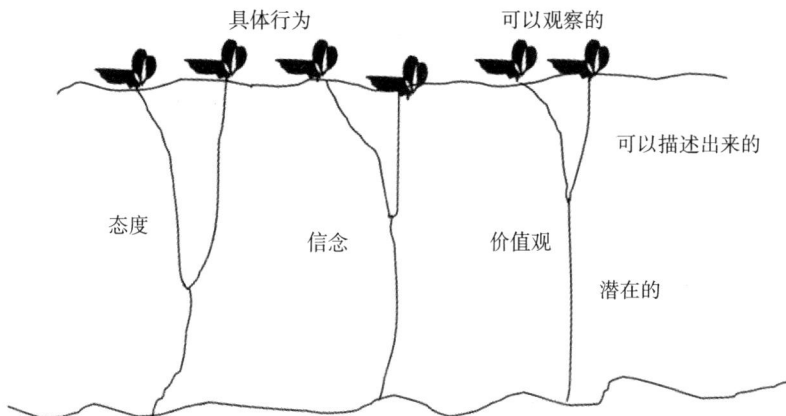

图 9-4　企业文化睡莲图[①]

2. 企业文化冰山模型

冰山模型由美国学者帕米拉·S.路易斯、斯蒂芬·H.古德曼和帕特西

[①] 艾亮. 企业文化建设研究 [D]. 天津大学，2012.

亚·M.范德特提出，如图 9-5 所示。该模型认为企业文化有两种基本的构成成分，分别可以用冰上和冰下来表示。

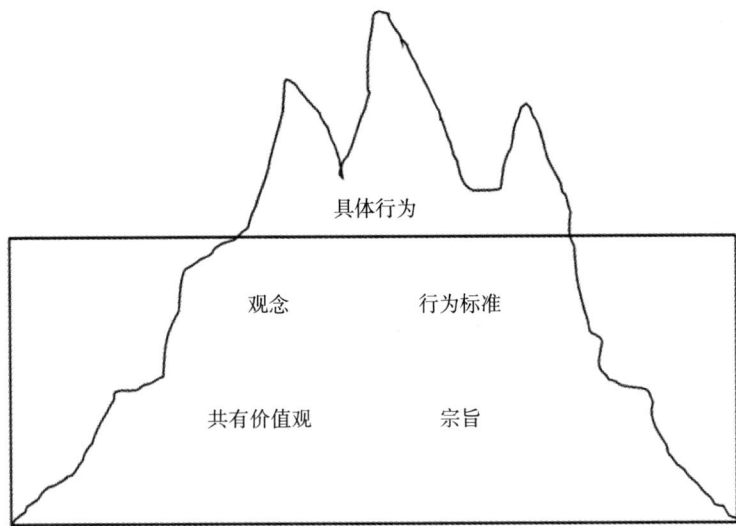

图 9-5　企业文化冰山模型①

表面的、看得见的东西是具体行为，而支持这些具体行为的是深层次的东西，是企业成员心灵深处看不见的观念、共有价值观、宗旨和行为标准。

3. 企业文化同心圆图

同心圆图是国内学术界比较普遍的结构图示（见图 9-6）。同心圆学说认为，企业文化核心层的构成要素只有一个，即价值观念，它是关于人、人与人之间、人与自然之间关系的一系列价值观念的总和。任何企业都可以根据自己的理解和需要塑造自己的企业文化。企业在文化方面的所有表征都是以核心层为基础的，这是企业对于人与人之间、人与社会之间最根本的认识和准则。

理论层的作用是对处于企业文化核心层的价值观念进行理论论证。理论层是对核心层观点的进一步发挥，是企业在创造物质和精神财富的生产经营实践活动中表现出来的理论化和系统化的世界观与方法论，是对贯穿

① 艾亮. 企业文化建设研究 [D]. 天津大学，2012.

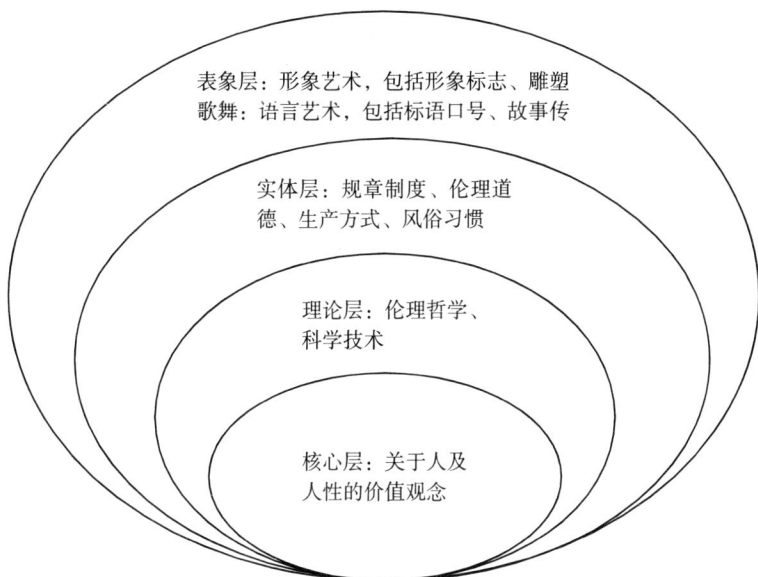

图 9-6　企业文化同心圆图①

于企业各种活动的基本规律的理性认识和全面把握，是对企业经营行为的一种根本指导。

企业文化的实体层，是指被企业文化理论层所论证的具有充分合理性和必然性的价值观念，具体到各个层次、各种人员行为上的标准和规则。企业文化的表象层是企业文化存在的外部形式，它在企业文化中起着将企业文化的价值观念转化为艺术形式的作用。

这四个阶段分别是归纳、整理、完善企业价值观念阶段，选择、确立企业文化类型阶段，构建企业文化的各个构成要素阶段和企业文化由价值观念向外演绎推进阶段。

4. 企业文化车轮图

通过对相关学者的观点进行提炼和总结，并结合前文对企业文化的分析，本书提出"企业文化车轮图"（见图 9-7）。

---

① 艾亮. 企业文化建设研究［D］. 天津大学，2012.

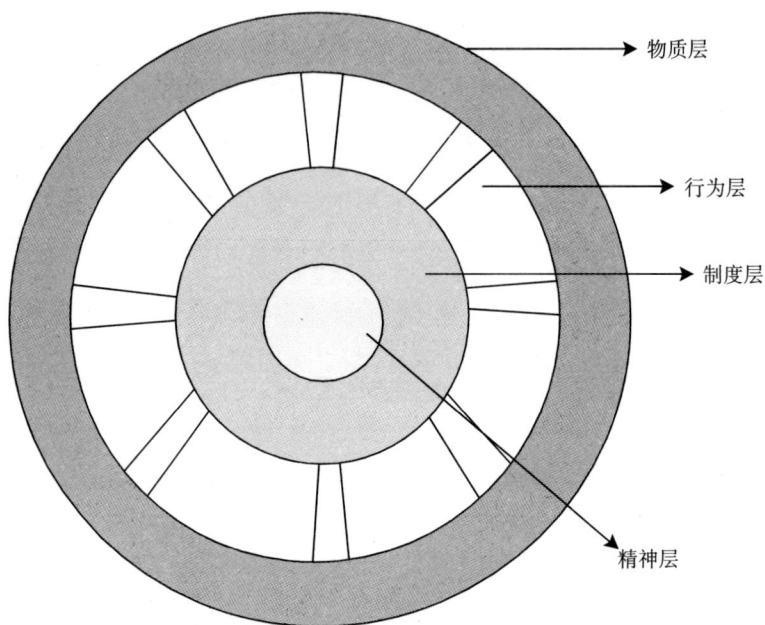

图 9-7　企业文化车轮图①

　　在本书提出的"企业文化车轮图"中，企业文化结构分为四个层次，由外而内依次是物质层、行为层、制度层和精神层。

　　企业文化的物质层也称企业的物质文化，是由企业成员创造的产品和各种物质设施等构成的器物文化，以物质形态为主要表现形式，包括企业环境、企业建筑、企业标识、产品包装与设计等。物质层是企业文化最外在的一层，如图 9-7 中最深颜色所示。像车轮最外层的轮胎部分直接与地面接触一样，物质层是企业与企业外界环境直接进行接触的一层，是向企业外部宣传企业文化的平台。

　　企业文化的行为层也称企业的行为文化，是企业成员在生产经营、学习、娱乐活动中产生的，包括企业经营、教育宣传、人际关系、文娱体育活动等。从人员结构上划分，包括企业家行为、企业模范人物行为、企业成员行为。企业文化的行为层是仅次于企业物质层的一层。在图 9-7 中，行为层表现为车轮上的车条，因为行为层是连接内部制度层和精神层与外

───────────

①艾亮.企业文化建设研究［D］.天津大学，2012.

部物质层的一部分，企业的核心价值观只有通过行为层才能在物质层中表现出来。

企业文化的制度层也称企业的制度文化，包括企业领导体制、企业组织结构和企业管理制度等方面。在图9-7中，制度层在行为层和精神层中间，企业的核心价值通过制度传达到企业行为。

企业文化的精神层也称企业的精神文化，是企业在生产经营过程中，长期受一定的社会文化背景、意识形态影响而形成的一种精神成果和文化观念，包括企业价值观、企业精神、企业哲学、企业风貌等内容，是企业意识形态的总和。在图9-7中，精神层位于车轮正中央，是车轮的轴承部分，也是车轮最核心的部分。就像没有车轴车轮无法转动一样，没有精神层企业文化就失去了灵魂。

（二）趣游公司企业文化的结构

管理一个企业的实务主要有两个着力点：一个是在企业建章立制、流程标准上下功夫；另一个是在企业内部文化氛围上下力气。只有将两者完美地结合协调才能使企业日常工作顺利开展。建章立制、流程标准是企业管理的"硬件"，可能并不棘手。但对于构建企业管理的"软件"——企业文化，就存在很多的误区。趣游公司的企业文化由以下要素构成。

1. 趣游公司的物质文化

企业物质文化是由企业员工创造的产品和各种物质设施等构成的器物文化，它是一种以物质为形态的表层企业文化，是企业行为文化和企业精神文化的显现和外化结晶。趣游公司的物质文化包括企业环境、企业器物和企业标识。

（1）企业环境

企业环境是企业文化的一种外在象征，它体现了企业文化的个性特点。企业环境一般包括工作环境和生活环境两个部分。

企业环境及企业容貌是企业物质文化的重要组成部分，趣游公司的工作环境安静、整洁，同时富有朝气（见图9-8、图9-9）。趣游公司的休息环境舒适、随意，空间宽敞（见图9-10）。

图 9-8　趣游公司的工作环境——之一①

图 9-9　趣游公司的工作环境——之二②

①② 资料来源：趣游公司政策发展部。

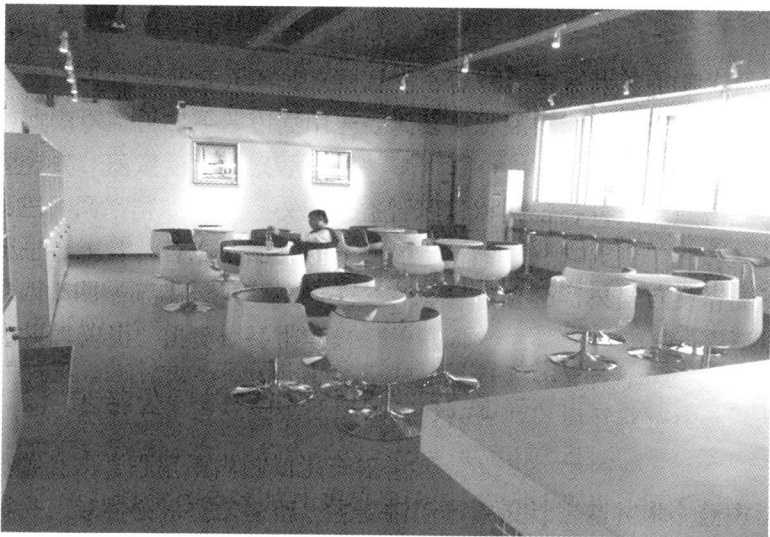

图 9-10　趣游公司的休息环境①

（2）企业器物

企业器物包括企业产品、企业生产资料、文化实物等方面的内容，其核心内容是企业产品。趣游公司的产品就是公司开发和运营的网络游戏。此外，公司的器物还包括公司的其他办公资料，游戏开发工具以及企业曾经获得的奖杯、锦旗，奖状等。

（3）企业标识

企业标识是企业文化的可视象征之一，是体现企业文化个性化的标识，它主要包括企业名称、企业象征物等方面的内容。

趣游公司的企业标识如前图 9-2 所示，企业象征物是可爱的蓝色海豚。

2. 趣游公司的行为文化

企业行为文化是指企业人在生产经营、人际关系中产生的活动文化，它是以人的行为为形态的中层企业文化，以动态形式作为存在形式。

（1）企业目标

企业目标是以企业经营目标形式表达的一种企业观念形态的文化。企业目标作为一种意念、一种符号、一种信号传达给企业人，引导企业人的

---

① 资料来源：趣游公司政策发展部。

行为。趣游公司的目标（愿景）是"全球领先的互联网服务企业"。

（2）企业制度

制度是一种行为规范，它是任何一个社会及组织团体正常运转所必不可少的因素之一。它是为了达到某种目的、维护某种秩序而人为制定的程序化、标准化的行为模式和运行方式。

趣游公司的企业制度完备，包括企业管理制度、人事管理制度等。

（3）企业民主

企业民主是企业政治文化议题。它作为企业文化的一个方面，包括职工的民主意识、民主权利、民主义务等内容。企业民主的核心是一种"以人为本"的价值观和行为规范。企业民主的功能有利于确定企业员工的主人翁地位，改善领导层和普通员工的关系，提高公司在市场竞争中的应变能力。

（4）企业文化活动

企业文化活动是为了发挥德、智、体、美、育的教化功能而培育发展起来的各项活动。企业文化活动具有功能性、开发性和社会性的特点。

企业文化活动的类型包括文体娱乐性活动、福利性活动、技术性活动和思想性活动。

公司经常开展的拓展训练活动、运动会、足球赛等都属于文体娱乐性活动（见图 9-11、图 9-12、图 9-13）。

图 9-11　趣游公司的拓展活动①

---

① 资料来源：趣游公司政策发展部。

图 9–12　趣游公司夏季运动会①

图 9–13　趣游公司足球赛②

　　趣游公司为员工举行的福利性活动包括 8 分钟约会活动、北京电视台红歌会以及各种旅游活动等（见图 9–14、图 9–15）。

----

　　①② 资料来源：趣游公司政策发展部。

图 9-14 趣游公司 8 分钟约会活动[1]

图 9-15 趣游公司双龙山户外活动[2]

①② 资料来源：趣游公司政策发展部。

　　趣游公司的技术性活动主要是公司举行的一系列技术竞赛，如公司举办的编程大赛就是公司的技术性活动之一（见图9-16）。

图9-16　趣游公司编程大赛颁奖仪式[①]

　　趣游公司的思想性活动主要是公司内部的党建特色活动及公益活动（见图9-17、图9-18）。

图9-17　趣游公司的党建活动[②]

①② 资料来源：趣游公司政策发展部。

图 9-18　趣游公司福利院爱心行动[①]

　　党建活动是企业文化宣导的载体：围绕着"信任、勤奋、创新、成就"的企业文化，党建活动无处不在。趣游公司依靠"党员先锋"活动，通过真人真事宣讲信任和勤奋；趣游公司将工牌文化融入"我是党员"活动，充分体现先有为后有位的管理理念，激励创新和成就；趣游公司更是将党建活动、公益活动、社会活动整合在一起，成立趣游公益协会，将活动常态化、组织化。正是依靠党建活动，趣游公司的企业文化从刚性宣导转变成主动学习，让新老交替、文化传承顺畅且升华。

　　（5）企业人际关系

　　人际关系是人们在社会生活中发生的交往关系，包括两个方面的内容：其一，人际关系不等于人与人关系的总和；其二，人际关系体现的是一种双方的互动行为。

　　企业人际关系的基本形式有两种：第一种是企业中领导与被领导的上下级关系，这是一种纵向关系；第二种是同事之间的相互关系，这是一种横向关系。

---

　　① 资料来源：趣游公司政策发展部。

3. 趣游公司的制度文化

（1）企业财产制度文化

企业的财产制度，简单来说是指企业的所有权问题，它不仅决定了企业的性质，同时也由于对企业财产所有权的限定，直接限制了经营者的来源和管理权限与方式。一般来说，民营企业都是由经营者独自出资，企业经营成败的风险主要集中在一人或一个家族身上，这时的管理基本谈不上民主，除了经营者外，其他的人力和物资都是为经营者的目标服务的，因此企业的经营理念和管理风格也由经营者自身的风格所决定。随着企业规模的扩大，个体的资金很难满足企业的需要，企业形式发展到合伙经营和股份经营，经营者的权限越来越多地受到高度重视，而且企业的所有者开始不再直接插手企业的经营管理。

趣游公司的性质是股份有限公司，也就是说，趣游公司的财产制度是多方出资、共同经营的有限责任制度。目前，人力资源的重要性已经开始超过资金在企业发展中的作用，趣游已经将公司的人力资源开发与管理作为企业的头等大事，并且将人力资本扩大到高级管理阶层，出现了由业主治理结构向管理者治理结构的转变。

（2）企业组织制度文化

企业组织制度就是企业的权力结构体系。企业组织制度文化作为企业制度文化的一项重要内容，自企业制度文化产生以来，就一直在演进和变化。企业选择某种具体的权力结构形式，主要与企业的深层次精神文化，尤其是与该企业的价值观有非常重要的关系。企业领导人按照企业价值观的要求，建立适当的组织结构，调配适当的人力、物力和财力，确保企业生产经营能够顺利进行。

趣游公司所属的网络游戏行业竞争激烈、创新不断，公司采取的组织结构属于扁平式，这种管理结构有利于缩短上下级之间的距离，便于高层领导了解企业员工的情况，密切上下级关系，信息纵向流通速度快、失真少，管理费用也较低。公司主管人员与下属能够结成较大的集体，有利于解决网游开发过程中的复杂问题。趣游公司的主管人员工作负担较重，因此更乐于让公司的普通职工享有充分的职权、管理较大的幅度，所以公司员工有较大的自主性、工作积极性以及满足感。

（3）企业人事制度文化

企业人事制度实际上就是企业对待人力资源的观点，主要以企业人力资源观念和意识为基础，以文化引导为手段，为企业每一个职位寻找合格并乐于接受此职的员工，从而实现人适其事、事得其人、人尽其才、事竞其功。早期古典管理理论的人力资源管理把人等同于土地和资金等物质生产资料，员工仅仅是一部会说话的机器，所以在管理上强调的是严格管制，员工的权益得不到保证，企业对人是一种掠夺式的使用。

随着管理理论的发展，企业对人力资源的观点也发生改变，人从一种单纯的生产资料变成一种有感情的、社会性的特殊要素或资源，这时的管理开始重视对人的生产积极性的调动，对人力资源的管理开始强调物质和精神两方面的激励，但物质激励的比重仍然较大。

当今时代，物化资本的作用已经无法替代信息技术，趣游公司的人力资源观发展到了新的阶段。公司把人力资源看作一种智力资本，认定人才是企业最大的财富，因此趣游公司不但关心企业的发展，更关心员工的成长。趣游公司针对职员的招聘、培训、晋升以及福利等有一整套完整的人事管理制度，更针对具体员工制定了个人职业生涯计划、养老计划等，为公司的员工彻底消除了后顾之忧，保证员工能够全身心地投入到趣游公司的工作中。

（4）企业财会制度文化

企业的财会制度一部分是国家政策法令以及行业要求规定形成的既定的企业财会制度，这部分是企业无法自由变更的；另一部分是企业根据自身需要，在不违反法律规定的基础上形成的带有自身特点的财会制度。后一部分的制度一般是依靠前面所提及的各种制度要求来确定的，尤其是决策者的管理能力和风格会直接影响到企业财会制度的严密性和规范性，往往出现置前一部分财会制度于不顾，而随心所欲制定和执行顾及自身利益的后一部分财会制度的现象。

遵令守法的企业财会制度是企业长久发展的根本保证，违法乱纪的财会制度则会腐蚀企业的生存基础，最终使企业走向毁灭。所以，在企业财会制度中所表现的企业文化管理的质量是衡量企业文化优劣的试金石之一。

在这四个子系统中，企业财产制度是其他三个系统的基础，并由此形成以企业决策制度为中心的其他几个子系统，同时企业的人事制度、财会制度也包括在企业管理制度中，这些制度综合在一起，就是趣游公司对企业本身和对员工的硬性约束，使趣游公司在多变的网游竞争环境中处于良好的稳定状态，从而保证公司发展目标的实现。

4. 趣游公司的精神文化

企业的精神文化是企业在生产经营中形成的一种企业意识和文化观念，它是一种以意识形态为形式的深层企业文化。企业文化可以从三个方面来理解：一是由企业的精神力量形成的一种文化优势；二是由企业的文化心理积淀的一种群体意识；三是企业文化中的核心文化。

（1）企业哲学

企业哲学，即企业的经营哲学，是对企业全部行为的一种根本指导。企业哲学的根本问题是企业中人与物、人与经济规律的关系问题。它是企业文化最核心的层面，企业哲学是企业发展的定位和未来的愿景。

（2）企业价值观

西方学术界公认价值观是企业文化的核心，而日本学术界对"价值观"一词的使用并不普遍，他们用企业哲学思想代替企业价值观。指导我们有意识、有目的地选择某种行为去实现物质产品和精神产品的满足的思想体系，就构成了企业的价值观。

（3）企业精神

企业精神是现代意识与企业个性结合的一种群体意识。"现代意识"是现代社会意识、市场意识、质量意识、信念意识、效益意识、文明意识、道德意识等汇集而成的一种综合意识。"企业个性"包括企业的价值观念、发展目标、服务方针和经营特色等基本性质。

（4）企业道德

企业道德是调整企业之间、员工之间关系的行为规范的总和。它是一种内在的价值观念，是一种企业意识。企业道德的本质是一种企业意识，而它的特殊本质则表现在它区别于其他企业意识的内在特质上。

三、企业文化的特征

企业文化是企业中通过经营实践和员工行为所累积的除物质产品之外

的习性或习惯、观念和制度等内容，它是企业思想价值观念、行为、制度的总称。它不是可见、可触摸的东西，而是以观念、氛围和规则为表现形式。稳定的企业都会形成有自己特色的企业文化。

（一）企业文化的一般特征

1. 系统性

根据系统论的观点，企业文化是一个开放的、复杂的巨系统。是由相互联系、相互依赖、相互作用的部分和层次构成的有机整体。企业文化具有开放性，是一个开放的系统，其内部资源与外部资源始终处于相互作用、相互交流的过程中；企业文化具有复杂性，是一个复杂的系统，包括各个不同层次的子系统；企业具有自组织性，是一个不断制造知识和利用知识的复杂自组织系统，其发展是一个自创生、自生长、自适应、自复制的自组织过程，是自发形成、维持和演化的一种有序的企业文化结构的过程；企业文化还具有巨量性，即子系统数目巨大，企业文化系统包括了企业所有的成员，无论管理层还是普通工人，只要存在于企业内部，都包含于企业文化系统之中。此外，企业文化还涉及企业运行的方方面面，例如招聘、培训、生产等，而在不同的企业活动中，各要素之间相互作用又形成了数目巨大的子系统。企业文化作为一个系统来说，具备衡量复杂巨系统的指标。企业文化具有系统性特征。

2. 人文性

企业文化的人文性，就是从企业文化的角度来看，企业内外一切活动都应以人为中心。从企业内部来看，企业应该是使员工能够发挥聪明才智，实现事业追求，和睦相处、舒畅生活的大家庭。从企业外部看，企业生产经营的最终目的是满足广大人民的需要，是促进人类社会的发展。企业文化强调人的社会性，强调以人为中心，强调人的价值观念在企业运作中的重要地位和作用。企业文化注重群体精神，倡导平等、友善、信任、互助、合作的人际关系，注意人的自尊和自我实现等高层次的人的需要。

3. 目的性

企业文化具有鲜明的目的性，紧紧围绕企业自身为其终极目标服务。

企业文化与该企业同生死、共存亡生存发展；企业文化的形成与实践的主体是该企业的员工，员工的切身利益与企业盈利程度息息相关。当某个具体的企业目标与社会发展目标相悖时，企业的目标必须做出适当的调整和修改。

4. 独特性

每个企业的企业文化都有其区别于其他企业的独特之处。尽管许多企业处于同一个民族文化的环境中，它们的企业文化都具有民族文化的烙印，但每个企业由于其特殊的历史、人员结构及领导风格等而形成了各自不同的企业文化，因此可以说没有企业文化完全相同的两个企业。企业文化的重要特点是企业的文化个性，没有个性就没有企业文化。

5. 可塑性

企业从整体和长远的利益出发，积极倡导新的价值观念、道德观念和行为规范，使企业文化不断的更新。企业文化与企业领导人的个性特点及其本人价值观休戚相关，由于企业领导是不断变化的，因此企业文化也不断变化。大的形势变化和内部危机产生，都会使企业文化建设出现问题，但是企业文化通过企业人员的努力能够培育和重塑起来。

6. 共识性

企业文化代表企业共同的价值判断和价值取向，即多数员工的共识。当然，共识通常是相对而言的。在现实生活中，由于人的素质参差不齐，人的追求呈现多元化，人的观念更是复杂多样，因此，企业文化通常只能是相对的共识，即多数人的共识。

7. 社会性

企业文化是社会文化主流的一个文化支流，企业文化是社会文化的一个组成部分，并且与社会文化紧密相连，彼此之间相互影响。企业文化有自己独特的个性，但在社会文化大背景下，处于绝对的从属地位，脱离社会文化的企业文化没有生存的可能，与社会文化背道而驰的企业文化必然遭到取缔。

8. 时代性

企业文化是时代的产物。它作为管理科学的最新成果，是在一定的历史文化、现代科学技术和现代意识影响下形成和发展起来的，也就必然受到当时当地的政治、经济、文化的影响，带上那个时代的特征。

（二）趣游公司企业文化的特征

企业文化作为一种管理哲学，是以人为中心的，这也是企业文化与传统的以物为中心的管理思想的根本区别。工业文明是诞生于西方的，企业管理的传统思想带有浓厚的西方科学主义色彩。这样的管理把企业看作单纯的经济组织，把生产过程看作单纯的物的运作过程，管理的主要对象是物，人被看作物（机器、产品）的附属品。这其中"见物不见人"的片面性随着经济的发展，越来越成为阻碍企业进步的桎梏，而企业文化理论这一充满东方人文色彩的管理哲学应运而生，有效地弥合了西方传统管理思想中的先天不足。

趣游公司在发展过程中形成了企业独特的文化特色，包含以下几个方面。

1. 人文性

所谓企业文化的人文性，就是从企业文化的角度来看，企业内外一切活动都应是以人为中心的。趣游公司企业文化的人文性体现在两个方面。从公司内部来看，趣游公司不是单纯地进行游戏的研发和运营，并从中获利，员工也不是没有思想的机器部件，公司应该能够使员工发挥聪明才智，实现事业追求，和睦相处、舒畅生活。从公司外部看，公司也不是单纯地为社会提供游戏运营并获得利润，公司经营的目标是满足亿万玩家的游戏需求，促进网游行业的发展，为互联网用户提供服务。

2. 社会性

企业文化是企业这个经济社会群体的共同的价值取向、行为准则、生活信息等，它是社会群体的心理文化、物理文化、行为文化。到趣游公司工作的员工，都以"让生活更有趣"为己任，这使他们的观念、行为、文化更加紧密地联结为一个整体，企业文化与社会有关，必然是社会性的。

3. 集体性

企业文化是趣游公司在运营过程中，逐步将其价值观、规范和制度积淀下来形成的。这不是哪个企业成员或哪一部分人所能完成得了的一个长期的过程。公司的价值观念、道德标准、经营理念、行为规范、规章制度等都必须是由企业内部的全体成员共同认可和遵守的。企业文化是依靠企业全体成员的共同努力才建立和完善起来的，所以企业文化具有集体性。

4. 个异性

许多企业管理理论，往往总是试图寻找一种适合于一切情况的企业运行模式。尽管这种"共性"化的管理模式在今后也不会被完全抛弃，但它的确是以往"一刀切"弊病的原因之一，而企业文化理论则更强调把握企业的个性特征，强调按照企业自身的特点进行有效的管理。实际上，趣游公司就有自己的特殊品质。从公司研发的游戏品种到运营的游戏平台，从开发的过程到开发的规模，从企业的规章制度到企业的核心价值观，都有趣游特有的因素。趣游的企业文化具有鲜明的个体性和特异性特色。任何一般的、空洞的企业文化，都不可能有持久、强大的生命力。

5. 社区性

企业文化是企业作为一个社会群体的存在形式，企业不是一个单纯的经济机构或生产机构，不是个人的简单集合。企业是一个社会组织，是现代社会的一种社区类型。对趣游公司的员工来说，公司不仅是工作环境，而且是生活环境、交往环境。趣游不仅为员工提供了谋生手段，同时为员工提供了人生舞台，提供了满足多种需求的条件。员工的集合形成了一个社区的形式，员工既是社区的成员，也生活在社区中。

6. 综合性

企业文化不但具有个异性，而且具有综合性。文化本身因为有用、有价值，特别是当一种文化的价值是另一种文化所不具有的时候，它的这种价值便会被其他文化所吸纳。不管何种文化，它作为民族的、社区的共同体验的结晶，都含有特殊的价值。当这些文化相遇的时候，它们彼此相互吸取、融合、调和各个个异文化中有营养的部分，重新构筑新的个体企业文化的机制和特征。这即是企业文化的综合性。

趣游公司的企业文化的综合性基本可以划分为三个层次：第一个层次，是对不同民族、不同地区、不同城市的宏观文化的吸纳性的综合。趣游公司的员工来自不同的地区和不同的城市，员工民族各异，这种文化的多样性组成了趣游公司企业文化的综合性。第二个层次，是对不同企业的微观文化的吸收性的综合。趣游公司的分公司遍布各地，各地分公司的微观文化中都有一部分经过整合，汇聚成趣游集团的企业文化。第三个层次，是对趣游集团各个基层单位和员工中的文化萌芽进行概括、加工性的综合，进而形成企业文化的一部分。这三个层次是一个统一的整体，不能截然分开。

企业文化的综合性，不能简单地理解为平面的集中，它实质上是精华的吸收与再造，包括生成新的文化。企业文化的综合性越强，生命力就越强。

7. 规范性

趣游公司的企业文化是由企业内部全体成员所创造出来的，企业文化具有整合功能。这就要求公司内个人的思想行为——至少与企业利益密切相关的思想和行为应当符合企业的核心价值观，与企业文化认同一致。当企业员工的思想行为与企业文化发生矛盾时，应当服从企业整体文化的规范要求，在这一规范下，企业力图使个人利益与集体利益、个人目标与企业目标统一起来。

8. 时代性

企业文化是时代的产物，又随着时代的前进而不时地演化着自己的形态。一方面，不同时代具有不同的企业文化；另一方面，同一个企业在不同时代，其文化也有不同特点。每一个时代的企业文化都深刻地反映了那个时期的特点和风貌，反映了它们产生的经济和政治条件。经济、政治体制改革日益深入，市场经济日益发展，改革开放、开拓进取、竞争、效率等观念、文化都必然成为未来企业文化的主旋律。可见，时代特点感染着企业文化，企业文化反映着时代风貌。

任何企业都是置身于一定时空环境之中的，受时代精神感染，而又服务于社会环境。趣游公司的时空环境是影响企业生存与发展的重要因素，企业文化是时代的产物。因此，公司文化的生成与发展、内容与形式，都受到经济体制和政治体制、社会结构、文化、风尚等的制约。而由众多因了构成的时代精神在企业文化中反映出来，即构成了企业文化的时代特征。

四、企业文化对趣游公司的重要作用

企业文化管理是一种以人为核心、以群体人为主体的现代企业管理理论和管理方式，其丰富的内涵、科学的管理思想、开放的管理模式、柔性的管理手段，为企业管理创新开辟了广阔的天地。企业文化管理就是把培育先进的企业文化作为加强企业管理的关键措施，把全面提高人的素质作为企业发展的根本途径，它是一种先进的企业管理方式。

企业文化的建设和发展对趣游集团非常重要，其作用主要体现在以下几个方面。

（一）企业文化推动公司核心竞争力的提高

趣游公司的企业文化提高了企业效率。企业管理追求的是效率，企业的效率是其生命所在，企业文化就是员工心中的激情，它提供了企业的核心价值观，告诉员工在企业里什么目标是最重要的，哪些是企业所提倡的和不提倡的，能够塑造员工的态度并引导员工行为朝同一个方向努力。

企业文化可以改变员工的价值观。员工是可以感受到企业文化的。在趣游公司，员工朝气蓬勃、干劲十足，各个部门为了公司的目标在不断努力，正是趣游的企业文化感染了他们。

企业文化也是趣游公司活力的源泉。它是培养员工积极性的动力，它是员工积极性、创造性的根源，将全体员工的事业心和成功欲望化为具体的奋斗目标和行为准则。一方面把广大员工的潜力挖掘出来，使之服务于趣游公司的共同事业；另一方面使个人目标和企业义化得到统一。当企业文化渗透到员工内心，员工真正明白趣游追求的价值标准，才能自觉地维护公司的利益，更加积极地投入到工作中，不断地进行学习创新。

经济学家经过长期研究发现，企业的竞争力可分为三个层面：一是产品层，是表层的竞争力；二是制度层，是支持平台的竞争力；三是文化层，它才是最核心的竞争力。可以看出，企业文化对增强企业竞争力的重要作用。

趣游公司通过开展以企业文化为核心的各种实践活动，促使员工产生归属感和使命感，同时对企业本身及企业的领导人和企业形象产生认同感，员工的个人发展与企业的发展有着相同的方向，极大地提高了企业的核心竞争力。

企业文化生生不息，成为支撑企业可持续成长的支柱。世界著名的大公司都有一个共同特征，就是他们都有一套坚持不懈的核心价值观，有其独特的企业文化。企业文化的本质体现在其核心价值观上，企业成长过程可持续的关键是它追求长治久安的核心价值观要被接班人确认，接班人又具有自我批判的能力，这样才能使核心价值观在适应技术与社会环境变化的前提下得以继承和延续。

1. 凝聚作用

企业文化能够提供凝聚力和向心力。好的企业文化具有精神的魅力，能够吸引人才。在企业产品和服务不断同质化的今天，人力资本发挥着越来越重要的作用。一个企业要发展，没有好的企业文化环境和强有力的企业文化建设是不可想象的。企业文化是吸引和留住人才的法宝。

趣游公司的企业文化培养了员工的团队意识，增强了企业的凝聚力。团队意识代表着企业员工的共同利益和共同目标，它促使人改变原来只从个人角度出发的价值观念，潜意识地产生一种强烈的向心力，自觉关心企业，承担企业的责任和目标。企业文化又像一根纽带，把员工和公司的追求紧紧联系在一起，使每个员工产生归属感和荣誉感，尤其在企业危难之际和创业开拓之时企业文化更显示出巨大的力量。趣游公司的企业文化使员工紧紧团结在一起，目的明确、协调一致地为趣游的发展贡献力量。企业的根本目标选择正确，就能够把企业的利益和绝大多数员工的利益统一起来，形成强大的凝聚力。

企业文化是企业的黏合剂，可以把员工紧紧地黏合、团结在一起，使他们目的明确、协调一致。企业员工队伍凝聚力的基础是企业的根本目标。企业的根本目标选择正确，就能够把企业的利益和绝大多数员工的利益统一起来，是一个集体与个人双赢的目标。在此基础上，企业就能够形成强大的凝聚力。趣游公司的企业文化之所以能发挥使员工凝聚在一起的功能作用，关键在趣游的文化假设系统，也就是隐含在趣游核心价值观背后的假设系统。趣游的核心价值观是"信任、勤奋、创新、成就"。这一核心价值观背后的假设是通过团队成员的相互信任和勤奋的工作，就能够实现公司不断的创新和发展，进而取得巨大的成就。

2. 激励作用

企业文化注重的是人的因素，强调尊重每一个人、相信每一个人，凡事都以职工的共同价值观念为尺度，最大限度地激发职工的积极性和创造性。文化激励包括营造公平竞争的环境和讲效率的环境，高层与员工有更多的沟通，塑造好的企业形象让员工自豪，员工的参与感更强等。

激励是一种精神力量和状态。企业文化所形成的企业内部的文化氛围和价值导向能够起到精神激励的作用，将员工的积极性、主动性和创造性调动与激发出来，把员工的潜在智慧诱发出来，使员工的能力得到充分发挥，提高各部门和员工的自主管理能力和自主经营能力。趣游公司对员工设定了工作任务目标，但是在业绩考核方面却不仅以是否实现了目标为标准，而且将指标与去年同期比较，若没有完成指标，会充分考虑造成指标没有完成的原因是环境因素还是个人问题。如果是个人问题，公司会分析该员工与以前相比是否有较大的进步，并且以正面奖励的形式对员工在成长的过程中遭遇的挫折进行鼓励，而不像有些企业那样，员工一犯错误就对其进行惩罚，这样就有效地保护了员工的创新精神。

3. 约束作用

企业文化对员工行为具有无形的约束力，经过潜移默化形成一种群体道德规范和行为准则，实行外在约束和自我约束的统一，培养员工对企业的忠诚度。企业文化、企业精神对那些不利于企业长远发展的、不该做、不能做的行为，常常能发挥一种"软约束"的作用，为企业提供"免疫"功能。好的企业文化使企业抗风险的能力大大增强，而且提供了经济效益之外的效益——精神愉快、生活快乐的收获。

企业文化、企业精神为企业确立了正确的方向，约束功能能够提高员工的自觉性、积极性、主动性和自我约束，使员工明确工作意义和方法，提高员工的责任感和使命感。

趣游公司成立之初，各部门内部工作流程及相互协作均无现成的模式，在经营过程中产生了一系列的问题。公司各部门仅按自己的业务范围制定规章制度，员工对经营理念、游戏研发及游戏品质的管理都缺乏完整的概念。针对这种情况，趣游公司制定了统一的规范经营制度，实现公司管理水平、生产效率、游戏研发及运营品质的提高。此后，公司又以游戏品质改善为主题，开展了丰富多彩的文体活动，且以诊治企业运营过程中存在的各种影响品质的问题为目标进行全方位的质量改进运动。

4. 促进作用

企业文化可以促进员工素质的提高，员工素质是企业文化建设的基础，企业文化塑造的过程，也是对员工在思想、文化、业务等方面进行培训和提高的过程。员工素质的提高有赖于企业有计划、有针对性、长期不懈的系统教育，趣游公司除了搞好企业特色的党建、团建工作，积极开展党的方针政策教育之外，还把企业文化贯穿于各项教育之中，并针对网游行业特点开展职业思想、职业道德、职业技能和职业纪律教育。

企业文化的形成使企业员工有了共同的价值观念，对很多问题的看法趋于一致，增强了他们之间的信任、交流和沟通，使企业的各项活动更加协调。企业文化可以促进经济效益，或者说有助于促进经济效益。但在思考企业文化的意义时，也不能完全停留在追求直接经济效益上，否则根本无法建立好的企业文化。不重视文化价值的人，不可能有好的文化感受和追求。企业文化是"功夫在诗外"的典型体现。

5. 形象塑造作用

优秀的企业文化既能向社会大众展示企业成功的管理风格、良好的经营状况和高尚的精神风貌，又能为企业塑造良好的整体形象。优秀的企业文化成为企业巨大的无形资产。优良的企业形象是企业成功的标志。它包括两个方面：一是内部形象，内部形象可以激发员工对本公司的自豪感、责任感和崇尚心理；二是外部形象，外部形象能够更深刻地反映出企业文化的特点和内涵。企业形象还可能对国内外其他企业产生一定的影响，具有巨大的辐射作用。

趣游公司的企业文化帮助企业树立了良好的企业形象，提高了企业的社会知名度和美誉度。趣游公司良好的企业形象不仅依靠良好的游戏质量、优秀的企业运营、周到的玩家服务，更依赖于趣游公司在长期的经营活动中不断地总结自我，提炼出企业的特色文化，通过不断地宣传自我、展示自我，提高企业的知名度和市场占有率，增强员工的荣誉感、自豪感和责任感。

6. 导向功能

企业文化是一种高层次的企业管理理论，是企业强化管理、塑造形象的有效手段，通过其凝聚、导向、激励作用，促进企业健康，可持续发展。导向包括价值导向与行为导向。企业价值观与企业精神，能够为企业提供具有长远意义的、更大范围的正确方向，为企业在市场竞争中基本竞争战略和政策的制定提供依据。

企业文化创新尤其是观念创新对企业的持续发展而言是首要的。趣游公司认为观念是产生生产力和利润的源泉。随着市场的变化发展，公司在经营活动中确立并有效贯彻了以人为本的人力与人才观念和以玩家认可为目标的市场竞争观念。在构成企业文化的诸多要素中，价值观念是决定企业文化特征的核心和基础，趣游公司对企业文化给予了足够的重视，并不断创新、与时俱进。

人性化管理是一种重视各种激励因素、引导员工自觉创造的管理。同时，人性化管理也比较注重员工个性、自我实现、沟通、平等价值的引导和实现。可以说，人性化管理的要求就是企业文化在管理中的具体化。趣游公司将员工个人目标引导到企业目标上来，用人性化管理方法，把员工人性化中的优点加以发挥，使企业目标与员工成长、自我实现的目标相一致。

（二）企业文化促使企业可持续成长

1. 切实把握企业文化的内涵，搞好企业文化的全面建设

突出精神文化建设，以精神文化凝聚人。趣游精神既是企业文化的重要表现形式，更是企业文化建设的核心成分。企业精神作为一种团队精神，只有被员工所认同，才能起到激励作用。

把握好制度文化建设，以制度文化约束人、激励人。根据趣游公司的实际情况，健全各种实践性强且行之有效的规章制度。在充分考虑规范性、严肃性、强制性、约束力的基础上，把员工民主管理贯穿于制度建设

和企业发展的全过程，把尊重人、理解人、关心人，最大限度地调动广大员工的工作积极性作为企业制度文化建设的基本点和落脚点，使广大员工最终都能自觉地执行这些制度的规定。

抓好知识文化建设，以知识文化提高员工和企业的综合素质。大力倡导学习型企业的文化氛围。趣游公司以员工岗位学习活动为载体，进行员工在职培训和素质教育，提高员工业务水准，增强企业发展后劲。通过把竞争机制引入企业人事管理，公平、公开、公正地开展岗位竞争，营造浓厚的学习氛围，推进全员素质的提高。

活动文化建设，以活动文化陶冶人，营造生动活泼的企业氛围，满足员工的精神生活需求，凝聚员工，融洽企业内部各种关系。趣游公司通过开展健康有益的群众性文化活动，营造健康、文明、向上的企业氛围，使公司员工在共同的兴趣爱好中增进沟通和了解，融洽感情。

2. 企业文化促使趣游公司可持续成长

没有好的企业文化的企业也可以成长，但没有好的企业文化的企业却难以实现可持续成长。没有文化就好像没有灵魂，没有指引企业长期发展的明灯，因而无法获得牵引企业不断向前发展的动力。文化不解决企业的盈利问题，文化只解决企业成长持续与否的问题。从这个意义上说，中国企业能否不断成长壮大为世界级企业，成为长寿公司，与企业文化建设的成败有着密切关系。

如果一个企业没有好的企业文化，它就会失去持续发展的动力，最终走进失败的深渊。

国内有些小企业不注重企业文化的建设，在短期内，由于一些原因，企业经营状况可能会好一些。但是，这种状况不会持久，这些企业经不起时间的考验，没有企业文化的引导，企业就像失去灵魂，如一盘散沙一样，最终在竞争中被淘汰。

（三）良好的企业文化是企业网罗人才、留住人才的法宝

在当今社会，知识经济时代的来临使人才成为企业生存和发展的关键。企业获取大量的优秀人才并留住人才，对企业的发展来说是非常重要的。因为这是能够推动企业实现升值的人力资本。对优秀人才的争夺已经成为当前国际竞争的一个重要方面。

中国加入世贸组织后，跨国公司纷纷看好中国市场的发展潜力。在中国本土企业和跨国企业争夺资源和市场的同时，越来越多的中国本土优秀人才也成为国内外企业竞相争夺的目标。这就使人才争夺战愈演愈烈。然而在这个人才争夺战中，"最重要的不是金钱，而是企业文化"。如果单纯以金钱报酬为标准，只会造成员工没有归属感，频繁跳槽，企业不敢对员工培训进行投资，长此以往，形成恶性循环，对人才成长和企业发展都会造成消极影响。

在趣游，公司会帮助每一位员工规划今后2年、5年甚至20年的未来。这种以人为本的企业文化对人才的吸引力可想而知。趣游公司因此吸引了大量的优秀人才。这种企业文化使员工产生了强烈的归属感，使员工有一种自我实现的感觉。

趣游的员工大多数是知识型员工，对于知识型员工来说，物质不再是非常重要的东西。根据马斯诺的需求层次理论可知，人类的需要分为五个层次，分别为生理的需要、安全的需要、尊重的需要、社交的需要、自我实现的需要。物质需要是最底层的需求，当物质需要被满足之后，就会有高层次的需求。因此，趣游公司充分认识到，作为企业，单纯靠高薪、高待遇是不能留住人才的。员工需要尊重，需要自我实现，需要满足高层次的需求。只有企业文化才会对他们起到很强的吸引作用，使他们产生强烈的归属感。

在知识经济时代，用企业文化对员工进行管理会极大地提高员工的工作积极性。在趣游公司，企业高层与中层、基层之间的沟通是很顺畅的，针对具体问题比较容易达成共识。由于企业文化是企业员工共同认可的一套价值体系，并且在建设过程中员工都曾参与，因此对员工有普遍的、很强的引导和约束作用，不会出现员工感到迷惘、迟疑而不愿跟进的情况，而且也不会出现文化虚脱的现象。由于企业文化的凝聚力量，企业里也不会出现分权分利就分心的现象。

一个企业建设自己的企业文化至关重要。在知识经济时代，一个企业要长远发展，就必须建设优秀的企业文化。

（四）体现以人为本，发挥企业文化的导向作用

企业文化强调人本管理，其根本性的意义在于确定人的中心地位，培养符合企业发展要求的人才，从而达到人企合一的最高境界。文化的实质

就是以人为本，激发员工的潜力，提高员工的全面素质，最大限度地调动员工的智慧，实现员工的全面发展。企业只有树立以人为本的理念，才能在激烈的市场竞争中把企业做强做大。只有员工都热爱自己的企业，认为只有自己的企业才能体现自己的人生价值，才会把企业当成自己的家。

企业文化是一种潜在的生产力，是无形的资产和财富。企业文化会极大地促进企业的发展，所以，只要做到企业和企业文化的互相协调、互相补充、互相促进，实现两者同步运行，建设出一套优秀的企业文化来，一定会对企业的长远发展起到积极的、不可估量的作用。

总之，成功企业的共同点是它们拥有一种独特的文化，并充分发挥企业文化的导向、凝聚、激励等作用，如企业的主导思想、价值观、信念等。通过企业文化，我们能够培育和树立企业所期望的品格、创新精神、服务意识、灵活应变等品质并发挥它们的作用，促进企业健康和谐发展。

结束语：趣游公司的未来发展

一、企业运营的国际化

中国近几年已经成为全球最大的网游市场，良好的经济环境使得网游公司大量产生、高速发展，趣游公司正是在这样的背景下发展起来的。国内的良好发展为企业奠定了国际化发展的基础，大量的网游公司开始考虑与世界接轨，将网络游戏进行国际化运营，这也是网游公司的一个新的发展模式。从海外授权到直接运营，从海外合作到直接收购，中国网游公司开始不断地接触世界。完美、盛大等一些网游公司已经率先开辟海外市场，并取得了一些成绩。

趣游公司不仅在国内运营良好，在国际化发展的过程中也具备了一定的经验。目前公司在亚洲、拉美、北美以及欧洲都有游戏输出，取得了良好的经济和社会效益。国际化发展不仅体现在地域的扩张上，也体现在游戏题材的国际化上。公司迎合当地玩家的喜好，开发符合当地文化的网络游戏产品。尤其是在靠近中国的亚洲地区，虽然日韩的游戏产业发达，但是大型网络游戏仍然依赖国外的运营商，趣游公司如果能够开发出符合日韩文化的网游产品并在当地运营，一定会收到良好的效果。

二、网络游戏自主研发能力逐步增强

趣游公司的网络游戏分为两种：一种是代理运营的游戏；另一种是自

主开发的游戏。在企业初创时期，由于自身的科技水平有待提高，专业人员不足等，企业的研发水平不高，在这个阶段企业以代理网络游戏为主。随着企业规模的不断扩大，专业人才集聚，企业已经具备了自主研发网络游戏的能力，2013年6月，趣游公司发布了自主研发的大型3D游戏《横扫天下》，公测一个月销售收入超过4000万元，充分展示了自主研发游戏的强大力量。趣游公司自主研发的游戏除了横扫天下之外，还有其他很多网游产品，比如《九龙朝》、《天书》、《十二女神》、《黑暗之光》、《疯狂公主》、《佛本是道》等，这些网络游戏在运营过程中也显示了强大的生命力和玩家凝聚力。

目前趣游公司的研发工作正在顺利进行，公司逐年加大研发部门的资源投入。市场部门进行周期性的玩家调查，了解玩家对网游在文化、界面、游戏角色等方面的喜好，并将其提供给研发部门作为网游开发的依据。同时，趣游也有专门的部门收集与网游相关的大数据，这些数据经过分析后也可以作为研发部门的依据。

企业的研发能力在某种程度上代表了一个企业的创新能力和可持续发展能力，正是基于这一点，趣游公司不断地提高自身的自主创新能力，保持较高的研发水平，让其成为一个持续发展的国际化网游开发和运营企业。

三、代理游戏品种丰富，运营水平提高

网络游戏的代理运营是大部分网游公司的盈利模式之一，趣游公司也不例外。公司创建之初，首先创建了网游运营平台哥们网和跟我玩网，2009年代理运营了大型网络游戏《武林英雄》和《仙域》，获得了良好的经济效益，2010年至今，公司陆续代理了多款大型互动3D网络游戏。

趣游公司在网游运营中积累了丰富的运营经验，尤其是游戏的独家代理运营，不仅为网游开发公司创造了良好的效益，也为企业本身带来了巨大的收益。不能不说，网游的代理运营获利丰厚，企业在进行游戏的自主研发的同时，也不能放弃对其他游戏的代理。而且，随着企业网游运营经验的积累和企业资源的集聚，趣游公司可以考虑加入国际代理的行列，选择国外大型游戏公司的新产品加盟代理，在获利的同时提高国际声誉，这也是趣游公司在国际化道路上迈出的重要一步。

四、玩家深度细分与个性化游戏定制

2015年上半年，中国客户端游戏（简称端游）用户数达到1.34亿人，同比增长3.5%。用户人数保持增长，但增速持续下降。在端游267.1亿元的实际销售收入中，角色扮演类游戏贡献151.2亿元，占比56.6%，休闲竞技类则为115.9亿元。移动游戏用户规模达到3.66亿人，同比增长12.5%；其上半年209.3亿元的实际销售收入实现了67.2%的同比增长，市场占有率达到34.6%，保持了连续上涨的趋势。网页游戏用户数则在2015年上半年增长至3.05亿人，同比增长2.5%；市场占有率为17%，同比下降1.5个百分点。

从游戏玩家增长的最新数据可以看到，不论是客户端游戏、网页游戏还是移动游戏，玩家的数量都在持续增长，趣游公司的主营业务是网页游戏，这也是一个巨大的市场。面对如此庞大的玩家群体，如何对玩家进行细分，并有针对性地开展游戏的营销活动是趣游公司面临的一个重要问题。

网游玩家的细分维度很多，如性别、年龄、视觉偏好、文化偏好等，只有根据这些维度对玩家进行深度细分，才能在游戏开发的过程中植入玩家喜爱的要素，保证游戏开发和运营的成功进行。与此同时，网游玩家在游戏中的社会性也值得关注，他们的社交需求、个性化需求、"圈子"需求等也应在进行游戏开发的时候适当考虑，网络游戏的玩家深度细分和个性化发展将成为网络游戏未来的一个重要发展趋势。

五、公司人才发展战略性增强

人才匮乏限制了中国网络游戏产业本土化，只有拥有自己的人才，才能拥有自己的产品，也才能有自己的网络游戏市场。网络游戏的开发需要游戏策划、软件开发、电脑美工等多种专业人才，而我国相关专业的教育难以培养专门的网络游戏人才，因此企业的内部培养就显得尤为重要。趣游公司也非常重视这方面的资源投入，在员工入职之后有新员工培训，针对不同的部门有相关的技能培训，对企业的中高层也有管理方面的培训，全面的培训计划使得公司的员工随着企业的发展不断提高自身素质，跟上了公司发展的脚步。

此外，公司还与大专院校合作，积极开展定向人才培养工作，学生毕业后可以到趣游公司实习，优秀人才有机会留在趣游成为公司的一分子，这也是趣游人才培养的特色之一。

未来趣游公司将对其人才培养模式进行制度化整合，形成公司人才培养和人才发展的可持续发展模式，为公司的发展提供有效的人才保障。

后　记

　　本书源自中国社会科学院陈佳贵院长在世时所立项目——中国社会科学院国情调研。本书的选题、构思、成文等一系列工作离不开黄群慧所长的大力支持和帮助，课题多次调研都有郭慧馨、黄如金和汪林等同志参与。每次调研结束后，郭慧馨博士都会对录音内容和调研资料进行悉心整理。书的主要素材是由趣游公司的史大展、赵永明经理及李玲小姐提供的，具体内容的获取离不开趣游公司各相关部门同志的大力支持和协助，离不开他们的无私付出和热情帮助。本书成文所涉及的课题选题研究、调研等还得到了社科院工经所刘勇、丁毅，北京市文资办董冠宇，中央财经大学祝世伟，西安邮电大学温小郑以及北京航空航天大学王丽华等同志的大力支持，借此，我对上述参与的同事、朋友一并致以真诚的谢意。

　　最后，我还要对负责国情调研项目的黄群慧老师和编辑陈力表示感谢，感谢他们的辛勤工作以及对全书的指导和帮助。

　　本书由我和郭慧馨同志（社科院工经所博士后、北京联合大学商务学院教师）共同完成，第一章至第六章由郭慧馨同志撰写，第七章至第九章由我完成。趣游科技集团有限公司副总裁史大展负责趣游公司相关内容的审定。

　　此外，本书成文所涉及的课题选题研究、调研等还得到许多方面的人力、物力支持，在此无法一一赘述，谨以此书作为对所有支持者的感恩和致敬。

葛　健

2016 年 1 月